19/2e

£2
ge

Couverture : Tympan du grand portail de l'église de Vézelay (*Abécédaire ou rudiment d'archéologie,* Paris, 1867). .

INITIATION
A LA
SYMBOLIQUE
ROMANE

(XIIe SIÈCLE)

DU MÊME AUTEUR

ESSAIS

La Philosophie française contemporaine, Mendoza, 1959.
Introduction au message de Simone Weil, Paris, 1954.
Essai sur la symbolique romane, collection « Homo Sapiens », Paris, 1955 (épuisé), 2ᵉ éd., *Initiation à la symbolique romane,* Paris, 1964.
Simone Weil, collection « Témoins du XXᵉ siècle », Paris, 1956.
Un philosophe itinérant : Gabriel Marcel, collection « Homo Sapiens », Paris, 1959.
Nicolas Berdiaev, l'homme du Huitième Jour, collection « Homo Sapiens », Paris, 1964.
Simone Weil, collection « SUP-Philosophes », Paris, 1966.
La Connaissance de soi, collection SUP, 2ᵉ éd., Paris, 1971.
L'Homme intérieur et ses métamorphoses, Paris, 1974.
Un itinéraire – à la découverte de l'intériorité, Paris, 1977.
Encyclopédie des mystiques occidentale et orientale, 2ᵉ vol. (direction et articles), Paris, 1972 et 1975.
Histoire et pensées sur la divinité, dans *Croyants hors frontières,* Paris, 1975.
La Lumière dans le christianisme, dans *Le Thème de la lumière,* Paris, 1976.
Clefs de l'art roman, dans *Sources et Clefs de l'art roman,* Paris, 1973.

ÉTUDES MÉDIÉVALES

Les sermons universitaires parisiens (1230-1231). Contribution à l'histoire de la prédication médiévale (t. XV), Collection des Études de Philosophie médiévale.
Pierre de Blois, Un traité de l'amour du XIIᵉ siècle (ouvrage couronné par l'Académie française). *(Épuisé.)*
Guillaume de Saint-Thierry, Meditativae orationes, Collection des Textes philosophiques.
Un traité de la vie solitaire. Epistola ad Fratres de Monte-Dei, par Guillaume de Saint-Thierry, préface de dom Wilmart, trad. franç. précédée d'une introduction et de notes doctrinales, 2 vol., t. XXIX, Collection des Études de Philosophie médiévale.
Saint Bernard, Œuvres, traduites et préfacées, Collection des Maîtres de la Spiritualité chrétienne, 2 vol.
Guillaume de Saint-Thierry, Deux Traités de l'amour de Dieu, bibliothèque des Textes philosophiques.
Théologie et mystique de Guillaume de Saint-Thierry, t. 1ᵉʳ : *La Connaissance de Dieu* (Thèse de Doctorat de Philosophie).
Guillaume de Saint-Thierry, Commentaire sur le Cantique des Cantiques, Bibliothèque des Textes philosophiques.
Guillaume de Saint-Thierry, Deux traités sur la foi : le Miroir de la foi ; l'Énigme de la foi, Bibliothèque des Textes philosophiques.

M.-M. DAVY

INITIATION
A LA
SYMBOLIQUE
ROMANE
(XIIe SIÈCLE)

NOUVELLE ÉDITION
de l' « ESSAI SUR LA SYMBOLIQUE ROMANE »

FLAMMARION

Écoute-moi, mon fils, et apprends la sagesse ;
Et rends ton cœur attentif...
Je te découvrirai une doctrine pesée dans la balance
Et je te ferai connaître une science exacte.

ECCLÉSIASTIQUE, XVI, 22.

PRINCIPALES ABRÉVIATIONS

P. L.   : Patrologie latine de Migne.
P. G.   : Patrologie grecque.
Gen.   : Genèse.
Exo.   : Exode.
Deut.   : Deutéronome.
Jos.   : Josué.
Ps.   : Psaume.
Cant.   : Cantique des Cantiques.
Jérém.   : Jérémie.
Rom.   : Épître aux Romains.
Cor.   : Épître aux Corinthiens.
Galat.   : Épître aux Galates.
Ephes.   : Épître aux Ephésiens.
Phil.   : Épître aux Philippiens.
Thess.   : Épître aux Thessaloniciens.
Apoc.   : Apocalypse.

PROLOGUE

Nous proposons ici une nouvelle édition de notre *Essai sur la Symbolique Romane*. Ce présent ouvrage ne comporte pas seulement des corrections et des additions importantes, des chapitres neufs. Un esprit différent peut sembler l'animer, c'est pourquoi nous avons cru préférable d'en modifier le titre.

Se consacrer durant de longues années à l'étude de la mystique du XIIᵉ siècle implique un risque, celui de sacraliser exagérément une époque connue et aimée sous un angle particulier. Ce péril n'a peut-être pas été suffisamment évité dans notre première rédaction. Depuis, la préparation d'un ouvrage sur le thème de la *Mère Cosmique* au XIIᵉ siècle, et d'un essai sur la *Connaissance de l'homme* à la même époque nous ont mis en contact avec une pensée profane non ignorée auparavant, mais qui, en raison d'une tendance personnelle et du sens de nos recherches, n'avait pas assez retenu notre attention.

Cette étude sur l'*Initiation à la Symbolique Romane* se présente à l'intérieur d'une pensée ordonnée à l'égard des valeurs spirituelles et se mouvant dans un climat religieux. Qu'il s'agisse de mystique, de théologie ou d'art elle appartient toujours au domaine spirituel. L'en séparer, ce n'est pas risquer de l'amoindrir ou de la disqualifier, mais plus encore de la défigurer.

C'est pourquoi nous ne croyons pas avoir amplifié la résonance spirituelle du symbole roman. L'erreur serait de croire que la pensée du XIIᵉ siècle est totalement suspendue à Dieu, que la recherche de la Jérusalem céleste est entreprise par la majorité des hommes. Chaque époque comporte des éléments divers, voire opposés : des hommes vivent dans le monde sans être enracinés en lui, d'autres y trouvant leur suffisance, tentent d'y prendre pied. Ce n'est point par un jugement de valeur qu'on peut les départager. D'autant plus que l'ombre n'est jamais absente. Les hommes de lumière du XIIe siècle, un saint Bernard par exemple, ne sont pas exempts d'un comportement qui risque de nous apparaître parfois répréhensible. La frivolité peut sembler préférable au sublime quand celui-ci n'est pas rigoureusement pur et les jeux plus séduisants que la violence du sectarisme. Toutefois, se scandaliser de la diplomatie d'un Bernard de Clairvaux ou de ses outrances, de la rigueur de son langage à l'égard des juifs ou des hérétiques, serait méconnaître le climat d'une époque, et oublier les qualités et défauts d'un tempérament particulier qui, en dépit de ses exagérations, n'a sans doute pas d'égal dans l'ordre de la sainteté, du style et de la qualité de l'action.

Le sens religieux s'exprime à toutes les époques, cependant sur le plan spirituel les siècles ne sont pas équivalents. La somme de sagesse et de sainteté est sans doute identique, mais ceux qui la partagent sont plus ou moins nombreux. Le sentiment religieux risque toujours de se fourvoyer. Au lieu de se manifester dans l'harmonie et la mesure, il se présente alors sous des formes désordonnées. Privé de qualité, il n'évoque pas la divinité, bien au contraire il la récuse.

Or l'originalité du XIIe siècle est de comporter à la fois un amour de Dieu et un amour charnel qui l'un et l'autre, grâce aux mystiques, poètes, troubadours, ont réussi à atteindre la fine pointe de l'art : art d'aimer, de bien écrire, de joindre le visible à l'invisible ; art du temps et art de l'éternité, du profane et du sacré. L'amour charnel peut s'inscrire dans une voie ascendante par exemple avec saint Bernard ou Guillaume de Saint-Thierry. Il risque aussi de se complaire en lui-même et de n'exiger aucun dépassement, il en est ainsi dans l'amour courtois.

A la pensée uniquement profane, le symbole spirituel du XIIe siècle reste étranger. L'amour courtois — si discutée que soit cette question — ne relève point directement de la pensée chrétienne ; il possède d'autres sources tout en se manifestant à l'intérieur d'une civilisation chrétienne. Il serait vain de chercher dans l'amour courtois un prolongement ou un écho de l'amour de Dieu ; l'un et l'autre ont leurs chantres. Les motifs qui les inspirent sont privés de contact. La nature et l'objet de ces amours sont rigoureusement différents. L'amour de Dieu se suffit ; l'amour charnel peut suffire. Ce dernier n'est point d'ailleurs privé de signification : il s'exprime dans un ordre de beauté et de poésie. Défions-nous des esprits dévots qui risquent toujours de discerner des grimaces dans ce qui leur échappe.

Si la chrétienté du XIIe siècle absorbe dans son univers l'immensité de la création et la sacralise, la lucidité exige de percevoir déjà l'ébauche d'une dualité et le mélange du spirituel et du temporel.

Dans la mesure où le monde se sépare entre sacré et profane, se divise entre naturel et surnaturel, le symbole se réfère aux seules réalités spirituelles. En soi, le symbole ne suppose ni cette séparation, ni cette opposition. Dans la mentalité primitive, une telle division serait inconcevable, mais le XIIe siècle s'achemine vers la distinction du naturel et du surnaturel qui s'affirmera au XIIIe siècle et qui deviendra pour l'homme une pierre d'achoppement. La dualité ne s'offre point comme une opposition entre la chair et l'esprit. Le problème est tout autre. Il existe deux mondes. Ceux-ci ne sont point superposés l'un à l'autre. On pourrait les comparer à des regards orientés dans des sens différents. Aucun affrontement ne les oppose, aucun pont ne les relie. Ces deux mondes portent des noms respectifs : le sacré et le profane, ils expriment un monde relié et un monde isolé. Les éléments du monde relié sont vivants, ceux du monde isolé s'acheminent vers la mort.

Il se présente aussi un autre péril plus grand encore et source de confusion. Les valeurs religieuses tendent à se socialiser, le temporel et l'intemporel se mêlent, s'engluent de telle manière que l'intemporel réclame pour lui la force, la violence, le pouvoir qui non seulement ne lui conviennent pas mais le défigurent et risquent de l'anéantir. Le danger pour la réalité spirituelle ne provient pas de ceux qui l'ignorent ou la nient, il se trouve là où des hommes s'en servent comme d'un instrument de puissance. Alors il devient difficile non seulement de découvrir sa beauté, mais de croire à son existence. Le charnel possède sa grandeur, seule est haïssable la caricature du spirituel.

En dépit des refus et des confusions les symboles demeurent vivants, indestructibles. Aucune main, aucune volonté ne pourra jamais les détruire car la pensée symbolique est consubstantielle à l'homme orienté vers la lumière.

Quand l'homme modifie sa structure et change son vrai visage, il ne sait plus découvrir les valeurs spirituelles, il risque alors de tourner dans un cercle sans issue. Ainsi, dans la légende, le vieux Roi Pêcheur est paralysé, son mal est partagé par la nature qui l'entoure. Les chevaliers s'enquièrent près du malade des nouvelles de sa santé ; aucun d'entre eux ne pose le véritable problème. Survient Parzival, chevalier pauvre et inconnu. Celui-ci ne respecte point les coutumes du cérémonial en usage ; il demande au vieux Roi : où est le Graal ? Parce qu'il a émis la seule question essentielle, tout s'anime : le Roi Pêcheur et le monde autour de lui.

C'est au domaine du spirituel et seulement à celui-ci qu'appartient cette *Initiation à la Symbolique romane*. Ces pages concernent donc un aspect particulier du xiie siècle. Celui qui à nos yeux est le plus important, le seul réel. Ce qui ne signifie point que les autres domaines soient dépourvus de valeur. Nous avons cru utile dans cette étude d'insister sur les structures religieuses et la mentalité d'une époque, afin de mieux comprendre la réalité du symbole au xiie siècle et son rôle dans l'existence.

L'essentiel de notre propos consiste dans l'importance donnée à l'expérience spirituelle. Celle-ci est nourrie par les symboles ; ce sont eux qui la provoquent, l'animent et lui confèrent une valeur abyssale.

La différence entre les hommes se réduit à celle-ci : la présence ou l'absence de l'expérience spirituelle. Si lumineuse qu'elle soit, cette expérience n'est pas acquise une fois pour toutes, elle est vouée à des approfondissements successifs, c'est pourquoi l'homme en qui elle s'accomplit est attentif aux signes de présence, aux symboles qui tels des lettres lui apprennent un langage, le langage de l'amour et de la connaissance. L'homme spirituel est instruit par les symboles et quand il veut rendre compte de son expérience ineffable, c'est encore aux symboles qu'il a nécessairement recours.

Ainsi le symbole devient l'alpha et l'oméga de l'expérience spirituelle, ou plutôt il constitue tout l'alphabet de ce langage mystérieux comparé à celui des anges. Il n'est plus seulement langage, il devient verbe transformant la terre d'ombre en une terre de lumière, c'est-à-dire en une terre transfigurée.

Dans cette étude, certains chapitres — par exemple ceux de la Deuxième Partie — sont traités avec ampleur car ils concernent des problèmes qui nous apparaissent fondamentaux. D'autres tracent seulement des itinéraires car ils touchent des questions qui précèdent et débordent le xiie siècle. L'insistance donnée aux textes mystiques provient de leur importance sur le plan symbolique, ils relèvent d'auteurs appartenant à la période romane et leur influence s'est exercée sur l'art. Si nous avons retenu surtout des textes cisterciens, ce n'est point uniquement parce qu'ils nous sont familiers, mais parce que Cîteaux est le soleil de son siècle.

Aux lecteurs de ce livre nous souhaitons une attention lucide, non pas à l'égard de notre ouvrage, mais par rapport à la présence des signes symboliques que tout homme peut contempler, ne serait-ce que dans la nature. Les symboles sont autant de regards animés, de mains pleines de trésors.

L'important est de savoir qu'ils sont en nous et autour de nous, attendant patiemment d'être reconnus.

PRÉFACE

L'étude du symbole médiéval n'est certes pas un sujet neuf. Il est possible cependant de l'aborder d'une façon nouvelle, qu'il s'agisse de sa place et de son rôle dans la théologie, la littérature ou l'art. Les travaux sur la pensée orientale, la traduction des ouvrages sacrés auparavant inconnus, les études d'histoire des religions, d'ethnologie et de psychanalyse ont ouvert un monde qui demeurait clos et semblait inviolable. Les recherches de Jung et de ses collaborateurs ont apporté une vision de l'univers qui met l'homme aux prises avec la réalité de son essence. Enfin la phénoménologie éclaire singulièrement l'évidence transcendantale.

On s'aperçoit, d'une façon irrécusable, de l'unité profonde qui transcende l'histoire. Le visage de l'homme se découvre et à travers lui tout ce qu'il entraîne d'une façon consciente ou inconsciente. L'importance du symbole est enfin saisie, et des livres scientifiques paraissent sur ce sujet. Les historiens des religions prennent le symbole comme thème ; quelques théologiens et philosophes examinent la pensée chrétienne à la lumière des découvertes modernes sur le plan de la psychologie et de l'histoire des idées. Aujourd'hui des interprétations qu'on aurait auparavant récusées sont non seulement admises, mais désignent à la libre recherche un vaste champ d'investigation. L'explicitation actuelle du symbole montre la valeur qu'on lui attribue. Les archétypes et le rôle de l'inconscient créent un nouveau domaine d'expérimentation.

La période médiévale, qu'elle concerne la pensée ou l'art, n'a pas toujours été suffisamment appréciée. Chaque pays possède ses médiévistes, mais le public lettré est ignorant *d'une richesse que volontiers il mésestime. Les travaux sur la théologie, la mystique ou l'art médiéval proviennent le plus souvent de spécialistes qui écrivent pour un petit nombre de lecteurs. Certes, les études d'Etienne Gilson, d'Emile Mâle, d'Henri Focillon ont eu en France un grand succès. Toutefois, ces diverses parutions comportent un tirage restreint, comparativement à des ouvrages d'histoire de la pensée ou de l'art qui ont mieux su retenir l'attention du public, car ils concernaient un siècle moins défavorablement jugé.*

Un autre problème se pose, plus important encore. Les médiévistes d'une façon générale sont souvent des philosophes, des théologiens, des historiens et des esthéticiens. On en voit certains uniquement soucieux de points de détail et d'orthographe paléographique. Certes une telle préoccupation est louable. Mais depuis dix ans, un vent générateur souffle et la pensée élargit son aire. La science historique s'est complètement renouvelée. A cet égard, les ouvrages de Toynbee, de Raymond Aron et de Jaspers ont bousculé les cloisons d'une science jadis circonscrite. La théologie a dû changer sa méthode d'investigation. De sévères théologiens enfermés hier dans la scolastique folâtrent aujourd'hui avec succès dans la psychanalyse. Les sources chrétiennes sont examinées avec probité.

Il importerait maintenant d'étudier aussi le Moyen Age en historien des religions et en psychologue. Le mouvement universel qui traverse l'histoire serait plus apparent et le comportement archaïque qui se découvre à travers la tradition religieuse ferait éclater les limites d'une seule époque. Des correspondances s'imposeraient.

Ce livre voudrait permettre à des lecteurs instruits, mais non spécialisés, d'entrer en contact avec une période d'une extraordinaire densité, l'époque romane, et plus particulièrement le XIIᵉ siècle français. La pensée et l'art romans se dessinent dès le XIᵉ siècle, mais il fallait bien choisir une date déterminée possédant des limites précises. C'est pourquoi nous nous tenons principalement au grand siècle roman, le XIIᵉ, qui est celui d'une merveilleuse renaissance qui n'a rien d'ailleurs à envier à la véritable Renaissance. Il s'agit seulement d'une vue à vol d'oiseau, d'une introduction. Une semblable étude pour être complète demanderait une équipe de spécialistes (1). Dans notre ouvrage, les correspondances

---

(1) A propos de notre édition du Commentaire du *Cantique des Cantiques* de Guillaume de Saint-Thierry, nous avons eu l'occasion d'étudier dans une très ample préface quelques thèmes symboliques.

des symboles sont rarement indiquées. Il conviendrait d'écrire un chapitre pour chaque thème. A titre épisodique, nous établissons quelques parallèles. Il nous faut savoir que les symboles se rejoignent à travers l'histoire. Tout n'est pas biblique dans la chrétienté du XIIe siècle; les symboles extrabibliques sont nombreux, il y a un apport considérable d'origine païenne et une influence gnostique certaine mais difficile à isoler (2).

C'est le symbole dans la pensée romane et dans l'art roman qui est le but de ce livre. Mais il était impossible d'en parler sans le replacer dans son cadre. Et cela pour deux raisons. Tout d'abord l'art roman est théologique ; en utilisant des éléments profanes, il les sacralise. Il capte les données les plus païennes et les interprète à son profit. Par ailleurs la période romane est une. Tout se tient, tels les feuillets d'un éventail reliés sur un même support. D'où son originalité et sa richesse. Pour saisir un de ces aspects, il convient de le rapprocher des autres : tous coexistent. Étudier, par exemple, le symbole dans l'art exige de le situer dans son climat, de voir son étroit rapport avec les symboles exprimés dans les textes contemporains car entre la pensée religieuse mystique, la littérature sacrée et l'art, il n'existe pas de cloison étanche. Ainsi une sainte Hildegarde introduit dans la vie historique du Christ des notions de physique et une Hadewijch utilise dans ses poèmes spirituels des thèmes de la poésie courtoise.

Cet ouvrage, encore une fois, n'a pas la prétention d'être exhaustif. Il se propose seulement d'indiquer des points de repère, de jeter çà et là des coups de sonde qui permettront au lecteur de saisir l'importance du symbole. Tout n'est pas dit, tout n'a pas à être dit. Il n'y a point au XIIe siècle, ni d'ailleurs à une autre époque, un ésotérisme de l'homme du XIIe siècle caché à l'intérieur du christianisme ; cependant se présentent — comme toujours — plusieurs demeures d'entendement. Nous aurions pu étudier un aspect plus secret, mais n'est-il pas déjà difficile, par exemple, de parler du commentaire du Cantique des Cantiques de saint Bernard. C'est là un domaine délicat, exigeant pour être traité et pour être compris un certain niveau de conscience. Il existe des textes dont la beauté ne se révèle qu'à l'attention aiguë; à cette condition seulement ils se laissent savourer et deviennent une nourri-

---

(2) Dans une étude sur la « connaissance de l'homme du XIIe siècle » que nous poursuivons depuis plusieurs années, nous nous proposons d'examiner l'influence de la gnose sur le XIIe siècle et en particulier sur les auteurs cisterciens.

*ture. Une amande n'est délectable que si sa coque préalable-
ment est brisée. Tout voyageur peut admirer les sculptures de
Saint-Benoît-sur-Loire, mais tout voyageur jouira-t-il du
temps et du recueillement suffisants pour que les symboles
devant lui se dénudent. Certes, le savoir joue un rôle ; il sert
de marche pied, voire de préliminaire, mais il ignore la lumière d'une aurore. Il n'introduit pas dans l'âme, le jour. Car
la source de ce nouvel éclairement est beaucoup plus secrète.*

*La recherche de la connaissance véritable et le refus des
idoles constituent la racine de cette unité parfaite qui se
retrouve au sein des disciplines les plus différentes. Le langage
en mathématique ou en littérature est d'autant plus significatif
qu'il rejoint l'essence des choses. Or la pensée romane repose
sur le symbole, qu'il s'agisse de la théologie, de la mystique
ou de l'art.*

*Dans nos temps modernes, le sens des symboles s'est effa-
cé, mais les symboles n'ont pas été pour autant transcendés.
C'est pourquoi le langage est privé de contenu, les mots vidés
de leur substance originelle. Frithjof Schuon a montré
comment l'homme moderne collectionne les clefs sans savoir
ouvrir les portes (3). Il use de concepts, mais il en ignore la
valeur. Il classe les idées, les balance, tel un joueur de ping-
pong jette les balles. Et de même que la balle reste à la surface
de la raquette, l'idée demeure à la surface de l'âme.*

*A l'époque romane, la signification transhistorique du
symbole plonge l'homme dans une réalité à la fois temporelle
et intemporelle. Celle-ci lui permet de communiquer avec la
connaissance universelle qui le projette au-delà des frontières
personnelles, nationales et religieuses. L'homme du XIIᵉ
siècle est plus près de la nature que l'homme du XXᵉ. C'est
pourquoi il se connaît mieux et, dans le miroir de la nature, il
peut lire son propre secret.*

*Pour l'homme roman, grâce au symbole, les portes du
royaume non seulement bougent, mais elles s'ouvrent suivant
le degré d'attention de chacun. Le Cosmos entier s'offre à
l'entendement de l'esprit. Les voiles de l'ignorance se déchi-
rent, mais notre savoir d'aujourd'hui méconnaît à la fois l'abîme de l'Ignorance et de la Connaissance. Cependant l'ombre
est toujours la même, et la lumière aussi. Au XIIᵉ siècle il est
des hommes qui contemplent le secret du Graal à découvert.*

(3) Cf. *Sentiers de gnose*, Paris, 1957.

LE SENS D'UN ENSEIGNEMENT

Chapitre Premier

LE CADRE ROMAN

Le XIIe siècle occidental n'est pas seulement une époque de transition comme le nom de Moyen Age semble l'indiquer. Il ne saurait uniquement signifier le passage du monde antique au monde moderne, car il constitue un tout et son initiative créatrice dépasse de beaucoup son goût de l'imitation. Les transformations économiques et sociales permettent l'essor de forces auparavant contraintes. Les hérésies fomentent et les conciles les jugent avec plus ou moins d'âpreté. Les Croisades mettent en contact la chrétienté avec l'Orient. Des structures nouvelles rendent possible la transformation d'un monde en gestation. Les mentalités s'affrontent ; un monde nouveau naît : le monde roman. Ce terme de *roman* donné principalement à l'art manifeste son lien avec l'art romain. Il désigne aussi la langue romane qui succède au latin, c'est-à-dire à la langue romaine.

1. *Autonomie.*

L'homme du XIIe siècle possède une conscience qui lui est propre. Nous aurions tendance à ne pas distinguer les différentes périodes du Moyen Age et à les confondre sous le seul titre de « médiéval ». Or le XIIe siècle présente ses caractéristiques. Il est aussi dissemblable du XIIIe que le XIXe l'est du XXe. Si la comparaison devait être poussée, le XIIe siècle ne serait pas comparable au XIXe mais au XXe siècle, car son élan vital est plus grand que celui du XIIIe. Chrétiens, les hommes du Moyen Age ont le sens de l'histoire, d'une histoire universelle dans laquelle toutes les générations s'inscrivent. C'est pourquoi chaque époque doit s'appuyer sur celle qui la précède. « Nous sommes, disait Bernard de Chartres, semblables à des nains assis sur des épaules de géants. Nous voyons davantage de choses que les Anciens, et de plus lointaines, mais ce n'est point grâce à l'acuité de notre vue ou à la hauteur de notre taille. C'est parce qu'ils nous portent et nous haussent de leur hauteur gigantesque (1). »

Il existe une autonomie de la pensée médiévale comme de l'art médiéval, c'est-à-dire que le Moyen Age n'a pas fait que « repenser » ce qui était avant lui. Il a, selon l'expression d'Henri Focillon, « créé l'humanité » dont il avait besoin. Or le problème est de savoir dans quelle mesure cette humanité est chrétienne. Il semble que la réponse ne peut être qu'affirmative. De même qu'E. Gilson a parlé d'une philosophie chrétienne au Moyen Age, il est possible de qualifier de chrétiens la pensée et l'art romans. Cela ne veut pas dire que seuls des éléments chrétiens soient agréés. Nous verrons, au contraire, l'universalisme de cette pensée et de cet art, mais tout est envisagé dans une perspective chrétienne. Quand le Christ est représenté sous les traits d'Orphée, lorsque les démons copiés sur les masques scéniques de Térence grimacent sur les chapiteaux, la vision chrétienne demeure.

On ne dira jamais assez la liberté d'esprit des hommes du XIIe siècle. Ainsi un Bernard de Chartres et un Jean de Salisbury examinent des religions païennes non par respect pour les fausses divinités, mais parce qu'elles renferment des renseignements secrets inaccessibles au vulgaire (2). Décrivant la Nature et ses œuvres, Bernard Silvestre montrera qu'elle a les yeux tournés vers la réalité divine qu'elle imite, et il ajoutera : « Ce sont les noms de Virgile et d'Ovide qu'elle déchiffre sur la table du destin (3). »

Certes, tout n'est pas neuf au XIIe siècle ! Il existe de nombreux lieux communs exploités avec plus ou moins de succès. Mais l'originalité surpasse les redites inhérentes aux intérêts identiques de l'âme. Les personnages sont vivants et ne se ressemblent pas. Ils possèdent des visages aussi divers que les nôtres. L'homme roman n'est pas standardisé ; la chrétienté ne l'a point rendu grégaire. Bien au contraire, la foi a nourri au maximum des richesses souvent abruptes qu'une société heureusement n'a pas su exploiter à son profit. Les

(1) Rapporté par Jean de SALISBURY, *Metalogicus*, III, 4.
(2) Jean de SALISBURY, *Entheticus*, P. L., 199, c. 969.
(3) *De mundi universitate*, éd. Barach, Innsbruck, 1876, p. 70.

passions sont violentes, mais la douceur et la tendresse paraissent inimitables. L'esprit de finesse d'un Jean de Salisbury ne
sera jamais dépassé. L'amitié d'un Guillaume de Saint-
Thierry n'aura pas d'égale. Le Christ en majesté règne avec
une sérénité faite de la certitude d'être le roi du monde chrétien. Il est, selon saint Augustin, le roi et le fondateur de la
cité de Dieu : *ipsam civitatem Dei, cujus rex est et conditor
Christus.* (Cf. Pl. I) (4).
   Une introduction à la pensée médiévale exigerait une
reconnaissance du sacré. L'univers est envisagé dans une
perspective sacrale, qu'il s'agisse de la pierre ou de la flore, de
la faune ou de l'homme. Il n'existe pas de nature et de surna-
ture, du moins les termes ne sauraient être employés comme
opposés l'un à l'autre et impliquant entre eux une quelconque
inimitié. L'univers est harmonie, puissance architecturale dans
laquelle chaque élément occupe une place de choix ; la diversité ordonnée concourt à la beauté du Tout. Un maître de
l'école de Chartres écrira que le monde est un « ensemble
ordonné » de créatures (5). Que l'homme pénètre dans l'ordre
des causes, tout lui apparaît relié dans le visible et l'invisible.

2. *Le savoir.*

   Il y a au XIIᵉ siècle une curiosité contre laquelle s'élèvera
un saint Bernard de Clairvaux ; il existe aussi une sagesse qui
n'est pas sainteté. Si la foi est aiguë, elle n'est pas privée d'intelligence. Dans ce sens Guillaume de Conches se dressera
avec force contre ceux qui tentent de refuser à autrui le droit à
la recherche et qui condamnent leurs compagnons à demeurer
dans l'ignorance parce qu'ils méconnaissent les puissances de
la nature (6).
   Les arts du *trivium* (grammaire, rhétorique et dialectique)
qui désignent les sciences des « voces », et le *quadrivium*

---

   (4) Sur le thème du Christ-roi, voir Dom Jean LECLERCQ, *L'idée de la
royauté du Christ au Moyen Age*, Paris, 1959. L'auteur considère principalement ce thème à partir du XIIᵉ siècle.
   (5) Guillaume de CONCHES, *Glossa in Timaeum*, cf. J.-M. Parent, *La
doctrine de la création dans l'école de Chartres*, Paris, 1938, p. 146 : *mundus
ordinata collectio creaturarum.*
   (6) Guillaume de CONCHES, *De philosophia mundi*, I, 23 ; P. L. 172,
c. 56 : *Quoniam ipsi nesciunt vires naturae, ut ignorantiae suae omnes socios
habeant, nolunt eos aliquid inquirere, sed ut rusticos nos credere, nec ratio-
nem quaerere.*

(arithmétique, musique, géométrie et astronomie) qui concerne les sciences des « res », s'épanouissent dans les écoles. Au début du XIIᵉ siècle, Laon est le plus grand centre théologique ; Anselme attire les étudiants de tous les points de l'univers ; Paris — avec Guillaume de Champeaux, Abélard, Adam du Petit Pont — jouit d'une renommée intellectuelle incontestable qui deviendra toujours plus vaste. Vincent de Beauvais nous l'apprend : Paris a reçu l'héritage d'Athènes. La sagesse venue d'Athènes à Rome se trouve désormais en France. Les écoles de Paris sont nombreuses : école de Notre-Dame, Sainte-Geneviève, école de Saint-Victor avec Hugues et Richard (7). En réalité, c'est moins le lieu qui importe que la célébrité d'un maître éminent. Qu'un Abélard enseigne à Paris ou en pleine campagne, ses disciples le suivent. La nation d'un maître est sans importance. Ce qui joue uniquement, c'est la qualité de son enseignement. Jean de Salisbury, Adam du Petit Pont et Robert de Melun sont anglais, Pierre Lombard italien, Hugues de Saint-Victor est arrivé de Saxe à Paris. Ainsi l'Europe chrétienne possède un caractère international : Paris, Laon, Reims, Bourges, Angers, Auxerre en France, Canterbury et Durham en Angleterre, Tolède en Espagne sont autant de cités réputées pour l'enseignement de la théologie. En France, la poésie fleurit à Angers, Meung-sur-Loire, Orléans, Tours.

L'école de Chartres est par excellence le lieu d'élection du *quadrivium*. C'est avant tout une école scientifique vouée à l'étude de la mathématique, de l'acoustique, de la géométrie et de l'astronomie. La philosophie occupe une place centrale et le *Timée* est à la base de tout l'enseignement ; ce traité qui n'est pas connu dans sa totalité parvient à travers la traduction latine de Chalcidius. La théorie de Platon sur la genèse du monde retient la pensée des Chartrains (8). Les maîtres, tels Bernard le chancelier, Jean de Salisbury, Guillaume de Conches, Thierry de Chartres, Gilbert de La Porrée « platonisent ». Le platonisme des Chartrains et Porrétains est sans égal. Selon Jean de Salisbury, Bernard de Chartres est le meilleur platonicien de son temps.

Les ouvrages circulent. Les écrivains modernes pourraient envier le grand nombre de traductions de textes d'auteurs privilégiés. Ainsi l'*Elucidarium* d'Honorius Augustodunensis,

---

(7) Voir sur toute la question des écoles au XIIᵉ siècle, G. Paré, A. Brunet, P. Tremblay, *La renaissance du XIIᵉ siècle. Les écoles et l'enseignement*, Paris-Ottawa, 1933.

(8) *Metalogicus*, lib. IV. P. L. 129, c. 35, éd. Webb, 1929, p. 205.

qui est une œuvre de jeunesse, paraît en huit langues. Les traités de saint Bernard sont copiés avec ferveur ; un nombre inestimable de manuscrits nous l'atteste.

Il existe un capital ancien dans lequel saint Augustin et Grégoire le Grand occupent une place de choix. Sur cette base se greffent des données nouvelles : créations originales et interprétations d'ouvrages dont les traductions se répandent avec succès. Parmi ces dernières, retenons, outre le *Timée,* l'œuvre de Scot Erigène et les traités des Pères grecs, tels ceux d'Origène et de Grégoire de Nysse. A cet égard les intermédiaires, grecs ou latins, s'avèrent plus nombreux que les contacts directs. Les écrits hermétiques jouissent d'une fortune plus considérable qu'on ne le croit généralement. Philosophie antique et pensée des Pères sont non pas confondues, mais unies. Une telle confrontation est évidente chez un Jean de Salisbury.

Le latin est la langue universelle, il véhicule les idées indépendamment de leur origine et assure l'unité de l'Europe. On le retrouve dans la poésie, les chroniques, l'hagiographie, la liturgie. Le français sourit dans les chansons. Au XII⁰ siècle, le goût de l'antiquité est incomparable. Non seulement les moines lisent Cicéron, Virgile, Térence, Perse, Boèce, Ovide, Catulle, Sénèque, mais l'*Art d'aimer* d'Ovide forme un véritable bréviaire. C'est pourquoi le XIIᵉ siècle sera appelé l'âge d'Ovide *(œtas ovidiana)* (9). On verra même des traductions d'Ovide, spécialement réservées aux nonnes, faire partie des recueils de textes édifiants (10) ; un choix d'extraits des *Métamorphoses* est commenté à leur usage. Les florilèges permettent de connaître un grand nombre d'auteurs (11).

La lecture de Denys à la fin du XIIᵉ siècle introduira la notion de hiérarchie au sein de l'univers, et ce nouveau thème séduira de nombreux esprits.

(9) Sur la vogue d'Ovide au Moyen Age, cf. PAUSA, *Ovidio nel medioevo nella tradizione populare,* Sumona, 1926, et L. TRAUBE, *Vorlesungen und Abhandlungen,* II, *Einleitung in die lateinische Philologie des Mittelalters,* München, 1911.

(10) W. WATTENBACH, *Mitteilungen aus zwei Handschriften* dans *Sitzungsberichte der Konigl. Bayerischen Akademie Wissenschafter zu München,* III, 1873, pp. 685-747.

(11) Voir le *Florilegium* étudié par J. Hümer *(Zur Geschichte der Klass. Studien im Mittelaltern,* 1881, pp. 415-422).

3. L'Église et sa double fonction.

La synagogue préfigurait l'Église, celle-ci la transfigure. La renaissance des études de droit romain — en particulier à Bologne — devait exalter la notion de puissance publique et provoquer une vive réaction de l'Église. La lutte du Sacerdoce et de l'Empire qui débutera en 1159 transformera en schisme une simple division de Collège électoral. Dès 1140 la compilation des documents canoniques établie par Gratien renforce la tendance issue de la réforme grégorienne : celle de confondre les principes ecclésiastiques essentiels avec ce qui n'est que « politiquement » utile à l'Église ou au Saint-Siège. L'essor des puissances séculières provoquera l'extension du spirituel : on sacralise. Ainsi la *res sacra* qui désignait primitivement la *res consecrata* est peu à peu assimilée à la *res ecclesiastica* (12). La notion de Cité de Dieu — esquissée par saint Augustin dans les premières pages du *De civitate Dei* et reprise à partir du livre XI — sert de base à la pensée des théologiens du XIIᵉ siècle. En fait la notion de Cité de Dieu ne concerne pas seulement l'Église et l'histoire du genre humain. Elle doit être considérée dans une perspective cosmique (13).

Le cadre de la société étant chrétien, l'Église se présente avec toute son hégémonie. Selon Hugues de Saint-Victor, la chrétienté désigne la société humaine et, la chrétienté, c'est l'Église (14). D'où l'expression fréquemment employée de *christianitas* comportant un pouvoir spirituel et temporel. L'Incarnation du Christ concernant tous les hommes, l'Église possède de ce fait un caractère universel et constitue le parti de Dieu (15). L'Église revendique deux pouvoirs : le spirituel et le temporel, désignés communément sous le nom de théories des deux glaives. L'un est dans sa main (le spirituel), l'autre est à son ordre (le temporel), dira saint Bernard. Selon la formule devenue fameuse, le pape possède le glaive spirituel (*ad usum*) et le glaive temporel (*ad nutum*). La théocratie pontificale devient de plus en plus formelle. Avec Innocent III (1198-1216), elle arrivera à son apogée ; le pontife devait la préciser lui-même en disant : « Aux princes a été donné le

(12) Voir sur ce sujet l'ouvrage de Marcel Pacaut, *La théocratie, l'Église et le pouvoir au Moyen Age*, Paris, 1957, p. 122 et sv.

(13) Cf. E. Gilson, *Église et Cité de Dieu chez saint Augustin*, dans Archives d'Histoire doctrinale et littéraire, 1953 (Paris, 1954), p. 6.

(14) *De Sacramentis*, II, ii, P. L. 176, c. 417.

(15) Cf. M.-D. Chenu, *La théologie au XIIᵉ siècle*, Paris, 1957, p. 219.

pouvoir sur la terre, aux prêtres a été attribué le pouvoir sur la terre et dans le ciel. La puissance des premiers atteint seulement les corps, celle des seconds atteint les corps et les âmes (16). »

Dans son traité *De consideratione* dédié à Eugène III, saint Bernard présente un traité de direction spirituelle destiné au pontife, il accorde à l'Église une puissance suprême ; dans ses œuvres mystiques, il l'envisage comme une entité physique et spirituelle. L'Église désigne l'assemblée des justes, « la génération en quête du Seigneur, en quête de la vue de l'Époux (17) ». De même qu'Eve sort d'Adam, l'Église provient du flanc du Christ — Nouvel Adam — dont le côté fut transpercé sur la croix. Ainsi l'Église est considérée comme l'os des os, la chair de la chair, l'épouse du Christ (18) ; elle forme un corps dont le Christ est la tête. Pour Bernard tout acte commis contre l'Église concerne le Christ lui-même, la cause du Christ est celle de l'Église et vice versa. Les blessures faites à l'Église entament le corps du Christ, dira saint Bernard à propos du schisme d'Anaclet et de la politique de Louis VII. Cette opinion ne lui est pas personnelle. Partagée par la plupart des hommes du XIIe siècle, elle est inculquée, au besoin par la force, à ceux qui ne l'acceptent point dans la réalité de ses conséquences.

Il convient de ne jamais oublier ce point de vue en étudiant le comportement de l'Église à l'égard de ceux qui ne partagent pas sa foi ou qui l'interprètent librement.

Dans la pensée des papes les croisades avaient des objectifs précis, mais les pontifes se révélèrent incapables de contenir le peuple, c'est ainsi que la première croisade devint une guerre d'extermination. Des musulmans, femmes et enfants, furent massacrés. Dans le Temple, « les chevaux pataugeaient dans le sang jusqu'aux jarrets (19) ». Les juifs de Jérusalem réfugiés dans la grande synagogue y furent brûlés vifs. Les hordes populaires se montrèrent sans pitié. En 1146, lors de la préparation de la seconde croisade, la populace normande et picarde massacra des juifs. L'agitation antisémite se répan-

(16) Cf. H.-X. ARQUILLIÈRE, *Étude sur la formation de la théocratie pontificale*, Paris, 1926.

(17) *Sermon* LXVIII, 3 *sur le Cantique des Cantiques*, P. L. 183 C, 1109 D.

(18) Cf. saint BERNARD, *Lettre*, CXXVI, 6. P. L. 182 C, 275 C.

(19) Cf. Norman COHN, *Les fanatiques de l'Apocalypse*, trad. de l'anglais par Simone Clemendot, Paris, 1962, p. 57. Voir à ce propos l'abondante bibliographie citée par l'auteur.

dit en particulier à Cologne, Worms, Mayence, Spire, Strasbourg. Les juifs échappaient à la mort et au pillage de leurs biens par l'acceptation du baptême. Nombre d'évêques s'élevèrent contre ces massacres, ils furent peu écoutés. Saint Bernard lui-même tenta de réduire ces exterminations. Si nombre de juifs lors des tueries se réfugièrent dans des monastères pour y être protégés, les conciles et les papes promulguaient l'isolement et l'humiliation des juifs ; toutefois ils interdisaient de les tuer. De telles subtilités échappaient au peuple (20). Dans les drames et dans l'iconographie, les juifs sont représentés avec des barbes en pointe et des cornes de bouc. Dans certaines villes les autorités ecclésiastiques obligeaient d'ailleurs les juifs à porter des signes distinctifs.

Les juifs et les sarrasins, dans une perspective eschatologique, sont volontiers transformés en démons par l'imagination populaire. Il ne faut pas oublier que des générations entendirent une partie du clergé vitupérer contre les juifs et les associer au règne de l'Antéchrist (21).

Cependant, il importe de ne pas généraliser cette attitude, ou du moins d'en souligner quelques exceptions. Quand le pape Alexandre III est obligé de quitter Rome et de se réfugier en France en 1162, il rencontre à Montpellier un prince sarrasin et le reçoit avec honneur et courtoisie (22) ; quelques années plus tard, dans une bulle datant de 1165, il traitera pourtant les musulmans en ennemis de la foi. Dans la seconde partie du XIIe siècle les idées devaient se modifier, en partie, à l'égard des musulmans. Ceux-ci cessent de porter l'étiquette de *barbari* ou de *pagani* et sont nommés hérétiques. L'échec de la troisième croisade qui met en doute la valeur religieuse de la guerre sainte n'autorise plus à considérer les musulmans sous l'aspect de disciples de l'Antéchrist. Quant aux juifs, ils exercent comme médecins à Montpellier et les synagogues de Narbonne, Béziers, Lunel, Montpellier deviennent autant de centres intellectuels.

En fait ce n'est pas seulement à l'égard des juifs et des musulmans que la violence s'exerça : les hommes jugés hérétiques étaient privés de voix pour se défendre, pourchassés, massacrés. A la fin du XIIe siècle la doctrine des cathares dominait dans le Midi et les persécutions commencèrent.

(20) Cf. Norman COHN, *id.*, p. 69.

(21) *Id.*, p. 67.

(22) Voir Jean ROUSSET DE PINA, *L'entrevue du pape Alexandre III et d'un prince sarrasin à Montpellier le 11 avril 1162*, dans *Études médiévales* offertes à Augustin Fliche, Montpellier, 1952, pp. 161-166.

Abélard lui-même n'échappera point à la vindicte de saint Bernard. L'intolérance était considérée comme une vertu. Suger faisant allusion à la lutte menée par Louis VI contre Thomas de Marle, brigand excommunié par le concile de Beauvais en 1114, raconte la prise du château de Crécy ; les impies — dira-t-il — furent *pieusement* massacrés (23).

D'ailleurs, certains textes de saint Bernard lui-même ne sont pas dépourvus de violence. Il écrit par exemple : « Jésus-Christ agrée volontiers la mort de son ennemi dont on tire juste vengeance et se donne plus volontiers à son soldat, comme une consolation. Le soldat de Jésus-Christ tue donc avec sécurité et il meurt avec plus de sécurité encore, quand il ôte la vie d'un méchant, il n'est pas homicide, mais " malicide ", il est vengeur du Christ sur ceux qui agissent mal et le défenseur des chrétiens... Le chrétien se glorifie de la mort d'un païen parce que Jésus-Christ lui-même en est glorifié (24). »

Cet autre texte est aussi rigoureux : « La mort du païen exalte le Christ et empêche la propagation de l'erreur (25). » Lors de la croisade, les païens qui veulent se convertir sont épargnés. Et Bernard de dire dans sa lettre 457 adressée à tous les fidèles : « Le démon a suscité une race maudite de païens, ces enfants pervers que, soit dit sans vous offenser, le courage des chrétiens a trop longtemps supportés, en se dissimulant leurs perfidies, leurs embûches, au lieu d'écraser du talon la bête venimeuse (26). »

Les évêques eux-mêmes n'échappaient pas toujours à la colère de leurs ennemis. La révolution communale créa de graves difficultés entre les évêques et le peuple, les exemples de Cambrai et de Laon demeurent légendaires. Le meurtre de l'évêque Gaudri fut dramatique. Arraché d'un tonneau dans lequel il se cachait, frappé cruellement, tué, pour s'emparer de son anneau pastoral on lui coupa le doigt (27).

Durant la fin du XIe siècle et le début du XIIe, la querelle des investitures domina, les idées réformatrices se développèrent d'autant plus aisément en France que le débat sur l'investiture s'était apaisé, et l'alliance entre la papauté et la royauté capé-

(23) *Vie de Louis VI,* éd. Vaquet, Paris, 1929, p. 172.

(24) *De laude novae militae* II, 3, P. L. 182, c. 923 D. Cf. *Saint Bernard,* éd. M.-M. Davy, Paris, 1945, t. I, p. 47.

(25) *Epist.* CDLVII, P.L. 182, C. 651 D. Cf. *Id.,* t. I, p. 47.

(26) M.-M. Davy, *id.,* t. I, p. 47.

(27) Voir Guibert de Nogent, *Histoire de sa vie,* publiée par G. Bourgin, Paris, 1907, p. 162.

tienne favorisait un esprit de concorde. La majorité des
évêques se distinguent par la pureté de leurs mœurs et leur
zèle à l'égard de leurs fidèles, les églises locales s'affranchis-
sent de toute domination laïque. L'Église multiplie les institutions de paix ; tout en se livrant parfois à l'intolérance, elle la
réprouve dans la chrétienté. Cependant elle reste fidèle à la
pensée de saint Augustin, disant : « Tuer un homme n'est pas
toujours criminel, mais il est criminel de tuer par méchanceté
et non en vertu des lois. » Un tel axiome risquait de justifier
les assassinats.

Toutefois l'Église tend par ses réformes et par son enseignement à propager des mesures en vue de provoquer l'adou-
cissement des mœurs et l'esprit de charité. Celui-ci s'exerce
surtout à l'égard des veuves, des orphelins et des malades, des
paysans, des marchands et des pèlerins. L'œuvre civilisatrice
de l'Église est incomparable et, malgré ses actes d'intolérance,
son action bénéfique s'étend sur toute la chrétienté et en
dépasse les frontières.

Il est un autre aspect de l'Église non plus terrestre, celui-là,
mais céleste. Si l'Église est une *civitas*, elle est avant tout une
« civitas spirituelle ». Elle se réalise pleinement dans le ciel, et
prend sur terre une forme visible. La véritable Église, la vraie
Jérusalem, l'Église parfaite, désigne l'Église d'en haut. C'est
encore à saint Bernard qu'il convient de recourir pour
connaître l'ecclésiologie du XIIe siècle. Les mots sur lesquels il
revient fréquemment — à propos de l'Église — sont chargés de
sens. La formule *Sponsa Christi* est significative (28). L'Église
est, selon son expression, *Sponsa per dilectionem* (29). Privée
d'amour, elle serait encore le temple de Dieu et la cité du Roi,
mais le titre d'épouse lui serait refusé. C'est pourquoi l'Église
n'existe réellement que dans les saints. A cet égard Bernard
reprend l'interprétation d'Origène pour qui l'Église comprend
ceux qui non seulement possèdent la foi mais adhèrent à Dieu
et l'aiment. C'est d'ailleurs un thème théologique qui appartient à la tradition présentée par les Pères. Si Ève a été tirée
d'Adam, l'Église est considérée dans sa fonction salvatrice
liée à l'eau et au sang qui jaillirent du côté du Christ suspendu
à la croix.

L'Église sera encore comparée à la Vierge Marie, à la lune

---

(28) Cf. *infra,* p. 233 sv.

(29) Voir le commentaire d'Origène sur *le Cantique des Cantiques,* 1 et 3.
Sur les textes de saint Bernard se rapportant à ce sujet, cf. Y. CONGAR, *l'Ecclésiologie de saint Bernard,* dans *Saint Bernard théologien* (Analecta sacris
cisterciensis), Roma, 1954, pp. 143-144.

et à l'âme individuelle. Rupert de Deutz, Gerhoch de Reichersberg, Isaac de l'Étoile insisteront sur cette image.

4. *La Maison de prière.*

Dieu définit sa maison une « Maison de prière » (cf. *Matth.* XXI, 13) il en confie la garde aux anges qui, telles des sentinelles, veillent sur sa demeure (30).

Au XIIᵉ siècle les églises surgissent partout. Il faut bien des lieux pour la prière et celle-ci embrasse l'univers et l'histoire. L'art roman est un art cosmique. Le maître d'œuvre, créateur entre ciel et terre, bâtit la maison de Dieu qui sera une halte pour les pèlerins, non seulement pour les nomades mais pour tous les hommes qui séjournent sur la terre. L'endroit où Dieu et l'homme communiquent est un centre de théophanies, c'est-à-dire le lieu de la manifestation divine. Tous les artisans concourent à la beauté du temple, l'architecte, le maçon, l'imagier. Les illustrations de l'époque nous représentent les nobles et les serfs attelés ensemble, épaule contre épaule, pour traîner les grands blocs de pierre. Il faut souvent pour construire une église un temps considérable ; ainsi l'église abbatiale Sainte-Madeleine de Vézelay commencée en 1096 n'a été entièrement terminée qu'au milieu du XIIᵉ siècle.

L'art roman possède une merveilleuse unité au sein des particularités les plus diverses. L'utilisation des thèmes nous étonne, car nous sommes parfois en face d'éléments anciens repris au profit de nouvelles significations. Ainsi cet art participe à la grandiose unité médiévale. D'ailleurs il en constitue le centre, c'est dans le temple que se trouvent réunis par un labeur commun théologiens, architectes, sculpteurs, orfèvres, tailleurs de pierre, charpentiers et maçons. C'est pourquoi plus que tout autre style, l'art roman convient à la contemplation et à la prière. Le symbole accueille aux portails, s'accroche aux chapiteaux, se niche dans les chevets. L'homme qui pénètre dans l'église romane n'a qu'à laisser errer son regard et il est conduit et mû vers la réalité suprême.

L'éternité baigne l'art roman, elle est sa mesure. C'est pourquoi un tel art est semblable à un visage dont les lignes sont significatives pour celui qui le charge de présence. Est-il abordé comme un étranger, il retient son secret. Est-il aimé, il livre aussitôt son message. En raison de la pérennité qu'il

(30) Voir le *Sermon* IV, 2 de saint Bernard *sur la Dédicace.* P. L. 183, c. 526 sv.

évoque, cer art défie le temps. Il en serait de même pour un temple grec ou bouddhique. Au contraire, les maisons d'habitation détiennent le plus souvent un caractère transitoire qui, du fait des modifications de l'existence, devient vite insupportable. Ainsi le style victorien en est un exemple frappant. On pourrait en dire autant des églises sulpiciennes ou de style baroque dont l'excès d'ornementation, si peu favorable au recueillement, irrite par son caractère temporel.

Les églises romanes peuvent se ressembler dans leurs constructions et leurs ornementations. Les symboles qu'elles présentent suscitent toujours différentes lectures. La prière est la même, la circoncision du cœur aussi (pour parler le langage bernardin), mais l'âme est constamment en voie de croissance ou de recul, car au sein de la connaissance et de la contemplation, il n'existe jamais d'instants identiques.

Dans la mesure de leur réalité, les thèmes ne sont ni épuisés ni épuisables. L'art carolingien lègue à l'art roman sa fécondité, mais quand il disparaît, il emporte avec lui son goût de la mosaïque et de la recherche picturale. Auparavant la pierre était revêtue, avec le roman elle se dénude et apparaît dans sa beauté pure. Ainsi l'art roman ne s'impose pas, il frappe à la porte de l'esprit : il éveille et transforme le cœur de l'homme.

La maison de prière en tant que lieu où les mystères s'accomplissent est la « Maison de Dieu ». Elle circonscrit l'espace et l'oriente en le sacralisant. Elle est vaisseau et arche dans lesquels l'invisible et le visible entament un dialogue, l'éternité transfigurant le temps. Image de l'homme cosmique, elle pourrait porter, au-dessus de sa porte centrale, l'inscription du temple de Ramsès II : « Ce temple est comme le ciel en toutes ses parties (31). »

Cette Maison de Dieu est aussi « Maison de Vie ». Dans l'Ancienne Égypte la « Maison de Vie » groupait des disciples auxquels était présenté l'enseignement de la Sagesse (32), or l'église romane offre à celui qui la contemple ce que R. A. Schwaller de Lubicz nomme « les lois de Genèse » (33). L'église romane en tant que miroir de Dieu et de la création enseigne la connaissance de soi et de l'univers. L'homme comprend comment répondre à sa vocation d'homme. Le

---

(31) R.A. Schwaller de Lubicz, *Le miracle égyptien*, Paris, 1963, ch. Iᵉʳ, pp. 13 sv.

(32) *Id.*, p. 38. Voir Pierre Montet, *La vie quotidienne en Égypte au temps des Ramsès*, Paris, pp. 290-291 ; Gardiner, *The house of life*, 1938, pp. 157-179.

(33) *Id.*

geste essentiel lui est enseigné non seulement par les images symboliques, mais par l'art de bâtir. Ici, dans l'église romane, cet art est apparenté à la mathématique, à la musique et à la poésie, tout est rythme.

L'église peut désigner un lieu de réunion où les fidèles d'une religion se rassemblent, elle ne constitue pas par elle-même un temple. Elle doit pour être un temple observer des lois strictes. C'est seulement dans ce cas qu'elle se présente comme un temple sacré, symbole de l'univers. L'église romane, la cathédrale médiévale correspondent à cet ordre. C'est pourquoi « les lois de Genèse » qui y sont enseignées initient l'homme à une vie nouvelle. C'est là que l'homme apprend la seule notion essentielle : à savoir qu'il est lui-même un temple et que les saints mystères qui s'accomplissent dans l'enceinte de pierre se réalisent en lui.

Dans son IIe sermon consacré à la Dédicace de l'église, saint Bernard fait allusion au temple visible construit pour abriter les hommes, mais que Dieu n'habite point car il séjourne dans son image, c'est-à-dire dans l'homme (34). Il compare le corps à une maison, le monde sensible désigne une maison plus vaste. Dans son V[e] sermon consacré au même sujet, l'auteur célèbre « la fête de la maison du Seigneur, du temple de Dieu, de la cité du Roi éternel, c'est-à-dire de l'É-pouse du Christ (35) ».

La Maison de prière désigne le temple de pierre et l'homme dans sa totalité.

5. *La vie monastique.*

Au XIIe siècle, et grâce surtout à saint Bernard, le primat est donné à la vie monastique. La division en trois ordres : prélats, hommes chastes et mariés ont leurs modèles dans l'Ancien Testament avec Noé, Daniel et Job. En fait la condition laïque n'est jamais valorisée (36) en dehors, toutefois, des princes qui la représentent.

La Règle d'Or, celle de saint Benoît, est observée dans la majorité des monastères. Les écoles monastiques ne le cèdent en rien aux centres scolaires. « L'art d'aimer » y est en faveur ; toutefois, il ne s'agit pas seulement de commenter l'art d'ai-

---

(34) P. L. 183, c. 521 sv.

(35) *Id.,* c. 529 sv.

(36) Sur toute cette question, voir Y. CONGAR, *L'ecclésiologie de saint Bernard, id.,* pp. 185 sv.

mer d'Ovide, mais l'art d'aimer Dieu qui est « l'art des arts » *(ars est artium ars amoris)* (37). Cependant, si les moines renoncent au monde, ils ne sauraient pour autant abandonner les études. Humanisme fidèle à l'antiquité et humanisme de l'intemporel se heurtent parfois avec éclat. Les écoles religieuses sont des pépinières de moines, théologiens, poètes, architectes, imagiers. De grands hommes les illustrent. Ainsi l'école cartusienne est représentée par un Guigue Ier dont l'esprit s'apparente extraordinairement à Pascal. L'école cistercienne tente de restaurer la Règle de saint Benoît dans sa pureté primitive. Elle jouit d'une célébrité sans égale avec un saint Bernard de Clairvaux et un Guillaume de Saint-Thierry. Saint Bernard joue un rôle décisif dans la chrétienté. Tout le XIIe siècle est bernardin et par conséquent fortement marqué par l'esprit cistercien. C'est sans doute à lui qu'il doit sa grandeur aussi bien dans la mystique que dans la poésie ; l'art lui-même subira son influence. Cluny qui est une réforme bénédictine possède une renommée immense. Cet ordre riche en papes et en docteurs compte des contemplatifs et des artistes. Amant de la beauté, soucieux de la forme, il crée une tradition qui fera de nombreux émules.

Les moines lisent l'*Histoire lausiaque* de Pallade et méditent les *Institutions* de Cassien. Ils veulent imiter les Pères du désert. Les récits des aventuriers de Dieu des premiers siècles (38) exercent sur eux une profonde séduction. D'où leurs compétitions : matches d'austérité ! Les uns sont cénobites, les autres fuient dans le désert pour s'éloigner du monde et pour affronter — tel saint Antoine — les démons dans leurs repères (39).

Le monastère est comparé, par saint Bernard, à un désert (40). Le désert sera un symbole particulièrement cher aux chartreux : il signifie le renoncement et la pureté. La terre désertique résulte d'une usure. Ayant perdu en quelque sorte sa substance, elle échappe à toute corruption. Située au sommet du dépouillement, elle peut à la fois être stérile ou féconde.

C'est pour réaliser l'œuvre des œuvres, devenir un temple

---

(37) Guillaume de Saint-Thierry, *De natura et dignitate amoris*, P. L. 184, c. 379 ; éd. M.-M. Davy, Paris, 1953, n° 1, p. 70.

(38) Voir à ce propos l'ouvrage de J. Lacarrière, *Les hommes ivres de Dieu*, Paris, 1961, pp. 71 sv.

(39) Cf. K. Heussi, *Der Ursprung des Mönchtums*, Tübingen, 1936. Voir *La vie de saint Antoine par saint Athanase*. P. L. 183, c. 519 C.

(40) *Sermon* I, 2 *sur la Dédicace*. P. L. 183, c. 519 C.

vivant en apprenant « les lois de Genèse » que certains hommes se font moines. L'entrée dans la vie monastique est appelée conversion *(conversio monastica)*. En fait il y a beaucoup d'échecs dans la vie monastique médiévale comme d'ailleurs à toutes les époques. Très peu d'hommes sont capables de répondre à un tel enseignement d'autant plus que les véritables maîtres sont rares. Correspondre à ces « lois de Genèse » et les apprendre à autrui appartient à un état spirituel exceptionnel.

Le choix de la vie monastique correspond parfois moins à une vocation qu'à un usage. Il existe de mauvais moines, les scandales provoqués par les religieux sont indéniables. Toutefois, l'époque romane constitue l'âge d'or de la mystique chrétienne occidentale, ce sont des moines qui l'illustrent et le fécondent. Nous vivons encore aujourd'hui de leurs œuvres dont la beauté est impérissable. Le sommet de la vie contemplative n'a jamais été atteint avec une aussi profonde densité.

Contrairement à ce qu'on pourrait penser, la vie monastique est essentiellement laborieuse. Les moines copistes, écrivains, passent la plus grande partie de leur existence à écrire ; or écrire, composer ou copier un livre, est un culte sacré, une façon de répandre la parole de Dieu. Selon Pierre le Vénérable, le solitaire remplace la charrue par la plume (41). Dans les sillons tracés sur le parchemin il jette le grain de la parole divine. Le moine n'ouvre pas la bouche, il demeure dans le silence du cloître et cependant le voici grâce à l'écriture parcourant les terres et les mers (42).

Dicter un traité est comparé à la prière et au jeûne par Abbon de Fleury, l'offrande à Dieu d'un livre achevé est une liturgie (43).

Les moines accordent une grande importance au silence. Les écrivains mystiques du XIIe siècle rappellent fréquemment la nécessité d'écouter, d'établir en soi un parfait silence afin d'entendre le murmure de la parole de Dieu. D'où ce texte de Guigue II le Chartreux : « Celui qui n'est pas solitaire ne peut pas se taire. Qui ne se tait pas n'entend point celui qui parle... Que ma terre se taise en ta présence... Merveilleuse audition pour celui qui se tait et est solitaire (44). » Nous retrouvons un

---

(41) C'est là un thème antique qui sera connu au Moyen Age à travers Isidore de Séville *(Etymologie, VI, 14, 71)*.

(42) Cf. *Epist.* I, 20, P. L. 189, c. 98.

(43) Cf. C. GASPAR, P. LYNA, *Les principaux manuscrits à peinture dans la bibliothèque royale de Belgique*, I, Paris, 1937, p. 67.

(44) *Méditations*, éd. M.-M. Davy, *id.*, pp. 17-18.

langage identique avec saint Bernard et Adam le Chartreux.
En dehors des personnalités marquantes dont les responsabili-
tés sont engagées dans le temps, la majorité des moines mène
une vie stable. Bernard de Clairvaux demeure un cas exceptionnel avec ses nombreux voyages et son rôle actif dans la
chrétienté.

6. *Le siècle roman.*

La vie est envisagée comme un pèlerinage. La cité « d'en
haut » est celle des saints, ici-bas les hommes, pèlerins par
grâce, citoyens de la cité « d'en haut » pérégrinent vers le
royaume. Ce thème proposé par saint Augustin anime la vie
médiévale. Le XIIᵉ siècle éprouve la passion des pèlerinages.
Des lieux sont consacrés, le voyageur y vient de loin pour la
rémission de ses fautes ou pour sa dévotion. L'homme ne sait
pas toujours que le centre du pèlerinage est son propre cœur.
C'est pourquoi il s'éloigne de sa patrie, croyant trouver le lieu
où le ciel et la terre s'unissent. Les routes des pèlerinages sont
tracées — tels des fleuves — et traversent l'Europe qu'elles
dépassent. Les points de rencontre sont Saint-Jacques-de-
Compostelle, Saint-Michel-du-Mont-Gargano ou des sanctuaires voués à la Vierge. Les reliques des saints opèrent des
miracles sur le plan physique ou dans l'ordre plus secret de la
conversion du cœur. Le pèlerin franchit les limites de l'Europe, et c'est en Orient qu'il tente de défendre le tombeau du
Christ. La croisade devient ainsi le plus exaltant des pèlerinages. Les lieux saints où le Christ a vécu sont considérés
comme sa propre terre, celle qu'il convient de libérer de ses
ennemis.

En dehors de ces pèlerinages, le XIIᵉ siècle n'est pas seulement sédentaire, il est aussi nomade et dans une époque
dépourvue de transports, tant de déplacements nous étonnent.
Bernard de Clairvaux parcourt l'Europe sur une mule. Rupert
de Deutz, étant l'objet d'attaques de la part des écoliers de
Paris, raconte son voyage à dos d'âne pour croiser le fer avec
Anselme de Laon et Guillaume de Champeaux à propos de la
question de la toute-puissance divine ! La plupart des voyageurs cheminent à pied, chargés parfois de rouleaux couverts
de textes ou encore porteurs de messages.

Nous vivons dans un siècle trop agité pour saisir le sens
profond d'une vie privée d'impatience. Il s'agit de bien faire, et
non de faire beaucoup. La quantité n'entre pas en lice, seul le
mystère de la qualité s'impose. C'est pourquoi les œuvres du

XIIe siècle sont durables. Elles conservent un sceau d'éternité qui transcende le temps. Certes, l'homme roman nourrit la hantise de son propre salut, mais il se sait frère d'un grand nombre d'hommes : ceux qui partagent sa foi.

En dépit de la langue et du style, des images, des redites, des citations bibliques dont certains ouvrages sont imprégnés, les traités du XIIe siècle s'offrent à la lecture de l'homme moderne. Ils se lisent facilement, n'engendrent jamais l'ennui et possèdent une authenticité liée à l'état d'âme des écrivains eux-mêmes. D'ailleurs il existe un optimisme qui baigne les esprits et les œuvres. L'an mil est passé avec toute sa terreur, enfin l'homme respire, il rend grâces de la beauté d'une nature qui porte l'effigie divine. Le sectarisme se montre parfois, mais il n'est point l'effet d'un goût personnel, il tente de sauvegarder le sens d'une collectivité. Car l'Église est un centre, elle est chrétienté, et ceux qui n'en font point partie semblent exclus du rythme de l'existence : d'où la tragique dureté pour les païens, l'infamie qui recouvre les juifs. Ce n'est pas là étroitesse d'esprit, ou racisme, mais impossibilité de penser autrement. La chrétienté apparaît une unité géographique et ceux qui n'y sont point reliés font figure de parcelles insulaires (45). C'est pourquoi il nous est interdit de juger le XIIe siècle avec notre mentalité d'aujourd'hui.

Ce siècle n'est pas uniquement voué à la philosophie, à la théologie, à la poésie et à la mystique. La mathématique exerce son emprise, la technique aussi. La force de l'énergie retient l'attention. Ainsi l'eau est employée pour les moulins et les roues hydrauliques. La force du vent est accaparée, et dès l'aurore du XIIe siècle tournent les premiers moulins à vent. Il faudrait citer de nombreuses inventions, telles la boussole, l'horloge mécanique ou le gouvernail. L'horloge rythme le temps d'une vie consacrée au travail de la terre et au labeur de l'esprit. On le voit, le XIIe siècle est avant tout concret ; c'est en 1188 que le pont d'Avignon lance sur le Rhône ses dix-huit arches de pierre.

Qu'il s'agisse d'enseignement religieux ou de littérature

(45) Une telle attitude qui nous apparaît aujourd'hui infantile parce que l'unité du genre humain est nettement apparente (les livres sacrés des différentes religions sont connus, les distances géographiques se réduisent de plus en plus) persiste encore de nos jours. Ainsi pour de nombreux habitants appartenant à des provinces françaises de l'Ouest, demeurées extérieurement très fidèles au christianisme, les peuples possédant une autre observance religieuse font figure de sauvages. Une étude examinant un tel comportement serait révélatrice d'un sectarisme involontaire basé sur une extraordinaire ignorance.

profane, la pensée est liée intimement à la Bible : étude des nombres, musique, traités de médecine, cosmogonie, etc. L'homme savant ou ignorant puise dans la Bible, Ancien et Nouveau Testament, le goût des images et des symboles. Ces symboles chargés de sens lui sont transmis aussi à travers les commentaires des Pères grecs et latins. Mais tout n'est pas biblique. L'apport païen est considérable. Beaucoup d'auteurs médiévaux citent, nous le verrons, des auteurs profanes. Plus encore, à travers les Pères, des symboles païens et gnostiques leur parviennent.

Il n'est point de période d'histoire dans laquelle le symbole joue un rôle aussi grand qu'au XIIe siècle. Les causes d'une telle faveur sont diverses. Nous tenterons de les préciser. Cet usage du symbole ne relève point d'une phase historique puérile, mais convient au contraire à des hommes qui conservent à la fois le sens de la réalité et de l'inexprimable. Ils aiment Dieu, mais comment parler de lui ? Ils regardent la création dans laquelle l'homme remplit une fonction royale, mais comment la faire connaître ? Chacun ne peut saisir que suivant son entendement. Or le symbole témoigne de la vérité, il exprime le mystère. Grâce au symbole, un ordre incommunicable par l'écriture ou par la parole sera transmis, aussi bien par le traité de théologie que par le sermon ou encore par l'image d'un chapiteau.

Le XIIe siècle est essentiellement le siècle de l'enseignement, tout concourt à cet apprentissage. Ce n'est pas seulement l'intelligence qui doit être éveillée, mais l'intuition. C'est pourquoi le symbole possède une telle importance au XIIe siècle ; il instruit et achemine vers la connaissance, car il est une nourriture spirituelle.

En face de ce mouvement symbolique et opposé à lui se dresseront les partisans d'une conception physique dans laquelle la nature et l'histoire tiendront un rôle majeur ; les miracles, le sens du merveilleux seront volontiers rejetés. Un nouveau sens critique naîtra. Nous aurons d'ailleurs l'occasion de revenir sur ce sujet. Toutefois notre étude concernant la symbolique romane retiendra surtout les éléments d'une pensée symbolique présentée par les plus grands écrivains du XIIe siècle tels saint Bernard et Guillaume de Saint-Thierry.

Chapitre II

LES CARACTÉRISTIQUES ROMANES

Toute époque s'offre avec des constantes qui la déterminent et assurent son autonomie. Les caractéristiques de la période romane peuvent se ramener à deux principales : l'unité et le sens de la présence de Dieu. Ces deux notions sont liées au christianisme dont l'extension en Europe forme la chrétienté. Ce n'est pas uniquement dans le cœur de l'homme que s'affirme la présence divine ; Dieu est partout et l'homme peut s'en distraire mais non lui échapper. Dieu n'a pas besoin d'être nommé pour être reconnu, car il constitue le climat de l'existence romane.

1. *L'unité de l'univers.*

La pensée romane, qu'elle s'exprime dans les traités des maîtres philosophes et théologiens ou encore dans l'art, n'est pas seulement européenne. Le génie médiéval est à base monastique. Or l'idéal monastique est à la fois absolu et total, c'est-à-dire qu'il embrasse toutes les réalités indépendamment de leur origine. Religieux, il groupe des données universelles, il transcende l'histoire tout en épousant le revêtement d'une époque afin de la mieux servir. Plus une pensée — signifiée par l'écriture ou la parole — est d'origine spirituelle, plus elle est à la fois universelle et encyclopédique, échappant ainsi au temps et à l'espace. Que l'art se mette au service de causes transitoires, il s'écarte aussitôt de sa réalité originelle qui est de relier les énergies de l'homme aux énergies universelles. L'homme roman prend conscience de l'unité de l'univers et cette unité est pour lui une source non seulement de sagesse mais de confiance, on pourrait dire d'optimisme.

Au XIIe siècle, les vieilles civilisations s'entrechoquent grâce aux moines, aux clercs, aux poètes, aux caravanes, aux marchands, aux pèlerins. Par les croisades, l'Europe et les terres lointaines mystérieuses s'affrontent et se lient. Les thèmes orientaux et occidentaux apparaissent les mêmes dans la mesure où ils sont porteurs de vérité. Ainsi les œuvres d'art, telles des bornes sur une route, indiquent aux hommes la réalité authentique, rappellent leur origine et le sens de la voie qu'il leur faut parcourir.

Pour l'homme roman, Dieu, c'est-à-dire l'artisan suprême, a créé l'univers comme une immense cithare *(quasi magnam citharam)* (1). Rien n'existe qui ne participe au souverain bien (2). Et l'homme prend conscience de cet univers. Celui-ci est un tout ; d'où le titre suggestif d'un ouvrage de Bernard Silvestre : *De mundi universitate* (3). La création ne peut être envisagée en dehors de Dieu, car l'univers c'est Dieu et la créature : *universitatem dico Deum et creaturam* (4).

La nature médiévale a hérité de la nature grecque ; toutefois elle corrige les notions qu'elle adopte. Elle ne veut rien exclure. Chaque valeur est mise à la place qui lui revient dans la perspective d'une orientation vers Dieu. La nature entière est insérée dans l'économie de la Rédemption. Elle appartient à l'ordre nouveau instauré par le christianisme.

Les lapidaires, les bestiaires ou les traités des philosophes et théologiens considèrent toujours la nature par rapport à son Créateur. C'est là d'ailleurs un thème repris par Philon dans la Bible et dans Platon. L'univers étant le symbole des réalités spirituelles, la contemplation du monde mène à la connaissance de Dieu. Or, nous savons que l'exégèse philonienne a joui au Moyen Age d'une très grande faveur. Certes, la connaissance de l'univers au XIIe siècle est succincte ; elle est valable du fait qu'elle concerne un univers harmonieux : le monde est toujours envisagé comme un ordre. Déjà saint Augustin, dont s'inspirent de nombreux auteurs romans, précise que Dieu a créé, conçu dans l'unité.

L'unité de l'univers symbolise l'unité des hommes.

---

(1) Honorius AUGUSTODUNENSIS, *Liber XII Quaestionum II*, P. L. 172, c. 1179.

(2) Cf. Hugues de SAINT-VICTOR, *Commentariorum in Hierarchiam caelestem*, II, 3 ; P. L. 175, c. 980.

(3) Voir éd. Barach, Innsbruck, 1876.

(4) Scot ERIGÈNE, *De divisione naturae*, II, 1 ; P. L. 122, c. 524.

Commentant la parabole du trésor caché dans un champ
(*Matth.* XIII, 44), saint Bernard compare le champ au corps de
l'homme en qui se trouve le royaume des cieux. Celui qui a
découvert en lui-même ce royaume se met à la recherche de la
perle précieuse. Cette perle précieuse désigne l'unité. Elle est
préférable aux jeûnes, aux veilles, aux prières. Cette unité est
si totale qu'il ne convient pas de l'envisager « comme si tous
les hommes ne faisaient qu'un, mais comme si un seul était
tous (5) ».

Saint Augustin précise que Dieu a conféré à toute substance spirituelle ou corporelle une mesure, une forme, un
ordre *(modus, species, ordo)* (6). L'ordre est un plan selon lequel les choses semblables ou différentes tiennent la place qui
leur appartient (7). « Telle une syllabe dans un cantique, toute
chose reçoit, dans la marche de ce monde, sa juste part de lieu
et de temps (8). » La beauté est issue de cet ordre, de même
que la paix est le résultat d'une ordonnance (9). Ce monde est
beau ! Sa beauté est le pressentiment du ciel, dira Odon,
fondateur de Cluny.

2. *La beauté du monde.*

L'homme roman découvre dans l'Écriture Sainte le goût de
l'harmonie. Un texte de la *Genèse* est à cet égard significatif.
« Quand Dieu créa le monde, il le regarda et l'ayant regardé, il
le jugea parfait. L'œuvre des six jours était belle : le ciel et la
terre et tout ce qui l'ornait *(perfecti sunt cæli et terra, et omnis
ornatus eorum).* » (Cf. *Gen.* I, 31 ; II, 1.) Bernard Silvestre et
Alain de Lille composent des ouvrages sur l'ornementation de
l'univers. Gerhoch de Reichersberg écrit que la structure de
l'univers est ordonnée comme il convient *(tota universitatis
structura convenienter ornatur)* (10). Le Psaume (CX, 3)
célèbre l'œuvre de Dieu qui n'est que splendeur et magnificence, et les auteurs médiévaux s'inspirent de ce merveilleux
passage des *Confessions* dans lequel saint Augustin interroge
la terre, la mer, les abîmes, les vents, le ciel, le soleil, la lune et

---

(5) *Sermon de diversis,* LXV, 3 ; P. L. 183, c. 688 A.

(6) *De natura boni,* III ; P. L. 42, c. 553.

(7) Cf. saint Augustin, *De civitate Dei,* XIX, XIII, 1 ; P. L. 41, c. 640.

(8) *Le recueil des pensées du Bx Guigue,* éd. Dom Wilmart, Paris, 1936,
181, p. 98.

(9) Cf. saint Augustin, *De civitate Dei,* XIX, XIII, 1 ; P. L. 41, c. 640.

(10) *De aedificio Dei,* 1, P. L. 194 ; c. 1193 B.

les étoiles : « Parlez-moi de mon Dieu, puisque vous ne l'êtes point, dites-moi quelque chose de lui. » La terre, la mer, les abîmes répondirent d'une voix éclatante : « C'est Lui qui nous a faits », et saint Augustin de conclure : « Dans ma contemplation je les interrogeais, et leur réponse c'était leur beauté (11). »

Dans l'épithalame royal (Ps. XLIV, 3), le roi est désigné comme le plus beau des fils de l'homme, et dans ce même poème il est écrit : « Écoute, ma fille, regarde et prête l'oreille, oublie ton peuple et la maison de ton père, et le roi sera épris de ta beauté. » « Je suis noire, mais je suis belle », dira l'Épouse dans le *Cantique des Cantiques* (I, 5) et l'Époux répondra : « Oui, tu es belle, mon amie, oui, tu es belle » (I, 15). L'Époux lui-même est beau (I, 16). L'âme loue Dieu pour la beauté et l'ornement de sa maison (Ps. XXV, 8). Le Temple de Salomon est dit d'une grande beauté. Et Moïse semble beau aux yeux de Dieu (Act. VII, 20). Il serait possible de relever dans la Bible un grand nombre de textes dans lesquels il est parlé de la beauté et dont les auteurs médiévaux s'inspireront.

« La beauté, une des formes les plus discrètes de la présence », écrit Jean Mouton (12). La beauté de la nature apparaît une sorte de miroir dans lequel l'homme saisit la présence du Créateur, et toute la pensée romane nourrira le sens de la beauté, en particulier dans l'art. Il y a une exaltation dans l'allégresse d'une rencontre et d'un dialogue. La terre est transfigurée, elle devient « terre céleste ».

Cependant, il ne règne pas dans l'univers un ordre absolu, des désordres s'y trouvent, et ces désordres ne sont pas un mal réel, ils indiquent seulement une privation du bien. Ils apparaissent en quelque sorte une carence de bien. La matière est une limite, mais elle n'est pas en soi mauvaise (13). Cette thèse est exprimée dans le *Timée*. A.-J. Festugière a montré comment une telle doctrine a engendré une philosophie religieuse dont il est possible de suivre la naissance et le développement de Platon à l'hermétisme (14). Les Chartrains reprendront cette thèse du *Timée*, en particulier Bernard Silvestre qui utilisera la cosmogonie antique, dans laquelle l'allégorie et le symbole jouent un rôle significatif.

(11) Saint Augustin, *Confessions*, X, 6, 9, éd. P. de Labriolle, Paris, 1941. t. II, p. 246.

(12) *Du silence et du mutisme dans la peinture*, Paris, 1959, p. 91.

(13) Voir sur toute cette question, A.-J. Festugière, *La Révélation d'Hermès Trismégiste*, Paris, 1949, t. II : *Le dieu cosmique*, pp. XII-XIII.

(14) *Id.*

3. *Macrocosme et microcosme.*

Déjà, nous pouvons saisir l'importance d'une théorie qui, au XIIe siècle, jouit d'une très grande fortune : celle du *macrocosme* et du *microcosme* (15). Le monde est le grand univers et l'homme est une réplique en petit de cet univers. Ce que l'univers est à Dieu, l'homme l'est à l'univers. Nous verrons citée, chez un grand nombre d'auteurs du Moyen Age, cette théorie du macrocosme et du microcosme, qu'il s'agisse des Chartrains commentateurs de Platon, de Guillaume de Saint-Thierry, moine cistercien, ou encore de Godefroy de Saint-Victor qui compose un *microcosmus* (16). Dans la littérature populaire, ce parallélisme est fréquemment envisagé. Ainsi nous lisons dans le *Roman de Fauvel* que « le monde a nom macrocosme et l'homme microcosme (17) ». En réalité, cette conception n'est pas une invention du XIIe siècle, on la trouve par exemple chez Macrobe et Platon, mais nulle époque n'a connu une plus grande diffusion de ce thème.

Le Commentaire du songe de Scipion rapporte l'opinion des physiciens qui, s'appuyant sur les analogies entre le corps et le monde matériel, entre l'âme et les êtres spirituels, nomment le monde un grand homme et l'homme un petit monde. Dans le *Timée*, Platon montre l'homme façonné d'après le modèle du cosmos. Il importe ici d'avoir encore présente à la mémoire la thèse du *Timée* dans laquelle Platon décrit un monde concret doué d'un mouvement autonome, et ce mouvement suppose une Ame qui est motrice de l'univers lui-même. Abélard verra dans le Saint-Esprit l'Ame du monde, l'*Anima mundi* dont parlent d'ailleurs les Chartrains, et Guillaume de Saint-Thierry le lui reprochera avec véhémence (18).

Les théories du XIIe siècle sur l'Ame du monde reposent sur

---

(15) Sur ce sujet, voir M.-D. CHENU, *L'homme et la nature. Perspectives sur la renaissance du XIIe siècle*, dans *Archives d'histoire doctrinale et littéraire du Moyen Age*, XIX, 1952, pp. 39-66.

(16) Cf. Ph. DELHAYE, *Godefroy de Saint-Victor, Microcosmus*, t. I, Texte, Lille, 1951.

(17) *Roman de Fauvel*, éd. Långfors, Paris, 1914-1919, v. 2995. — D'après Matila Ghyka, le terme microcosme se trouve employé pour la première fois dans un passage de Démocrite d'Abdère. Toutefois une biographie anonyme de Pythagore lui attribue l'invention des termes microcosme et macrocosme (*Le Nombre d'Or*, t. II, *Les rites*, Paris, 1931, p. 77, suite de la note 1 de la page 76).

(18) *Disputatio adversus Petrum Abaelardum*, V, P. L. 180, c. 265 A. C.

le *De divisione naturae* de Jean Scot Erigène. Guillaume de Conches montre comment l'Ame du monde doit être considérée comme un esprit qui confère à toutes choses à la fois le mouvement et la vie. C'est elle qui anime les astres, fait pousser la végétation, donne la sensibilité aux animaux et la raison aux hommes.

Ce thème de l'Ame du monde a été illustré dans un manuscrit, la *Clavis physicae*, d'Honorius Augustodunensis, du XIIe siècle (19). Dans cette miniature, l'Ame du monde se présente sous la forme d'une femme vêtue d'une robe longue, avec de larges manches pendantes. Une chaîne pourvue d'un médaillon orne son cou. Dans ses bras, elle tient une banderole avec les mots : *vegetalis in arboribus, sensibilis in pecoribus, rationabilis in hominibus* (végétale dans les arbres, sensible dans les animaux, rationnelle dans les hommes). De chaque côté de sa tête se trouvent deux médaillons figurant le soleil et la lune. L'un sous la forme d'un homme et l'autre d'une femme portent un flambeau. Aux quatre coins de la miniature sont placés des médaillons tenus par trois mains et désignant les quatre éléments. Ceux-ci sont tendus à bout de bras par des mains pour indiquer qu'ils se transmuent les uns dans les autres. A l'intérieur de ces médaillons sont inscrites les qualités de chaque élément. Ainsi l'air est subtil, mobile, chaud, humide ; le feu est subtil, mobile, sec, chaud ; l'eau est mobile, compacte, humide, froide ; la terre est compacte, immobile, sèche et froide.

La doctrine de Platon sur la genèse du monde retient spécialement les Chartrains qui recherchent un accord entre cette doctrine et la pensée chrétienne. Isidore de Séville a transmis ce rapport entre le macrocosme et le microcosme dans son *De natura rerum* (Cap. IX).

Nemesius d'Emese (IVe siècle) en offre une synthèse dans son traité sur *La Nature de l'homme* ainsi que Claudius Mamert († 474) dans son ouvrage sur *Les États de l'âme* (Lib. I, c. 7).

Honorius Augustodunensis précise la parenté entre l'homme et les éléments. Il dira que la chair est tirée de la terre, le sang de l'eau, le souffle de l'air et la chaleur du feu (20). Chaque partie du corps correspond à une partie de l'univers :

---

(19) B. N. ms. lat. 6734. Voir p. 117 notre allusion à l'article de M.-Ch. d'Alverny sur le cosmos symbolique ; cf. sa description de la miniature de l'Ame du monde : « Le Cosmos symbolique du XIIe siècle » dans *Archives d'Histoire doctrinale et littéraire du Moyen Age*, XX, 1953, pp. 69 sv.

(20) *Elucidarium*, I, 11 ; P. L. 172, c. 1116.

au ciel la tête, à l'air la poitrine, à la mer le ventre, à la terre les pieds. De même, les sens ont des analogies avec les divers éléments : le toucher avec la terre, le goût avec l'eau, la vue avec le feu, l'ouïe et l'odorat avec l'air. Le corps entier participe à la nature. L'homme ressemble aux pierres par ses os, aux arbres par ses ongles, aux herbes par ses cheveux, aux animaux par ses sens. C'est là d'ailleurs un thème d'origine judéo-grecque (21) constamment exploité (22) par Grégoire le Grand, Isidore de Séville, Bède le Vénérable.

Selon Isaac de l'Étoile et Alcher de Clairvaux l'âme, par ses sens, évoque la terre, par l'imagination l'eau, par la raison l'air, par l'intelligence le ciel. Pour Geoffroy de Saint-Victor, l'homme possède quelque chose en commun avec chaque degré d'être, depuis la pierre jusqu'à l'ange en passant par l'arbre et les animaux. L'homme contient les humeurs comme le monde les éléments. Déjà Bède le Vénérable († 735) avait établi une correspondance entre les saisons, les humeurs, les éléments (23). Hugues de Saint-Victor insiste sur la progression allant de l'élément terreux au feu.

Tel est le destin de l'homme et ce destin est si profondément lié à l'univers qu'il le partage. L'influence des saisons, des phases de la lune, de la lumière solaire sur l'homme dénonce l'identité de sa nature avec la nature elle-même.

Dans ce sens il existe au Moyen Age une redécouverte de la nature et de l'homme au sein de la nature. Cette connaissance trouvera sa pleine expression dans l'art.

4. *La connaissance de soi.*

Telle est la notion de l'unité du monde saisie par l'homme roman : le monde est « un » et l'homme est l'image de ce monde. D'où pour connaître l'univers, il devient nécessaire à l'homme de se connaître lui-même. Plus encore, cette connaissance de soi va lui permettre de comprendre le mystère de son origine : sa création à l'image de Dieu ; car si l'homme est image du monde par son corps, il est image de Dieu par son âme. C'est pourquoi Hildegarde de Bingen pourra dire : « O homme, regarde-toi ; tu as en toi le ciel et la terre. »

---

(21) Cf. p. 115. Voir à ce propos sur la création d'Adam, Max FORSTER, « Adams Erschaffung und Namengebung », dans *Archiv für Religionswissenschaft*, XI (1908), pp. 477-522.

(22) Cf. *supra*, p. 36.

(23) *De temporum ratione*, c. 35, P. L. XC, c. 457.

La connaissance de soi est le fondement même de toute connaissance. Que l'homme se connaisse, le monde se révèle et Dieu peut être perçu. Ainsi la connaissance de soi est à la base non seulement de la spéculation philosophique ou théologique, mais elle constitue le seuil de toute recherche, voire de toute connaissance. Les auteurs ici sont formels, sans elle rien ne peut être entrepris dans la « queste » de Dieu. L'essentiel est donc de commencer par la connaissance de soi, puisque les autres sciences se fondent sur cette science de soi-même qui conduit à Dieu. « Commence... par te considérer toi-même, écrira saint Bernard, bien plus, finis par là... tu es le premier, tu es aussi le dernier » *(tu primus tibi, tu ultimus)* (24). Il fera dire par Dieu-Époux à l'âme-Épouse : « Comment demandes-tu à me voir dans ma clarté, toi qui ne te connais pas encore toi-même (25). » C'est le *noverim me, noverim te* de saint Augustin (26). L'ancien thème socratique (27) que l'on trouve d'ailleurs dans la Bible, est repris et exploité au profit de la connaissance chrétienne.

Pour se connaître, il convient d'habiter avec soi-même. L'expression *secundum habitare*, empruntée par Grégoire le Grand à Grégoire de Nysse, est fréquente chez les mystiques du XIIᵉ siècle (28).

Quel est le contenu de cette connaissance de soi dont l'importance est si dense ? Pour l'apprendre, l'homme du Moyen Age a recours à la *Genèse* qui lui apprend son origine ; celle d'être créé à l'image de Dieu. « Faisons l'homme à notre image, selon notre ressemblance... et Dieu créa l'homme à son image, il le créa à l'image de Dieu » (*Gen.* I, 27). Les Pères devaient reprendre cette doctrine dans leur enseignement et la léguer au Moyen Age, où elle jouira d'une immense fortune.

Un autre texte biblique permet à l'homme de savoir qu'il n'est pas une véritable image, car seul le Christ est une image parfaite (II Cor., IV, 4) : l'homme est l'image de l'image (29). L'homme ne saisit pas seulement sa grandeur, il prend aussi

(24) Saint BERNARD, *De Consideratione*, lib. II, cap. 3 ; P. L. 182, c. 745-746 ; éd. M.-M. Davy, Paris, 1945, t. I, p. 353.

(25) Saint BERNARD, *Sermon* XXXVIII, 5, sur le *Cantique des Cantiques*, P. L. 183, c. 977 ; éd. M.-M. Davy, *id.*, t. II, p. 52.

(26) Saint AUGUSTIN, *Soliloquia*, II, I, 1 ; P. L. 32, c. 885.

(27) Voir E. GILSON, *La théologie mystique de saint Bernard*, Paris, 1934, p. 92, note 1.

(28) Grégoire le GRAND, *Dialogue*, II, 3 ; P. L. 66, c. 136.

(29) Saint BERNARD, *Sermon* LXXX, 2, 3 *sur le Cantique des Cantiques*, P. L. 183, c. 1166-1167 ; éd. M.-M. Davy, *id.*, t. II, pp. 131-132.

conscience de sa misère, car le péché d'origine l'a défiguré : il s'apparente en même temps aux anges et aux bêtes. Il est à la fois beau et monstrueux. Richard de Saint-Victor notera avec humilité : « Si tu sais combien tu dépasses l'animal, tu t'écrieras : "Je bénirai le Seigneur qui me donne l'intelligence" (Ps. XV, 7) ; si tu évoques l'intelligence angélique, tu diras : "Dieu, tu vois mon aveuglement" (Ps. LXVIII, 6) (30). Ainsi toute la vie de l'homme tend vers le recouvrement de la ressemblance. Or pour les auteurs du XIIᵉ siècle, l'image est inamissible, la ressemblance perdue par le péché peut se reconquérir.

La connaissance de soi introduit dans une réalité qui est celle-ci : l'être a conscience de n'exister que par Dieu, donc de ne pas être par lui-même. D'où « se connaître », c'est « le connaître ». Dans un sens identique, saint Paul écrira : « Ce n'est plus moi qui vis, c'est Jésus qui vit en moi » (Galat., II, 20). En se connaissant, l'âme comprend qu'elle ne peut jamais sortir de Dieu et que Dieu ne sort pas d'elle. Comme l'a dit saint Augustin, Dieu est plus intime à l'homme que ce que l'homme a de plus intime à l'intérieur de lui-même (31). A l'égard du monde, l'homme se saisit encore comme l'associé de Dieu. Il n'est pas co-créateur, mais co-ordonnateur du monde. Il exerce à sa manière un pouvoir royal. Toutefois, il ne saurait utiliser un droit de propriété sur lui-même ou sur les créatures. C'est pourquoi Guigue 1ᵉʳ écrit : « Pourquoi réclames-tu la propriété de toi-même plutôt que celle de n'importe lequel d'entre les hommes ou d'entre les champs ?... Tu ne les as pas créés de même que tu ne t'es pas créé (32). » Ainsi Dieu n'est jamais privé de l'âme et l'âme n'est jamais privée de Dieu. Celle-ci ne peut chasser définitivement Dieu d'elle-même.

Se connaître, ce n'est donc pas seulement se savoir à l'image et à la ressemblance, comme le dit le texte de la *Genèse* (I, 27). C'est encore concevoir son « lieu » dans l'univers, saisir ce qui est au-dessus de soi et au-dessous de soi. Ainsi, par cette connaissance, l'homme perçoit sa grandeur. Saint Augustin disait déjà : « C'est une grande chose que l'homme ! *(Magna enim quaedam res est homo)* ! (33). »

(30) Richard de Saint-Victor, *Benjamin major*, III, 13 ; P. L. 196, c. 122.

(31) Saint Augustin, *Confessions*, III, 6, 11 ; éd. P. de Labriolle, *id.*, t. I, p. 54.

(32) *Le recueil des pensées du Bx Guigue*, éd. Dom Wilmart, *id.*, nº 8, p. 70.

(33) Saint Augustin, *De doctrina christiana*, I, XXII, 20 ; P. L. 34, c. 26.

On a souvent insisté sur le caractère pessimiste de la vision de l'homme chez les penseurs du XIIe siècle. Il ne faut pas exagérer. Certes, les théologiens ont tendance à valoriser les conséquences du péché originel. Ainsi Richard de Saint-Victor parlant à propos des quatre animaux de l'*Apocalypse* de celui qui a une face d'homme, dira, en s'inspirant d'Isidore de Séville, que désigner saint Matthieu uniquement par une face d'homme serait l'amoindrir, puisque l'étymologie de *homo* est lié au terme *humo* signifiant la terre. Selon Adam de Saint-Victor rien n'est aussi vain que l'homme, il périt, devient vers et cendre :

Post hominem vermis, post vermis fit cinis, heu! heu!
Sic redit ad cinerem gloria nostra suum (34).

L'écho d'une telle diatribe pourrait se retrouver chez nombre d'auteurs. En fait, les écrivains du XIIe siècle n'avaient à cet égard rien à inventer. Il leur suffisait de se reporter à l'Écriture Sainte, aux Pères de l'Église, voire aux auteurs païens.

Les mêmes sources, d'ailleurs, seront utilisées à propos d'une vision optimiste de l'homme. Le nommer microcosme, c'est montrer sa dignité, dira Geoffroy de Saint-Victor, et provoquer en lui un sentiment d'admiration. Le corps lui-même participe à la splendeur de l'homme (35).

La considération de l'homme peut s'engager dans deux voies différentes : l'exalter ou l'abaisser. Le regarder dans sa grandeur ou dans son néant. Le néantiser, c'est le séparer de Dieu et par conséquent détruire à la fois Dieu et l'homme.

L'époque romane exalte l'homme. Elle n'en fait ni un Prométhée ni un surhomme, car elle ne l'isole point et l'envisage dans sa propre nature. L'homme selon saint Bernard est une créature élevée, en capacité de majesté, car elle est en capacité de Dieu.

La connaissance de soi comporte donc la science du corps et celle de l'âme. Dans les traités, âme et corps sont parfois associés (Guillaume de Saint-Thierry : *De natura corporis et animae;* Hugues de Saint-Victor : *De unione corporis et spiritus*), ou bien la priorité est donnée à l'âme (Guillaume de Champeaux : *De origine animae;* Isaac de l'Étoile : *Epistola*

_____

(34) Cf. L. GAUTIER, *Œuvres poétiques d'Adam de Saint-Victor*, t. I, Paris, 1858, p. XCI.

(35) Voir les textes recueillis par Philippe DELHAYE, *Le microcosmus de Geoffroy de Saint-Victor, id.*, pp. 54-59., sur les perspectives pessimistes et optimistes nées de la considération de l'homme.

de anima; Anselme de Laon : *De animabus hominum).* L'âme est aussi distinguée de l'esprit (Alcher de Clairvaux : *De spiritu et anima),* etc.

S'ignorer sera le début du péché, car l'âme qui refuse de se connaître s'interdit par là de rentrer à l'intérieur d'elle-même ; elle se tourne aussitôt vers les choses extérieures et s'y conforme (36). C'est pourquoi elle s'adonne à la curiosité qui est le premier stade de la dégradation de l'âme. D'où l'imprécation du *Cantique des Cantiques* reprise par les prédicateurs et les écrivains du XIIe siècle : « Si tu ne te connais pas, sors » (*Cant.* I, 8). Si tu ne te connais pas, c'est-à-dire si tu ignores ta beauté et ta grandeur. Et l'âme qui se tient ainsi dans une telle ignorance se joint au troupeau d'animaux privés d'intelligence.

La connaissance de soi est donc par excellence la science de l'homme, et la science de l'homme par rapport à l'univers et à Dieu. Cette connaissance de soi, nous le voyons, introduit l'homme dans le cosmos, où il apprend le secret de la création. Et ce secret est une révélation de l'unité et de la beauté du monde.

Si le monde témoigne d'un ordre et d'une beauté, le moine pourra donc l'aimer ; mais il faut distinguer la nature qui « chante la gloire de Dieu » des créatures qui se sont détournées de leur origine.

5. *Présence de Dieu.*

Il ne convient pas de nous attarder sur la présence de Dieu que nous avons déjà considérée comme une des notes distinctives de la période romane. Tout notre ouvrage contribuera à en affirmer le sens. Nous voudrions seulement essayer de préciser les principaux éléments de cette présence. Celle-ci consiste avant tout dans une attente de Dieu souhaitant d'être reconnu par l'homme (37), non seulement à travers la Révélation, mais dans le miroir de la création. Dieu attire l'attention de l'homme et multiplie les signes pour se faire reconnaître. Ainsi cette présence de Dieu est moins une réponse à la

---

(36) Cf. saint BERNARD, *Sermon* XXXVII, 6 *sur le Cantique des Cantiques,* P. L. 183, c. 973 C.

(37) Les pages de Simone Weil concernant l'attente de Dieu sont suggestives au point de vue de l'art. Voir *La connaissance surnaturelle,* Paris, 1950, p. 91.

« queste » de Dieu tentée par l'homme qu'une « queste » de
l'homme tentée par Dieu.

La « queste » de Dieu ébauchée par l'homme n'est jamais
négative, même dans ses renoncements. Ceci doit être retenu,
car il existera au XIIIᵉ siècle une ascèse négative. La souffrance ne saurait être recherchée pour elle-même, elle n'est bien-
faisante que dans la mesure où elle aide l'homme à prendre
conscience de sa misère et de ses attachements. Retenir la
souffrance et l'aimer pour elle-même serait une grave erreur.
N'est-ce point là risquer de se conférer de l'importance ? Si le
Christ est toujours en agonie jusqu'à la fin des temps, selon
l'expression pascalienne, il reste que suivant le XIIᵉ siècle, il
est toujours en gloire (cf. Pl. 2 et 3). On le voit bien sur les
portails de Bourges, Dijon, Moissac, Nevers, Sauveterre où
apparaît le Christ en majesté (38).

Quand on compare la pensée et l'art du XIIᵉ et du XIIIᵉ siècle, il est évident que la scission entre l'Orient et l'Occident
s'est de plus en plus accentuée. Au XIIᵉ siècle, nous sommes
encore à une période de transfiguration. L'image, le symbole,
l'icône prêtent seulement le revêtement nécessaire pour que
l'homme incarné puisse percevoir ; mais ni l'image ni le
symbole ne peuvent retenir comme tels l'attention ; ils manifestent cette attente de Dieu à l'égard de l'homme et ils s'effa-
cent dès que l'esprit en a pénétré le sens. Ils suggèrent
sans créer de lien. Le Christ est mort, mais il est ressuscité. On ne
touchera pas son cadavre, aux portails du temple, sur les
genoux de sa mère. On verra par exemple la Vierge doulou-
reuse mais remplie de dignité, tenant selon l'usage oriental sa
main gauche sur la joue pour exprimer son affliction (cf.
Pl. 4). La Vierge romane fait face à son Fils en majesté. Elle
aussi règne à Notre-Dame de Montmorillon, à l'église de
Saint-Savin, de Palluau. Elle prie à Tavant, elle sourit lors de
la Visitation à Rocamadour et elle meurt doucement sur une
fresque du Liget.

Il n'y a pas chez les mystiques du XIIᵉ siècle des traces de
stigmates ; on ne saurait trouver non plus dans l'art ces
Christs torturés que l'on représentera plus tard. Le Christ est
souvent vivant sur la croix et il agonise sur un vitrail de Chartres. L'hymne christique dans laquelle il est écrit : « Le Christ
vainc, le Christ règne, le Christ commande », illustre aussi

---

(38) On le trouve à la fois dans la peinture et la sculpture romanes, par
exemple à Saint-Gilles de Montoire, Saint-Martin-de-Fenollar, Saint-Jacques-
des-Guérets, au Prieuré de Berzé-la-Ville, à l'église de Tavant, Saint-Chef,
Maureillas, Conques, Carnac, à l'église des Cordeliers de Châteauroux, etc.

bien la pensée romane que l'art roman. Le Christ triomphe et l'homme se réjouit de ce triomphe. Certes le Dieu incarné n'est pas entièrement reconnu ; des hommes l'ignorent et passagèrement le méprisent. D'autres le refusent. Alors il importe de leur faire rencontrer le Christ, fût-ce hélas par le glaive ! Mais n'oublions pas que la Croisade a pour objet de délivrer les lieux saints. Il n'existe pas au XIIᵉ siècle les savantes tortures organisées plus tard contre les hérétiques. La chair n'est pas aussi méprisée qu'au XIIIᵉ siècle. Le Christ s'est fait chair. Rien de valable ne peut être nié, tout est transmué sur un plan de lumière.

L'âme, sous l'action du Saint-Esprit, « qui souffle où il veut, quand il veut, comme il veut » prend conscience, expérimentalement, du don de la charité, de la fusion de son amour dans l'amour divin. Elle éprouve le sentiment de la mystérieuse présence d'un Dieu intérieur avec lequel elle se sent identifiée et béatifiée dans un amour partagé (39).

La présence du divin est comparable à une énergie, à un fluide mystérieusement actif. Toutefois la présence du divin, du sacré n'offre pas en Occident le caractère ultime qu'elle présente en Orient et qui risque d'avoir pour le profane, c'est-à-dire pour l'homme non préparé, des conséquences funestes pour sa propre vie, tel le contact avec un courant à haute tension.

Les mystiques du XIIᵉ siècle évoquent ce sentiment de présence divine dont la réalité transforme le corps et l'âme. Guillaume de Saint-Thierry parle de l'âme qui possède soudain une bienheureuse expérience de la présence de l'Aimé (40). Non seulement elle comprend, mais elle touche, saisit, palpe les divins mystères. Guillaume utilise une formule concrète, il écrit à propos de l'expérience de cette présence : *experientia manus* (41). Saint Bernard fait allusion au « livre de l'expérience » dans son sermon III, I, sur le *Cantique des Cantiques,* s'adressant à ses moines il les invite à se remémorer leurs expériences spirituelles. Dieu n'apparaît pas visiblement, mais il fait sentir sa présence ; il ne se fait pas connaître, il se donne ; si les yeux ne distinguent rien, le cœur est rempli de joie (42).

---

(39) Voir notre étude sur la *Théologie et mystique de Guillaume de Saint-Thierry,* Paris, 1954, p. 216.

(40) *Commentaire sur le Cantique des Cantiques,* éd. M.-M. Davy, Paris, 1958, nᵒ 45, p. 73 ; nᵒ 135, p. 169.

(41) *De natura et dignitate amoris,* éd. M.-M. Davy, Paris, 1953, nᵒ 37, p. 115. Voir *supra,* pp. 68-69.

(42) *Sermon XXXI, 6 sur le Cantique des Cantiques,* P. L. 183, c. 943 C.

La jubilation et la joie, qui sont deux termes d'ailleurs insé-parables, se retrouvent constamment à cette époque. *Ascendit Deus in jubilo,* dit le Psaume (XLVI, 6). Ce mot « jubilation » revient souvent dans les textes contemplatifs. Les formes traditionnelles qui l'expriment sont les suivantes : *gaudium, laetitia, jucunditas,* et chacune symbolise un état. L'expres-sion *cordis jubilus* est employée par saint Bernard et Guillau-me de Saint-Thierry. Saint Bernard dira par exemple dans son XVᵉ sermon sur le *Cantique des Cantiques* : « Le nom de Jésus a la saveur du miel dans la bouche, il est une mélodie pour l'oreille, une joie pour le cœur *(in corde jubilus)* (43). » Dans l'hymne *Jesu dulcis memoria,* qui n'est pas de saint Bernard mais qui appartient à l'école cistercienne, on trouvera aussi l'expression *cordis gaudia* (44). La douceur de Dieu célébrée par saint Bernard ou par Adam Scot sera une cause de joie. Selon Arnaud de Bonneval le goût intérieur permet d'avoir l'expérience de la douceur de Dieu (45).

Cette jubilation est prégnante d'une dilatation du cœur *(dilatatio cordis)* et de l'esprit *(dilatatio mentis).* Ces formules se lisent chez saint Bernard, Guillaume de Saint-Thierry et Richard de Saint-Victor. Leur symbole est très significatif : dans l'admiration et la joie, le cœur se dilate, l'esprit s'étend ; la situation de l'homme change, c'est-à-dire qu'il se trouve projeté sur un autre niveau : il embrasse le monde entier.

Hugues de Saint-Victor dira, en reprenant un texte de saint Grégoire (46), « qu'il y a *jubilus,* lorsque l'esprit conçoit une joie ineffable, qui ne peut ni se cacher ni se révéler par des discours... De là vient que souvent du *jubilus* du cœur on passe au *jubilus* du chant (47) ». Notons encore que le dernier *alleluia* du verset du graduel était autrefois suivi de longues vocalises sur la voyelle *a.* Ces vocalises étaient nommées *jubili neumata pneumata melodiae sequentiae.* Les moines cisterciens, chartreux, bénédictins, rythmaient leurs journées par le chant grégorien. Or ce chant, par ses vocalises, les plongeait dans une sorte de joie secrète intraduisible.

L'église romane apparaît recueillie, la voie chrétienne est avant tout une voie d'amour, et l'homme du XIIᵉ siècle le sait.

---

(43) *Sermon XV,* 6 sur le Cantique des Cantiques, P. L. 183, c. 847 C. ; éd. M.-M. Davy, t. I, p. 411.

(44) Cf. Dom A. Wilmart, *Le Jubilus dit de saint Bernard,* Roma, 1944.

(45) P. L. 189, c. 168 B.

(46) *Moralia in Job* XXII, 6 ; P. L. 76, c. 292.

(47) Voir J. Chatillon, *Richard de Saint-Victor, Sermons et opuscules spirituels inédits,* Paris, 1951, p. 99.

Le conteur des romans courtois ne l'oublie pas non plus, et c'est sans doute toujours la même chose exprimée à une échelle différente. Il existe à cet égard comme une sorte de bien-être, de détente morale et physique qui anime l'homme roman et se traduit par la fraîcheur de son style. Période sans ambiguïté, parce que l'homme renonce à lui-même en tant que fin. Il ne semble pas qu'une telle attitude provienne d'une réussite temporelle de l'Église. Le fait qu'elle soit en Occident universellement reconnue n'implique pas un attachement terrestre. Il suffit d'évoquer le nombre et la qualité des mystiques pour comprendre l'intensité de la vie intérieure qu'elle anime. La chrétienté gît dans le cœur de l'homme et le comportement de celui-ci résulte d'une réalité précise : il ne se pense pas séparé de Dieu. Il naît, grandit, meurt dans la présence divine. Donc pas d'absence de Dieu, pas de mort de Dieu possible, et l'homme roman est semblable à un enfant confiant. Il célèbre son bonheur par le chant et la musique — le grégorien — ou par le chant de la pierre, telle l'église des monastères. Sa paix est l'effet d'un ordre qui existe en dehors de lui-même, mais dans lequel il est inclus. Cet ordre, il ne saurait se l'attribuer, « de même qu'un lac ne peut se glorifier de l'abondance de ses eaux, puisque celles-ci jaillissent d'une source (48)». Sa joie ne pourra venir que de Dieu, et non d'une quelconque créature. Faisant allusion à un texte des Actes : «Embarqués, les vents nous poussèrent» (XXVII, 15), Guigne ajoute : «Vers la joie ou la peine, selon l'alternance des formes sensibles.» L'homme attaché à Dieu ne subit plus le choc de ces alternances.

Pas de renoncement à l'intelligence ou à la sagesse. Rien de ce qui est valable ne peut éloigner de cette « queste » de Dieu. D'où l'importance donnée aux études, même profanes. Des hommes comme saint Bernard qui en craignent l'excès, annoncent des temps autres à venir, ou mieux, ils créent peut-être des contrastes nécessaires pour montrer la vitalité intellectuelle de leurs contemporains. N'oublions pas que Bernard lui-même avait reçu au monastère de Saint-Vorles une immense culture et l'utilisait avec virtuosité. Il possédait, comme l'a dit E. Gilson, l'art de bien écrire (49).

Quel est donc le sens de l'ascèse du XIIᵉ siècle ? Celle-ci consiste avant tout dans un renoncement à ce qui peut séparer de Dieu. Il n'existe pas cette opposition que l'on verra plus tard chez les auteurs mystiques entre le sensible et le spirituel.

(48) *Le recueil des pensées du Bx Guigue*, éd. Dom Wilmart, *id.*, nº 113, p. 87.

(49) E. Gilson, *La théologie mystique de saint Bernard, id.*, p. 19.

Le travail, le jeûne, la veille et la continence n'auront pas d'autre but que de percer dans la carapace humaine des sortes de fentes par lesquelles l'influx spirituel pourra s'écouler. L'homme se sait cosmique, alors il se fait terre par humilité. D'ailleurs la révélation biblique lui apprend que non seulement il est créé à l'image et à la ressemblance de Dieu, mais elle lui enseigne encore qu'il a été tiré du néant. Il ne pourra donc point se lier à la créature elle-même en tant que créature ; il l'aimera, car à travers elle, Dieu témoigne de lui.

Dans la mesure où l'homme s'intègre dans l'ordre de la création, il saisit que c'est au Créateur et non à la créature qu'il convient de s'attacher. Guigue 1er dira que l'homme ne doit pas « se tourner vers le grain de raisin ou la baie du mûrier pour en jouir, mais pour contempler celui qui les a faits (50) ». Si au xiie siècle des hommes s'éloignent du monde et entrent dans un monastère, c'est parce que la présence de Dieu devient toute leur occupation. Ils pénètrent dans une vacance de l'âme à l'égard des biens temporels, afin de pouvoir uniquement vaquer à Dieu. Guillaume de Saint-Thierry écrit : *Vacare Deo, frui Deo* (51). Se détacher du souci ou du divertissement, c'est renoncer à la multiplicité qui éparpille l'âme. « Chaque fois que tu désires quelque chose d'autre que Dieu, précise Guigue le Chartreux, tu proclames que tu ne le possèdes pas, ou bien qu'il ne te suffit point (52). » S'attacher aux biens temporels, c'est refuser l'immuable et retenir « le trésor que les souriceaux, les puces, les poux, les mouches exterminent (53) ».

Le mystique du xiie siècle insiste davantage sur son imperfection personnelle qu'il ne déplore l'indigence humaine. Le corps est le temple de Dieu et de ce fait il ne saurait être traité comme un ennemi. C'est seulement la chair séparée de son principe qu'il convient de réintroduire dans l'ordre suivant lequel le corps doit être soumis à l'âme, l'âme à l'esprit et l'esprit à Dieu. Or par le péché, l'âme est esclave du corps, c'est là un état contre nature. Il faut donc rétablir un ordre naturel (54).

(50) *Le recueil des pensées du Bx Guigue,* éd. Dom Wilmart, *id.,* n° 272, p. 113.

(51) *Lettre aux Frères du Mont-Dieu,* P. L. 184, c. 314 ; éd. M.-M. Davy, Paris, 1946, n° 20, p. 207.

(52) *Le recueil des pensées du Bx Guigue,* éd. Dom Wilmart, *id.,* n° 410, p. 153.

(53) *Ibid.*

(54) Cf. saint BERNARD, *Sermon pour la fête de saint Martin,* 3, P. L. 183, c. 491 ; éd. M.-M. Davy, *id.,* t. II, p. 308.

La présence de Dieu est si éclatante dans ce XIIᵉ siècle roman qu'elle s'affirme comme une harmonie de couleurs et de sons. On pourrait justement employer l'expression des derviches : le bruit de la porte du Paradis qui s'ouvre et se ferme. Pour l'homme du XIIᵉ siècle, la porte du Paradis bouge et lui permet de saisir son origine et son destin.

6. *La lumière et l'ombre.*

Plus l'élément divin tient un rôle important dans une époque, plus celle-ci est solaire, qu'il s'agisse de la vie extérieure ou intérieure.

Jadis, pour mesurer l'heure on se servait du *gnomon*, simple bâton fiché en terre dont on pouvait mesurer l'ombre (55). La longueur minima de l'ombre indiquait midi. Hérodote nous apprend que cet instrument rudimentaire fut transmis aux Grecs par les Chaldéens (56). Roger Caillois remarque les noms des montagnes et des rochers faisant fonction de gnomons et conservant dans leurs appellations le témoignage de leur fonction (57). La division du jour en trois parties apparaît courante : *ante meridiem, meridies, post meridiem.* En fait, seule l'heure de midi était, avant l'horloge, exactement vérifiable. C'est le moment où le soleil occupe le milieu du ciel provoquant ainsi la plus forte chaleur. Il s'agit donc d'un point culminant. Midi sépare l'ascension du soleil de sa descente. Les trois instants majeurs relatifs à la course du soleil : l'aurore, midi, le crépuscule, déterminent l'office liturgique des moines, cette triple division se présente aussi la nuit en tant que réplique de l'ombre à la lumière. Au pôle de la lumière, midi, s'oppose le pôle de l'ombre, minuit. Non seulement l'existence des moines du Moyen Age, mais la vie quotidienne de tous les hommes est déterminée par les divisions du jour. Midi est considéré comme l'instant immobile : le soleil semble s'arrêter, le vent se calme, c'est l'heure prestigieuse de l'inspiration divine et du pouvoir démoniaque, du chant des sirènes et des cigales, de l'intensité lumineuse symbolisant le face à face avec Dieu.

Aux environs de l'heure fatidique, le moine risque d'être la proie de l'*acédia*, c'est-à-dire de la tristesse, du chagrin, de

---

(55) Cf. Roger CAILLOIS, *Les démons de midi*, dans *Revue d'histoire des Religions*, LVIII, 1937, p. 147.

(56) HÉRODOTE, II, 109.

(57) *Id.*, p. 156. Dent du Midi, Pic du Midi, Pic Mezzodi, etc.

l'ennui. Un tel vice, qui fait partie des péchés capitaux, est identifié au démon de midi dont parle le Psaume XC. Les religieux en connaissaient toute l'horreur grâce aux *Institutions* de Cassien (10, 2, P. L. XLIX, c. 365-367). Saint Bernard mentionne la tentation subtile provoquée par le démon de midi qui s'attaque plus particulièrement aux parfaits (58).

La lumière de midi est intense, mais elle dure peu de temps. Elle est comparée à la brièveté de l'union mystique. Dans l'*Apocalypse,* VIII, 1, nous lisons : « Il y eut dans le ciel un silence d'environ une demi-heure. » Ce texte repris par les mystiques est exploité dans son sens symbolique. Analogue au calme du plein midi, l'instant d'extase née de la rencontre de l'âme et de Dieu est aussi intense que rapide.

Parlant de la connaissance et de l'amour de l'Époux pour l'Épouse, de la grâce réalisée dans le cœur de l'Épouse, « pour une heure, pour un temps », Guillaume de Saint-Thierry fait allusion au « repos de midi de l'Époux », dans « la connaissance de la lumière de midi » (59).

Guillaume de Saint-Thierry oppose l'ardeur matinale et affaiblie du soir à la ferveur de midi stable et lumineuse (60), « l'expérience de la lumière et de la ferveur de midi » est incomparable, à midi la lumière se voit dans la lumière de Dieu (61).

Saint Bernard s'exprime d'une façon quasi identique en faisant allusion à l'ombre de la foi, à l'ombre de Jésus-Christ qui est celle de sa chair (62). La connaissance du Christ selon la chair est comparable à l'ombre, la connaissance du Christ selon l'esprit est lumineuse.

Cette opposition entre l'ombre de la foi et la lumière de la connaissance plénière sur laquelle insistent Guillaume de Saint-Thierry et Bernard de Clairvaux a pour source Origène (63). Selon Origène et aussi pour nos deux auteurs cisterciens l'ombre de la foi est vie, par contre l'existence menée loin de Dieu est ombre de la mort (64).

---

(58) *Sermon XXXIII,* 13 *sur le Cantique des Cantiques,* P. L. 183, c. 957. M.-M. Davy, *Saint Bernard, id.,* t. II, p. 30.

(59) *Commentaire sur le Cantique des Cantiques,* éd. M.-M. Davy, Paris, 1958, pp. 176-177, n° 142.

(60) *Id.,* p. 75, n° 47.

(61) *Id.,* p. 83, n° 54.

(62) *Sermon sur le Cantique des Cantiques,* XLVIII 7, P. L. 183, c. 1015 D.

(63) Origène, *id.,* P. G. XIII, c. 193 B-C.

(64) Voir saint Bernard, *Sermon sur le Cantique des Cantiques,* XLVIII,

Quand tout sera consommé, ce sera le midi. Il n'y aura plus de miroir et d'énigme, de vision en partie, ce sera la vision face à face (65). C'est pourquoi l'Époux est pour l'Épouse la chaleur du plein midi (66). L'Épouse attend le jour de l'éternité *(diem eternitatis)*, non pas le jour qui commence le matin et se termine le soir, mais celui qui reste fixé au plein midi de la chaleur et de la lumière (67). « O éternel solstice où le jour n'a plus de déclin ! O lumière de midi, ô douceur printanière, ô beauté estivale, ô fécondité automnale, et afin de ne rien laisser sous silence, ô repos et loisir de l'hiver ! (68). »

Aux symboles de lumière et d'ombre il convient de joindre celui des ténèbres. Ce terme possède un double sens : il est privation de lumière ou excès de lumière. La mystique de la ténèbre a été exposée en particulier par Clément d'Alexandrie, Origène, Grégoire de Nysse, Denys. Selon l'Écriture, Dieu habite une lumière inviolable, il n'est point de ténèbres en lui *(Jean,* I, 5 ; *I Tim.,* VI, 16) quand Moïse pénètre dans les ténèbres où se trouve Dieu *(Exo.,* XX, 21), il s'agit d'une ténèbre supra-lumineuse. Ainsi la ténèbre désigne la transcendance inaccessible (69). La présence de Dieu se manifeste dans la lumière qui soudain envahit l'âme. Pierre le Vénérable parle de cette lumière invisible qui resplendit soudain dans l'âme. Grâce à cette clarté, l'œil du cœur cesse d'être voilé par l'opacité de la chair (70). A propos de l'ivresse spirituelle, Gilbert de Holland dira qu'elle n'est pas le produit d'une boisson fermentée, mais l'effet de la lumière (71).

Par contre, il se présente d'autres ténèbres, celles-ci sont considérées comme le repaire des démons. A cet égard l'imagination médiévale est nourrie par les textes patristiques.

7, *id.* Sur ce sujet, cf. Jean DANIÉLOU, *Saint Bernard et les Pères grecs,* dans *Saint Bernard théologien, Analecta sacri ordinis cisterciensis,* fasc. 3-4, annus IX, Roma 1953, pp. 48 sv.

(65) Guillaume de SAINT-THIERRY, *Commentaire sur le Cantique des Cantiques, id.,* p. 73, n° 45.

(66) *Id.,* p. 75, n° 45.

(67) *Id.,* p. 75, n° 46.

(68) Cf. *Saint Bernard, Sermon sur le Cantique des Cantiques,* XXXIII, 6, *id.,* c. 954 B-C ; éd. M.-M. Davy, *id.,* t. II, p. 24.

(69) Voir à ce propos E. SOURIAU, *L'ombre de Dieu,* Paris, 1955, p. 207.

(70) *Epist.,* I, 20, P. L. 189, c. 96 D.

(71) *Tractatus ascetici,* I, 7 ; P. L. 184, c. 256 B.

7. *Le sens du merveilleux.*

Il existe dans l'âme populaire médiévale une sensibilité en quête de merveilleux, friande de miracles et discernant dans les phénomènes naturels des signes annonciateurs d'événements bons ou mauvais. En réalité, quand nous parlons du peuple, il est évident que nous ne possédons aucune prise sur lui. Nous ne le connaissons qu'à travers une documentation historique et poétique dont l'abondance surprend, qu'il s'agisse des *Historiae* de Raoul Glaber ou de l'*Historia* de Guibert de Nogent ou de l'ouvrage de Foucher de Chartres *(Gesta Francorum Hierusalem peregrinantium)*, ou encore de chroniques plus particulières, de la poésie épique et des traités didactiques (72).

La foi dans la vertu des reliques est totale, celles-ci guérissent et sauvent dans les dangers. La découverte de la « sainte lance » redonnera confiance aux hommes de la croisade, découragés dans la plaine d'Antioche. Les animaux jouent un rôle, tels les cerfs blancs, voire l'oie, qui guident les égarés ou les pèlerins. Non seulement les animaux, mais la nature entière protège les justes et les fait vaincre leurs ennemis. Les nuages entourent les guerriers et les empêchent d'être vus ; à Antioche le bruit des assaillants n'est pas perçu car le vent le couvre (73).

L'homme est lié au ciel et à la terre, il fait partie de la nature. C'est pourquoi il apparaît normal qu'une plante, un animal, une étoile avertissent, conseillent ou soient pourvus d'une signification précise. Selon Foucher de Chartres, Dieu se sert des éléments de la création non seulement pour converser avec l'homme, mais pour l'instruire, le protéger ou le rendre vigilant. Les incendies et les guerres, les épidémies et les famines sont annoncés par des signes. Ce peut être une comète, une couleur insolite du ciel ou de la nuit, des tempêtes de grêle, des chutes de pierres et plus encore des éclipses. On retrouve ici la représentation augustinienne d'un univers dans lequel Dieu se manifeste avec aisance aussi bien dans le mûrissement des vignes et des champs de blé que dans le miracle accompli dans un pauvre monastère permettant à des

---

(72) *Fierabras,* éd. A. Krœber et G. Servois, Paris, 1860, p. 107.
(73) Albert d'Aix, *Liber christianiae expeditionis,* 1, *Hist. occident.,* t. IV, p. 295.

moines affamés de trouver, sur leur table vide, du pain et du vin.

Les signes ont une portée collective ou individuelle ; ils précèdent les désastres et les calamités, les bienfaits ou la mort d'un personnage important. Dans certains cas le chroniqueur rapporte avec fidélité les sentiments éprouvés par un individu ou par un groupe, parfois il corrige ce qu'il juge puéril. Ainsi Raoul Glaber fait allusion à une baleine qui jeta l'effroi dans l'esprit de ceux qui la virent sur la côte du pays de Caux. Peu de temps après, une guerre survint. Mais la raison des querelles, Raoul Glaber la discerne dans les discordes qui divisaient le petit peuple et qui, gagnant les seigneurs, les firent s'égorger entre eux (74).

L'imagination est assez riche pour que des animaux et plantes d'origine orientale, inconnus en Occident, soient décrits avec minutie. Hommes et animaux extraordinaires sont pourvus d'étranges pouvoirs (75). Les animaux que l'homme pouvait rencontrer aux alentours de sa maison, dans ses bois ou ses champs participent à sa joie et à son malheur. Tout est présage. Quand un loup sonne une cloche (!), quand un cierge se brise trois fois, un événement important survient. L'apparition des monstres et des démons est plus fréquente que celle des saints ou des anges. Les ruses du Malin sont innombrables, elles frappent l'imagination, et les visions diaboliques hantent les esprits et sont incrustées dans la pierre.

L'Antéchrist prend souvent les traits d'un démon malfaisant. Sainte Hildegarde de Bingen le voit en songe sous l'aspect d'un animal monstrueux, d'un noir de charbon, aux yeux flamboyants, pourvu d'oreilles d'âne, la mâchoire ouverte ornée de crocs. Sa vision XI constitue une des sources les plus riches des croyances populaires médiévales concernant l'Antéchrist.

Les naissances des hommes dont l'importance sera particulièrement grande sont souvent précédées de rêves prémonitoires chez la mère ou dans l'entourage du nouveau-né. Ce dernier même possède un comportement qui le distingue des autres enfants de son âge.

Ce sens du merveilleux s'accompagne dans le peuple d'une

---

(74) Raoul GLABER, *Historiae*, éd. Prou, Paris, 1886, 1, V, c. 3 sv. Voir l'article de L. MUSSET, *Raoul Glaber et la baleine*, dans *Revue du Moyen Age latin*, t. IV, nº 2, 1948, p. 167 sv.

(75) Voir Paul ROUSSET, *Le sens du merveilleux à l'époque féodale*, dans *Le Moyen Age*, nº 1-2, 1956, pp. 25-37.

foi en la justice immanente. Dieu punit et récompense sans
délai. Les coupables sont surpris par le malheur à moins
qu'ils puissent s'amender et dans ce cas ils sont prévenus à
l'avance d'un châtiment passager ; les justes doivent être
récompensés et vaincre leurs ennemis. D'où l'angoisse devant
l'échec d'une guerre jugée sainte et l'importance donnée aux
ordalies. Toute faute appelle une punition. Que des pèlerins
ou des croisés soient massacrés, on se demande aussitôt quel
est le degré de leur culpabilité (76). Les catastrophes générales
sont signes de l'état coupable de l'humanité (77).

Là encore les éléments eau et feu prouvent le jugement de
Dieu à l'égard des reliques, des livres, voire des hommes,
fussent-ils hérétiques. Guibert de Nogent nous raconte
comment deux frères soupçonnés d'hérésie furent jugés par
Lisiard, évêque de Soissons. L'un d'eux nommé Clément est
précipité dans une cuve, il surnage. Il devra sa vie à ce jugement de l'eau et on se contentera de le mettre en prison (78).
Toutefois, il ne faut pas oublier que si Dieu est le maître des
éléments, d'une certaine manière le diable l'est aussi. Quand
les flammes semblent ménager un hérétique jeté dans un
brasier, Dieu ne semble plus intervenir.

8. *Perspectives eschatologiques.*

La tradition prophétique médiévale a hérité des juifs et des
chrétiens des premiers siècles une doctrine eschatologique.
Celle-ci n'est pas d'origine juive. Vers l'an 200, durant la crise
religieuse que traverse une grande partie du judaïsme, une foi
nouvelle surgit qu'illustre la littérature apocalyptique. Celle-ci
se distingue de la littérature prophétique, d'ailleurs elle n'est
pas seulement d'origine juive, elle appartient à un judaïsme
paganisé par la mythologie irano-babylonienne. Influencée
par le symbolisme hellénique, cette littérature a subi la modalité des visions iraniennes. Le prophète parlait à l'état de veille, la prophétie apocalyptique s'établit le plus souvent dans le
domaine du merveilleux : rêves, voyages à travers l'au-delà,
entretiens entre ange et voyant, ce dernier prenant sous dictée

(76) Voir Albert d'Aix, *Liber christianae expeditionis*, dans *Recueil des
Croisades*, t. IV, pp. 378 sv.

(77) Voir l'excellent article de Paul Rousset, « La croyance en la justice
immanente à l'époque féodale », dans *Le Moyen Age*, nº 3-4, 1948, pp. 225-
248.

(78) *Id.*, p. 240.

la révélation entendue. Les livres d'Enoch comportent des discussions astronomiques, des calculs de calendrier, des précisions concernant la cosmologie, la géographie, la botanique. Les références touchant à la médecine aussi bien qu'à la magie et à la démonologie sont également fréquentes (79).

Nous devons à Paul Alphandéry un article d'une extrême importance sur *Le messianisme médiéval latin, XI* et *XII* siècles* (80). Il y étudie des documents contemporains des croisades à propos des éléments mythiques et rituels originaux concernant l'eschatologie médiévale. Deux voies se dessinent sur ce plan du messianisme. A la première se rattachent les textes sibyllins, issus du sibyllénisme judéo-grec ; elle concerne principalement le thème du « roi des derniers jours ». Ici le millénium est figuré par l'*unitas romana*. Le second mouvement se rattache à l'Apocalypse johannique (81).

Le Christ apparaît souvent sous les traits d'un guerrier. Celui-ci se distingue du Christ-juge de la seconde résurrection. P. Alphandéry remarque combien la messianisation aux XI* et XII* siècles s'opère par « identification du héros au Christ eschatologique » (82). D'où l'on peut parler d'une transposition de la parousie divine en histoire humaine. Il ne faut jamais oublier que le chrétien attend la seconde venue du Christ qui mettra fin à l'histoire.

La pensée apocalyptique romane nourrie des angoisses sociales, de la peur devant les guerres, les épidémies, la famine, se manifeste de façon sporadique. Formulée par des lettrés, elle apparaît toujours latente dans l'âme populaire. Il suffit d'un cataclysme, de la soudaine vision d'un malheur pour l'éveiller. Dans la mesure où l'Église s'installe dans le temps, elle repousse les fantaisies et les imaginations inspiratrices d'un désordre social. Qu'elle devienne puissante et prospère, le thème de l'apocalypse tend à être interprété comme une allégorie spirituelle.

Au III* siècle, Origène avait tenté de discréditer les doctrines chiliastiques en affirmant que l'avènement attendu avec anxiété et parfois impatience n'avait pas à se situer dans l'es-

---

(79) Cf. sur cette question G. HOELSCHER, *Problèmes de la littérature apocalyptique juive,* dans *Revue d'Histoire et de Philosophie religieuse,* 1929. II, pp. 101, sv. Voir en particulier pp. 101-105.

(80) *Bulletin de l'École Pratique des Hautes Études,* section des sciences religieuses, Paris, 1912, pp. 1-29.

(81) *Id.,* pp. 13-14.

(82) *Id.,* p. 28.

pace et le temps, mais dans l'âme des fidèles. Saint Augustin, au Vᵉ siècle, se prononce en faveur de cette nouvelle perspective. Le paradoxe n'est jamais entièrement surmonté : la difficulté étant de se comporter en citoyen de Dieu dans un monde provisoire, de se conduire en itinérant. Toutefois la pensée de l'Apocalypse survit et jaillit spontanément quand l'occasion lui est donnée de se manifester.

Dès qu'une rupture semble se produire dans le temps, les signes avant-coureurs de la fin du monde sont découverts. Ainsi les dernières années du XIᵉ siècle furent particulièrement dures dans le Nord de la France et dans la partie occidentale de l'Allemagne. Les calamités se succédèrent : inondations, sécheresses, famines. Une forme maligne de la peste décima les villes et villages. Le moine historien Glaber dont le génie apocalyptique apparaît doué d'une dimension incomparable fait coïncider la mort du Christ avec l'année 1033. Dans les années qui précédèrent cet anniversaire devaient mourir de nombreux hommes illustres, tels le pape Benoît VIII, Robert, roi de France, Fulbert de Chartres, Guillaume, abbé de Sainte-Bénigne de Dijon. Glaber dresse un saisissant tableau des malheurs de l'époque qui s'étendirent tout d'abord sur les pays de l'Orient avant de sévir dans les Gaules et en Angleterre. Les populations se trouvèrent en proie à un tel dénuement qu'après avoir « mangé les bêtes et les oiseaux » puis « les racines des forêts et les herbes des rivières », on « dévora la chair humaine ». Des enfants furent tués et dépecés ; sur le marché de Tournus, un homme vendra de la viande cuite humaine. Convaincu de son forfait, il sera arrêté et brûlé (83).

En dépit de ces calamités, la fin du monde ne se produisit pas. Ainsi les groupes salutistes se multiplièrent. Le mythe du millénarisme sous une forme révolutionnaire se manifesta peu à peu chez les déshérités. Les superstitions d'ordre eschatologique se présentèrent sous des formes variées à propos de l'anniversaire célébrant le millénium de la mort du Christ. Dans l'âme populaire le cataclysme semblait seulement repoussé, il appartenait toujours au domaine du possible.

Proche des songes apocalyptiques se présentent les visions et prophéties (84). Sainte Hildegarde, la grande visionnaire prophétique du XIIᵉ siècle exerce une profonde influence. Elle

---

(83) Raoul GLABER, éd. Prou, pp. 99-101.

(84) Sur cette question, voir l'article posthume de Paul ALPHANDÉRY, « Prophètes et ministère prophétique dans le Moyen Age latin », dans *Revue d'histoire de la philosophie religieuse*, 1932, pp. 334 sv., dont nous nous inspirons dans ces pages.

donne des avertissements aux papes (Eugène III, Anastase VI, Hadrien IV, Alexandre II), aux évêques, abbés, aux empereurs (Conrard, Frédéric Barberousse). Eugène III ayant fui Rome lors des séditions romaines, et parcourant les pays rhénans, entend parler à Trèves de la moniale visionnaire. Il se fera remettre la relation des visions et approuvera le ministère prophétique de l'éminente moniale. Grâce à cette sanction pontificale, les prophètes médiévaux se réclameront d'Hildegarde. Elisabeth de Schönau unira la prophétie à la révélation et à la liturgie. Les paroles de cette moniale sont parfois intégrées aux offices liturgiques du monastère. La renommée de Joachim de Flore sera encore plus éclatante. Cet abbé calabrais tire son exégèse des livres saints. Son interprétation est d'ailleurs personnelle. Il divise en trois âges l'histoire humaine et divine : l'ancienne alliance correspond au Père, la nouvelle alliance relève du Fils. Une élite d'hommes spirituels aux confins des âges dépendront de l'Esprit. Lucius III et Urbain III chargeront Joachim de Flore d'interpréter les Écritures, lui aussi se verra chargé par l'Église d'une mission, d'un *mandatum*. Au XIIIᵉ siècle la pensée de Joachim de Flore sera reprise par un groupe de franciscains exaltés, par les bégards et visionnaires politiques.

Cet esprit prophétique si vivant au XIIᵉ siècle doit être compris dans son sens exact. La prophétie peut annoncer des événements futurs, mais il convient surtout de la saisir comme une compréhension plus profonde de la réalité spirituelle. Selon Abélard, le charisme prophétique désigne la *gratia interpretandi, id est exponandi verba divina* (85). Ainsi le prophète est devenu l'*explenator*, l'interprète de l'Écriture sainte (86). Dans la première vision du *Scivias*, Hildegarde entend la voix de Dieu lui dire : « Ouvre la clôture des mystères. » Joachim de Flore tiendra un langage identique en écrivant : « Dieu, qui jadis a accordé aux prophètes l'esprit prophétique, m'a donné à moi l'esprit d'intelligence. » Cet esprit d'intelligence comporte à la fois un don et un ministère charismatique. Plus tard, Brigitte de Suède dira « pénétrer les secrets célestes ». Aux XIIIᵉ et XIVᵉ siècles le prophétisme se manifestera sous une forme nouvelle : les prophètes et prophétesses seront liés aux cités, aux nations ; des fractions se créeront peu à peu au sein d'un ordre religieux ou d'une église nationale. Rose de Viterbe, Tommaso, Angèle de Foligno, Marguerite de Cortonne en seront des exemples. La mission de Robert d'Uzès, aussi brève qu'extraordinaire, comportera une imagerie incomparable.

Ce prophétisme n'est pas sans rapport avec les perspectives eschatologiques. Les visions se terminent le plus souvent par des imprécations adressées à ceux qui tenteraient de les falsifier ; le ton ressemble à celui employé dans les apocalypses. Le retour du Christ se prépare et tout s'ordonne à son avènement. Ce sens, nous le trouvons d'une façon encore plus affermie sous la plume de Gertrude de Hackeborn au XIIIᵉ siècle. « Place — lui a dit le Seigneur — place mes richesses à la banque afin qu'à mon retour j'en obtienne les intérêts. » Toutefois, les visionnaires sont prudents, aucune précision rigoureuse n'est donnée sur la date concernant la fin des temps.

Paul Alphandéry remarque la faiblesse du contenu doctrinal de la littérature prophétique médiévale, du moins de celle sanctionnée par la papauté (87). Les hétérodoxes seront à la fois plus incisifs et plus originaux. Tous les visionnaires dénoncent la décadence religieuse et formulent des appels en faveur de la pénitence. On retrouve chez eux des remarques identiques concernant le désordre social, le manque de vie spirituelle de certains prêtres, l'ignorance religieuse de la société laïque. Leurs accents rappellent, à cet égard, les prophètes d'Israël. Les uns et les autres possèdent une personnalité puissante et s'imposent par leur tempérament et leurs visions. Le prophétisme médiéval se présente avant tout comme un moyen « exceptionnel » d'édification. Les voix prophétiques rappellent ainsi la tragédie de l'existence humaine qui ne répond pas à son destin. Leur véhémence inquiète les papes, les rois et les prédicateurs.

(87) *Ibid.*, p. 351.

DEUXIÈME PARTIE

LA VOIE ROYALE DU SYMBOLE

I. LES DEGRÉS DE L'ASCENSION. — II. LES SIGNES DE LA
TERRE TRANSFIGURÉE.

CHAPITRE PREMIER

LES DEGRÉS DE L'ASCENSION

Les hommes sont divers en raison des niveaux sur lesquels ils se tiennent. Les écrivains du XIIᵉ siècle qui possédaient le sens de la hiérarchie ont eu à cet égard une vision perspicace.

Saint Bernard emploie volontiers l'expression « homme charnel » et Guillaume de Saint-Thierry « état animal » pour désigner l'homme qui ne dépasse pas le plan physique. L'homme en qui l'esprit est devenu vivant est appelé par Bernard « homme spirituel » et Guillaume le range dans ce qu'il nomme l'état spirituel. « Dieu est esprit — écrit Bernard de Clairvaux — et ceux qui le cherchent doivent marcher et vivre selon l'esprit (1). » Vivre selon l'esprit coïncide avec la voie royale.

Les termes « homme charnel » et « homme spirituel », empruntés à saint Jean et à saint Paul, peuvent nous gêner, car ils semblent comporter une opposition à l'égard de la chair. Une telle assertion serait erronée. La chair n'est pas mauvaise, elle présente seulement une finitude. Envisagée dans son ordre naturel, elle est promise à la transfiguration. Celle-ci ne se produit pas nécessairement seulement après la mort, elle s'effectue durant l'existence. Toutefois les mots « charnel » et « spirituel » apparaissent chargés d'ambiguïté et s'exposent — par cela même — à de fausses interprétations. Notons encore que les expressions « homme terrestre » et « homme céleste » semblent vagues, elles comportent aussi

(1) *Sermon XXXV*, 1 *sur le Cantique des Cantiques*, P. L. 183, c. 962 C ; éd. M.-M. Davy, *id.*, t. II, p. 37.

une notion religieuse que l'homme extérieur ou intérieur n'incluent pas, de même que les symboles échappent en soi aux catégories religieuses. Les religions sont autant de cheminements progressifs, mais elles peuvent se maintenir sur un plan strictement charnel, extérieur, temporel, terrestre.

Les termes d'« immaturité » et de « maturité » correspondent mieux à notre entendement ou plus encore les mots d'« esclave » et d'« homme libre », libre ayant ici le sens de libéré. L'expérience spirituelle étant une expérience libératrice (2), seul l'homme spirituel peut en être le lieu.

En fait, toutes ces distinctions se ramènent à deux : ce qui est avant la maturité, c'est-à-dire les différentes étapes de la maturation, et la maturité elle-même ; la maturité correspondant à l'or et les étapes qui précèdent désignant les divers processus de fusion. La maturation est une purification, un progrès en voie d'achèvement ; la démarche se fait en allant de l'inauthentique à l'authentique. L'amour pur concorde avec la nature, de la même manière que la couleur de l'or concorde avec la véritable nature de l'or. L'antithèse chair-esprit comporte un dynamisme déterminant la vocation de l'homme.

L'homme spirituel est un témoin de l'Absolu. Cette dernière expression employée par Kierkegaard est ici parfaitement significative, car c'est dans le domaine de l'Absolu et de lui seul que s'affirme le véritable langage des symboles. En dehors de l'Absolu, il est dépourvu de contenu. Que des hommes privés du sens de l'Absolu utilisent les symboles, dissertent à leur sujet, il s'agit alors de logomachie. De la même manière qu'un théologien peut être athée et s'exprimer sur Dieu. Dans l'un et l'autre cas le langage n'est que bavardage, il ne devient jamais verbe créateur. Il n'est point le résultat d'un dialogue dans lequel l'existence se trouve engagée ; c'est pourquoi il ne saurait convaincre. La difficulté étant que nous nous exprimons à propos de tout sans pour autant savoir ce dont nous parlons.

On pourrait objecter que les symboles archaïques ne comportent aucun caractère concernant l'Absolu. Ce serait là une erreur. Aucune tradition, aucune religion — fût-elle chrétienne — n'en possède le monopole. Plus les religions sont anciennes et plus elles présentent un caractère symbolique perceptible. Ce qui ne signifie point pour autant que ces symboles appartiennent à un niveau spirituel. Au XIIe siècle le christianisme n'a pas encore subi la séduction des formes

_____

(2) Voir sur ce sujet Roger GODEL, *L'expérience libératrice*, Paris, 1952.

socialisées, on pourrait dire laïcisées, le sacré demeure éminemment vivant et il se manifeste dans toute l'existence.

I. *L'homme charnel et l'homme spirituel.*

L'homme charnel et l'homme spirituel se tiennent donc sur deux plans différents. Le premier, tant qu'une ouverture ne se produit pas en lui à l'égard du spirituel, appartient au temps : il passe... Saint Bernard dira que l'homme lié uniquement aux biens terrestres est semblable aux animaux : « Il naît, vit et meurt à leur façon (3). » Dans un autre texte (4), ce même auteur place un tel homme au-dessous des animaux, ce qui est plus juste, car l'animal conserve son orientation, il répond à sa fonction ; par contre l'homme détourné de sa destinée se trouve acculé à une voie sans issue.

L'homme spirituel relève d'un monde tout différent de celui auquel est lié l'homme charnel. Il est pourvu de sens intérieurs, il possède un autre langage, il est en voie de recouvrir la parfaite ressemblance de l'image qu'il porte en lui. Délié du temps, ouvert à l'éternité, son corps, son âme, son esprit participent déjà à la gloire de la résurrection.

Pour comprendre cette distinction fondamentale il suffit d'évoquer Pascal, dont la pensée nous est sans doute plus familière que celle de l'époque que nous étudions. Il importe ici de se rappeler l'ordre du monde et celui de la charité, ou bien encore le divertissement pascalien correspondant à l'homme charnel, tandis que l'homme spirituel s'inscrit dans l'ordre de la charité.

Le charnel, l'extériorité concernent une nature dévoyée, désorientée. Le spirituel, l'intériorité appartiennent à une nature ordonnée. L'orientation de l'être est d'une grande importance, la conversion n'étant rien d'autre qu'une orientation juste. L'homme charnel est isolé. C'est à lui que s'applique le *vae soli* de l'Écriture (*Ecclé.*, IV, 10). Dépourvu de communication et de communion, il ne participe à la vie des hommes que d'une façon toute extérieure. Privé de rapports vrais avec lui-même et par conséquent avec le cosmos, le voici entraîné dans le tourbillon du temps et les jeux de l'histoire.

Certes l'homme spirituel appartient à l'histoire, mais il la dépasse car il relève d'autres lois. Intégré dans le cosmos, il

---

(3) *Sermon LXXXII, 5 sur le Cantique des Cantiques, id.*, c. 1180. M.-M. DAVY, *Saint Bernard, textes et études*, Paris, 1945, t. II, p. 149.

(4) *Id.*, XXXV, 5, c. 965 A, éd. M.-M. Davy, t. I, p. 39.

œuvre corps, âme, esprit à l'avènement du royaume de Dieu, c'est-à-dire à la transformation du monde. Autrui bénéficie de la maturation qui s'opère en lui. Homme de lumière, il répand la clarté qui émane de son être. Toutefois, son expérience est incommunicable dans sa totalité, lui seul en est le lieu, et c'est là son secret. Pour rendre compte de cette expérience ineffable il recourt aux symboles. Ainsi le sage raconte à ses auditeurs des histoires, des anecdotes qui apparaissent invraisemblables. Elles le sont en effet, car ce n'est pas la lettre qu'il convient de retenir, mais l'esprit. Le mystique évoque des songes, il présente des images, il crée des contacts, instaure des rapports. Dans l'un et l'autre cas toutes les créatures sont pourvues de langage : les oiseaux parlent, les animaux sauvages cherchent une protection près de l'homme en qui l'esprit se meut.

Quand Dieu est né dans l'homme et l'homme en Dieu, il s'entame aussitôt un dialogue entre cet homme nouveau-né et le cosmos. Il n'existe plus d'isolement, une parenté profonde, une sympathie (au sens de *sympatheia*) s'établissent entre lui et tout ce qui vit. Il existe moins de différence entre ce qu'on nomme communément les vivants et les morts, qu'entre l'homme charnel et l'homme spirituel. La mort ne crée pas une rupture ; il ne s'agit point d'évoquer les morts à la façon de Saül qui fait « remonter » Samuel grâce à la pythonisse d'Endor (*Samuel*, XXVIII, 11). L'homme spirituel est déjà engagé dans l'au-delà de la mort terrestre car ses racines n'appartiennent plus au monde qui passe, elles se trouvent insérées dans le monde céleste. Il s'ébauche ainsi — dira Guillaume de Saint-Thierry — la gloire future de son corps (5). De ce fait, un tel homme se tient tourné vers les temps à venir, c'est-à-dire qu'il relève de l'eschatologie.

Cette entrée dans l'éternité, cette sortie du fugace engendrent en lui une joie, un enthousiasme, une jubilation, une éternelle jeunesse. La vieillesse n'atteint pas l'homme intérieur, la maturité coïncide avec un achèvement et non avec une décrépitude. Cette fraîcheur, nous la retrouvons dans l'emploi des symboles, des images ; c'est ainsi que les anecdotes, les songes, le sens du merveilleux auxquels nous avons fait déjà allusion (6), qui apparaissent dérisoires à l'homme charnel, sont chargés de sens pour l'homme spirituel.

L'homme spirituel ne méprise rien. On le voit bien avec un

(5) Cf. *De natura et dignitate amoris,* éd. M.-M. Davy, Paris, 1953, nº 51, p. 135.
(6) Cf. *infra*, p. 54 sv.

saint Bernard, par exemple, dont la vie a été extrêmement active, toutefois le primat est toujours donné à la contemplation, au dialogue intime. Saint Bernard dira qu'il importe « d'interrompre les doux baisers pour allaiter (7) », c'est-à-dire qu'il convient de quitter la vie contemplative pour s'adonner à l'enseignement d'autrui.

La transfiguration de l'homme crée un monde transfiguré et libre. La liberté des enfants de Dieu dont parle saint Paul (*Rom.*, VII, 21) appartient à l'homme intérieur. Au risque de nous répéter il convient de redire que l'homme charnel et l'homme spirituel ne sont pas régis par les mêmes lois ; l'homme spirituel dépasse toutes les dualités, qu'il s'agisse du bien et du mal, de l'esprit ou de la chair, des ténèbres ou de la lumière ; la transfiguration qu'il opère inaugure un monde nouveau : celui de l'âge d'or, de la maturité ; les ténèbres cessent d'être obscures.

Nous avons parlé de la transformation du cosmos grâce à l'homme spirituel. D'autres éléments interviennent encore. Si l'homme spirituel n'a plus le même visage que l'homme charnel, le Dieu de l'homme spirituel est rigoureusement différent du Dieu de l'homme charnel. Pour l'homme charnel Dieu est une sorte de César, c'est-à-dire de potentat, de banquier ; il est pourvu de force, de puissance. Pour l'homme spirituel Dieu est Amour et par conséquent ce qui est le plus inconnu dans sa réalité profonde. Dieu est comparable à un mendiant, au plus ignoré, au plus délaissé, au plus faible. Nous le verrons, Dieu est l'Amant et l'homme l'Aimé. Entre l'Amant et l'Aimé se crée une union indéfectible. Les amours de l'homme charnel sont illusoires et fragiles, l'Aimé dans l'ordre spirituel en se transformant en l'Amant devient lui aussi Amour. Il cesse d'être l'Aimé en devenant Amour.

D'où la nouvelle perspective, la nouvelle vision, le nouveau langage de l'Aimé devenu par grâce ce que Dieu est par nature selon l'expression employée par Guillaume de Saint-Thierry (8).

Pour l'homme charnel le langage de l'homme spirituel est sans contenu, et lui semble insipide. Non seulement il se détourne de l'homme spirituel, mais il le réprouve et le juge illuminé ou fou, ces deux termes d'ailleurs signifiant pour lui la même chose. Sa pesanteur, les poids et mesures dont il fait

(7) *Sermon XLI*, 6 sur le Cantique des Cantiques, *id.*, c. 987 A ; M.-M. Davy, *id.*, t. II, p. 57.

(8) Cf. *Lettre aux Frères du Mont-Dieu* (Un traité sur la vie solitaire), Paris, 1946, éd. M.-M. Davy, n° 108.

usage ne lui permettent pas de saisir le trésor de l'homme de lumière, ces chemins ne sont pas ses propres chemins, c'est pourquoi il ne le rencontre jamais car il serait incapable de le reconnaître. Les hommes spirituels se retrouvent entre eux, tels des oiseaux sauvages appartenant à la même race. Leur chant est identique, les symboles qu'ils présentent sont semblables et cela en dépit de leur origine. Les mêmes contenants possèdent d'identiques contenus. C'est pourquoi les hommes spirituels ont le même langage, décrivent les mêmes images indépendamment des époques, des races, des religions ; l'unité ne pouvant se réaliser qu'à la fine pointe de l'être, c'est-à-dire au sommet situé au-delà des oppositions et des dualités. Par contre l'homme charnel est la proie de la division, des contraires, des affrontements, du sectarisme. L'homme charnel brûle celui qui ne pense pas comme lui, en cela même il tente de le détruire. L'homme spirituel brûle aussi, mais le feu qu'il communique vient de lui-même, il est transmutation, transfiguration, il ne tend pas à anéantir mais à transformer.

D'où l'on voit comment à l'époque romane, comme d'ailleurs en tous les temps, le charnel et le spirituel se sont mélangés : les massacres des juifs, des musulmans, des hérétiques relèvent d'hommes en qui l'esprit n'était pas encore né. L'inquisition n'est scandaleuse et irritante que dans la mesure où l'on pense que des hommes d'église, des moines sont obligatoirement des hommes spirituels. Si on discerne qu'il s'agit ici d'une violence exercée par des hommes charnels, extérieurs, terrestres, on ne s'en étonne point tout en s'attristant d'une telle méprise.

Cette distinction apparaît toujours nécessaire. La pensée médiévale n'est pas exempte des ersartz, des masques, des travestissements, et pour employer le langage bernardin, des amours adultères.

2. *Les degrés de l'amour.*

Saint Bernard propose quatre degrés progressifs de l'amour dans le cœur de l'homme. Dieu ne survient qu'à partir du second degré (9).

L'homme s'aime d'abord lui-même et pour lui-même, car dira Bernard en se référant à un texte de saint Paul : « Person-

---

(9) Voir sur ce sujet le *De diligendo Deo,* ch. viii et ix. Cf. aussi *La lettre aux Frères du Mont-Dieu.*

ne n'a haï sa propre chair » (*Éph.*, v, 29). Par rapport aux autres amours, il existe donc une antériorité dans le temps de l'amour charnel. Si cet amour se meut dans des limites normales il est juste, mais il risque de s'étendre immodérément. Dépassant les bornes de la « nécessité », il déborde et devient curiosité, cupidité, désir de possession. Cependant un tel amour peut devenir fraternel et partager avec autrui sinon le nécessaire, du moins le superflu. L'amour du prochain — selon Bernard — ne trouve sa perfection que dans la mesure où Dieu intervient.

Dans le second degré l'homme aime Dieu, mais il l'aime pour soi, c'est pourquoi Bernard le nomme l'amour du mercenaire, il attend des profits et des avantages de son Dieu. Tel l'esclave, il a peur de son maître et ne lui obéit que par crainte des châtiments, il aime autrui mais il veut en retour être aimé.

Avec le troisième degré, Dieu se fait connaître et par cela même il est aimé. Il n'est plus considéré en tant que bienfaiteur, il se manifeste sous l'aspect du Bien et de la Beauté. Un tel amour est comparable à l'amour du fils et l'amour des autres comporte de ce fait une nouvelle dimension. Toutefois l'amour du fils n'est pas complètement désintéressé car il escompte l'héritage de son père.

Le quatrième degré est comparable à une montagne très élevée dont l'homme fait l'ascension. L'âme s'harmonise et accomplit la volonté de Dieu. En des instants rapides, elle est admise dans l'intimité de celui qu'elle aime. Déifiée, elle devient semblable à Dieu tout en étant distincte de lui. Ce quatrième degré s'ébauche dans le temps, il n'aura son parfait achèvement que dans la béatitude. Un texte de saint Bernard résume ces différents degrés : « Le serf craint le visage du Seigneur ; le mercenaire espère en la main du Seigneur ; le disciple prête l'oreille aux paroles du maître ; le fils honore son père. Quant à celle qui demande un baiser, elle aime (10). » Ce quatrième degré désigne l'âme devenue épouse du Verbe. L'amour de Dieu — par l'intermédiaire de l'Esprit Saint — intervient dans le cœur de l'homme libéré, vide d'amours étrangères — pour l'orienter entièrement vers Dieu. L'homme recouvre la ressemblance perdue par la faute originelle, il acquiert ce que Guillaume de Saint-Thierry nomme la troisième ressemblance avec Dieu. L'Esprit Saint qui unit

---

(10) Sur l'amour de l'esclave, du mercenaire et du fils, cf. CASSIEN, *Collatio*, XI, VII, P. L. 49, c. 853 A.

dans la Trinité l'amour du Père au Fils, est donné à l'homme
pour qu'il aime Dieu comme Dieu s'aime (11).

A chacun de ces degrés correspond un amour et un mode
de connaissance. L'*affectio* opère une ascension progressive
allant de l'*affectus carnalis* à l'*affectus spiritualis*. N'oublions
pas qu'au XIIe siècle la nature inclut la notion de grâce, c'est
parce que l'âme s'est incurvée, c'est-à-dire a perdu la
ressemblance avec son modèle, qu'elle s'aime d'abord elle-
même avant d'aimer Dieu. Saint Bernard peut ainsi parler du
retour de l'amour vers sa source (12), ce retour n'est rien
d'autre qu'un rapatriement de la chair à l'esprit (13), un
mouvement vers Dieu dont l'amour précède celui de l'homme.
Dieu aime l'homme avant d'être aimé par lui.

3. *Les sens extérieurs et intérieurs.*

Le quatrième degré de l'amour comporte l'animation des
sens intérieurs et un dépassement des sens extérieurs dont
l'activité se manifestait uniquement lors des précédents
degrés.

Commentant le texte de Jean relatif à l'apparition du
Christ à sainte Marie-Madeleine (*Jean*, XX, 17), saint Bernard
interprète le *noli me tangere* en disant que les sens extérieurs
sont insuffisants, car ils risquent d'introduire dans l'erreur.
C'est pourquoi il convient de faire appel aux sens de l'esprit,
« aux mains de la foi (*manu fidei*), aux doigts du désir (*desi-
derii digito*), aux yeux de l'esprit (*oculo mentis*) (14) ». Il est
inutile de tenter de percevoir avec les sens extérieurs ce qui
normalement leur échappe. « Pourquoi interroger l'œil sur ce
qui ne le concerne pas ? Pourquoi la main voudrait-elle explo-
rer ce qu'elle ne saurait atteindre ? », écrit saint Bernard (15).
L'âme-épouse ne peut prendre contact avec le Christ que dans
la mesure où elle le considère dans sa divinité. « Pourquoi
veux-tu me toucher dans ma laideur ? Tu ne peux le faire que
dans ma beauté... tu me toucheras dans la mesure de ta beauté... » Tel est le langage que Bernard prête à l'Époux à l'égard

(11) Voir sur ce sujet M.-M. DAVY, *Théologie et mystique de Guillaume
de Saint-Thierry*, Paris, 1954, pp. 159-161 sv.

(12) *Sermon* VII, 2 *sur le Cantique des Cantiques*, id., c. 807 B ; éd. M.-
M. Davy, *id.*, t. I, p. 373.

(13) *De Consideratione*, L. V., c. 1, P. L. 182, c. 788 D.

(14) *Sermon* XXVIII, 10 *sur le Cantique des Cantiques*, id., c. 926 B.

(15) *Id.*, 925 A.

de l'Épouse. Ainsi l'âme retire son attention des réalités corporelles pour s'établir dans la contemplation des réalités spirituelles.

Les yeux de l'esprit sont comparés à des yeux de colombe, ils désignent le regard spirituel. Il s'agit alors d'une vision en esprit. L'expérience n'est plus liée aux sens, elle devient une expérience spirituelle (16). Que l'homme dépasse les sens extérieurs, le voici libre, or être libre c'est devenir spirituel. Nous trouvons le même langage chez Guillaume de Saint-Thierry. La méditation de l'Humanité du Christ convient aux commerçants, mais il importe nécessairement de se diriger de l'humanité vers la divinité du Christ (17).

Guillaume de Saint-Thierry et saint Bernard veulent entraîner leurs auditeurs vers la connaissance et l'amour spirituels ; dans la mesure où ceux-ci demeurent charnels, leur cheminement se ralentit, ils perdent du temps. Pénétrer dans la voie spirituelle, c'est parvenir à la réalité ultime. Le niveau n'est pas atteint de façon stable, l'homme revient souvent par instants à la connaissance et à l'amour charnels, mais le désir de son âme le porte au-delà dès qu'il a subi la séduction du spirituel (18).

Ainsi l'homme séjourne successivement dans ce que Bernard nomme — en s'inspirant du texte du *Cantique* — la rentrée en soi-même, le cellier et la chambre nuptiale. Suivant le lieu où il se trouve, le Verbe qui le visite prend différents visages afin d'être reconnu. Il est tantôt le voyageur, le père de famille ou l'ami. Quand il se sait aimé ardemment, alors il se présente comme un Époux.

Nos auteurs romans et principalement dans l'école cistercienne, qui sur le plan de la pensée mystique ne sera jamais dépassée, se méfient des sens externes car ils sont source d'illusion et d'erreur (19).

Le sensible a sa place, il convient toutefois d'aller au-delà en passant de la connaissance sensible à la science raisonnable avant d'aboutir à l'illumination divine. Ces trois étapes dans l'ordre de la connaissance, nous les retrouvons par exemple chez Guillaume de Saint-Thierry dans sa lettre aux

(16) *Id.*, c. 1003.

(17) *Lettre aux Frères du Mont-Dieu*, I, XIV, 43, P. L. 184, c. 336, éd. M.-M. Davy, *id.*, n° 73.

(18) Sur ces deux modes de connaissance, voir l'article de J.-M. DÉCHANET, « Le Mystère du Salut, la christologie de saint Bernard », dans *Saint Bernard théologien, Id.*, pp. 78-91.

(19) Voir à ce propos P. Robert THOMAS, *Spiritualité cistercienne*, Collection « Pain de Cîteaux » (ouvrage ronéotypé), pp. 102 sv.

Frères du Mont-Dieu adressée à des novices chartreux. A la connaissance sensible correspond l'état animal, à la connaissance par la réflexion, l'état raisonnable ; enfin dans l'état spirituel les sens internes sont illuminés. C'est pourquoi — dira-t-il — « les sens extérieurs ne doivent pas être des maîtres mais seulement des valets (20) ». Ces sens externes sont semblables à des reptiles, car ils se meuvent en rampant sur la terre et à des bêtes de somme pesantes (21).

Les pensées vaines nées de la curiosité et de la vanité sont comparées à une foule grouillante par Aelred de Rievaulx ; à une parenté qui retient prisonnier, dira saint Bernard ; Isaac de l'Étoile évoque l'image du fil que l'on tend à amenuiser en l'humectant pour le faire pénétrer dans le chas d'une aiguille. Est-il épais ? C'est en vain qu'on essaie de le faire passer. Ainsi l'âme doit s'affiner afin de pouvoir se fixer dans la sagesse. Toutefois l'homme reste le plus souvent le jouet des images accumulées par la connaissance sensible, celles-ci le poursuivent et quand l'âme tente de s'en détacher, il en perçoit encore durant longtemps l'écho. « Déposer ses bagages » afin de courir plus rapidement exige de diriger des sens externes vers les sens intérieurs, selon Guillaume de Saint-Thierry.

Si les sens intérieurs recueillent et unifient, les sens extérieurs dispersent et absorbent l'attention. L'Aimé, selon Guillaume de Saint-Thierry, en se dégageant du sensible passe des imaginations corporelles au dévoilement des secrets divins ; il y a donc mouvement du corporel au spirituel et du spirituel au divin (22). La « considération » s'exile dans la mesure où elle s'englue dans l'extériorité (23) ; se répandre, s'extérioriser — dira saint Bernard — c'est faire paître ses boucs (cf. *Can.*, I, 8), c'est-à-dire ses sens extérieurs.

Tout commence par la chair et doit accéder au spirituel. Le Verbe s'est fait chair afin d'amener les hommes à la vie de l'Esprit. Nous retrouvons ici d'ailleurs l'écho de l'enseignement du Nouveau Testament et en particulier de saint Paul (*Gal.*, v, 17 ; *I Cor.*, II, 12 sv.).

(20) P. L., *id.*, c. 330 B ; éd. M.-M. Davy, n° 61.

(21) *Méditations* IV, 7, P. L. 180, c. 217 A ; éd. M.-M. Davy, Paris, 1934, p. 105.

(22) Voir à ce propos *De la nature et de la dignité de l'amour*, éd. M.-M. Davy, *id.*, n° 52, p. 1735.

(23) Saint BERNARD, cf. *De Consideratione*, L. V, *id.*, c. 787 ; *Sermon de diversis*, XXVIII, 5.

4. *La rencontre de l'homme et de Dieu* (24).

L'union entre l'homme et Dieu repose sur ce qui est commun à Dieu et à l'homme, c'est-à-dire l'esprit. Une fusion totale exigerait des êtres entièrement spirituels, puisque la matière sépare et crée l'incommunicabilité. Les animaux comportent un certain *spiritus* étroitement dépendant du corps. Les anges — selon saint Bernard — peuvent posséder un corps ou n'en pas avoir, leur esprit ne le réclame pas. Quant à l'homme, il est doué d'un esprit qui, tout en exigeant la présence du corps, ne lui est pas asservi, c'est pourquoi l'esprit survit à la mort corporelle. Cet esprit de l'homme est débile, il ne peut entrer en activité qu'en ayant recours à de nombreux éléments. L'union de Dieu et de l'homme se présente donc ainsi : d'un côté le spirituel absolu ; de l'autre le spirituel relatif.

Or, ce spirituel relatif offre une difficulté à l'égard de son union avec Dieu : la matière dissocie. Le corps ne va-t-il pas gêner, voire supprimer l'union de l'âme, esprit-corps avec Dieu esprit ?

Ce corps-matière constitue un mur, c'est lui qui fait de l'homme un solitaire, c'est l'obstacle-barrière, la limitation. Il est générateur de contrainte et de résistance. Il reste toutefois que la perfection de l'esprit humain dans l'exercice de ses activités les plus hautes requiert l'usage du corps. Ce corps complique les rapports de l'esprit-corps avec l'esprit. C'est une dure loi que les esprits-corps ne peuvent communiquer entre eux que par intermédiaires, c'est-à-dire par signes. Est-ce que cette loi intervient aussi dans les rapports entre l'homme et Dieu ? Est-ce qu'il existe un intermédiaire, un signe entre l'homme et Dieu ? Par ailleurs, en raison de cette différence essentielle entre l'esprit-corps et l'esprit pur, est-ce que le tout de l'homme va pouvoir coïncider avec le tout de Dieu ? La position de saint Bernard est très nette à l'égard de ces deux questions : 1° L'union de l'homme avec Dieu nécessite rigoureusement un intermédiaire ; 2° Le tout de l'homme ne peut pas communiquer avec le tout de Dieu ; il existe un plan sur lequel l'homme peut aborder Dieu.

Seul un esprit pur pourrait s'unir avec Dieu sans médiateur, sans devoir recourir à un signe. Par ailleurs, si l'homme pouvait communier ou communiquer avec le tout de Dieu, il

---

(24) Nous reprenons ici un texte de notre Introduction à *Saint Bernard*, éd. M.-M. Davy, t. I, pp. 113 sv.

connaîtrait Dieu tel qu'il est, il le verrait face à face, c'est-à-dire en lui-même, il connaîtrait comme il est connu. Il y aurait communion parfaite, connaissance plénière ; or celle-ci est réservée à la vision béatifique quand l'homme esprit-corps possédera un corps glorifié, c'est-à-dire serf de l'âme (25), et verra Dieu comme Dieu se voit.

Le mystique le plus extatique ne peut donc atteindre Dieu, selon Bernard, qu'à un certain niveau. Dieu est invisible, cependant il y a un plan unique sur lequel l'homme peut le joindre, et celui-ci constitue le signe intermédiaire entre Dieu et l'homme : ce plan, c'est celui du Verbe Incarné, de l'Homme-Dieu considéré comme une extase concrète dans la personne du Christ. Or, ce signe d'union entre l'homme esprit-corps et Dieu esprit est un signe esprit-corps. Un esprit-corps, un esprit-chair d'une autre qualité que celui de l'homme, mais cependant un esprit-corps. La chair de l'homme est muraille entre Dieu et l'homme, le Christ s'est approché de la muraille en s'unissant à la chair, c'est pourquoi Bernard peut dire : « La muraille, c'est la chair, et l'approche de l'Époux, c'est l'Incarnation du Verbe. Les treillis et les fenêtres de la muraille sont les sens de la chair et le Christ a voulu les connaître par une expérience personnelle (26). »

Aussitôt une autre question se pose : « Est-ce que l'homme, tel qu'il est lui-même, va pouvoir s'unir avec le Verbe Incarné ? » Saint Bernard ne le pense pas. L'esprit de l'homme doit subir une modification passagère, rapide, correspondant à l'instant de l'union avec Dieu. Cette modification est un dépassement, une sortie de soi, c'est l'*excessus mentis* (27).

Le mouvement de Dieu vers l'homme et de l'homme vers Dieu nécessite que soient envisagées les différentes facultés humaines. C'est en partant de celles-ci qu'il est possible de déterminer les diverses opérations des personnes de la Trinité à l'égard de l'homme. Nous avons vu ce qu'il faut entendre par la connaissance de soi, par la grandeur et la misère de l'homme, par l'image et la dissemblance. L'exposé des facultés de l'homme va nous révéler encore les méfaits de la faute originelle dans l'homme et les ravages de la dissemblance.

L'âme comporte trois facultés : la mémoire, la raison, la

---

(25) Bien entendu, selon saint Bernard, l'âme privée de son corps voit déjà Dieu, mais elle tend à retrouver son corps.

(26) *Sermon LVI, 1 sur le Cantique des Cantiques, id.,* c. 1047 A.

(27) *Sermon XXXIII, 6 sur le Cantique des Cantiques,* c. 954 C ; éd. M.-M. Davy, *id.,* t. II, p. 24. Sermon CXV, *De diversis,* c. 741 A.

volonté, et ces trois facultés sont l'âme même (28). L'âme est ainsi comparable à un arbre qui posséderait trois branches, les actes issus de ces différentes facultés proviennent d'une commune racine, la substance de l'âme et ses puissances ne peuvent être dissociées. Saint Bernard, en augustinien, s'attache à découvrir dans la nature humaine la Trinité et l'unité de Dieu. Une des analogies, présentée par saint Augustin (29) et que Bernard retient, est celle de la mémoire, de la raison et de la volonté (30).

Selon saint Bernard, la Trinité a créé une sorte de trinité à son image et à sa ressemblance. Cette trinité de l'homme, pour répondre à sa fin et être heureuse aurait dû demeurer en Dieu et s'unir à lui, mais pour son malheur la trinité de l'homme s'est détournée de la divine Trinité. Par un mouvement de sa volonté propre la trinité de l'homme créée par Dieu s'est tombée dans une trinité contraire : de la puissance, de la sagesse et de la pureté, elle a été précipitée dans la faiblesse, l'aveuglement et l'impureté. Sa mémoire est devenue impuissante et infirme, sa raison imprudente et ténébreuse, et sa volonté impure, car cette mémoire, cette raison et cette volonté ont opéré une triple chute. La mémoire qui par sa simplicité évoquait la divinité s'est brisée en trois morceaux. Et saint Bernard distingue par ces morceaux les pensées affectueuses, onéreuses et oiseuses *(cogitationes affectuosas, onerosas, otiosas)*. Les pensées affectueuses sont celles qui dépendent de la mémoire ; elles concernent les préoccupations des choses nécessaires à la vie, telle la nourriture. Les préoccupations extérieures, dont certaines particulièrement pénibles, sont désignées par les pensées onéreuses. Quant aux pensées oiseuses, elles n'affectent pas, elles ne chargent point, mais elles détournent de la contemplation des choses éternelles ; et saint Bernard de citer comme exemple de pensées oiseuses la pensée d'un cheval qui court, d'un oiseau qui vole.

La raison aussi a fait une triple chute. Elle était capable de discerner entre le bien et le mal, entre le vrai et le faux, l'avantageux et le nuisible, elle est devenue aveugle en perdant le trivium de la sagesse : c'est-à-dire l'éthique ou science de la

(28) *Sermon XI, 5 sur le Cantique des Cantiques*, c. 826 B ; éd. M.-M. Davy, *id.*, p. 395.

(29) M. Schmaus, *Die psychologische Trinitaetslehre des hl. Augustinus*, Münster, 1927. *Memoria intelligentia voluntas*. Cf. *De Trinitate*, XIV, 8, 11-12, 16, P. L. 42, c. 1044-1049.

(30) Cf. *Sermon XLV*, 1, *De diversis, id.*, c. 667 BC. M.-M. Davy, *id.*, p. 71.

morale, la logique et science de l'observation, la physique ou science de la nature.

Quant à la volonté, sa ruine est triple aussi, elle est tombée des hauteurs de la bonté et de la pureté dans les bas-fonds de la concupiscence de la chair, des yeux et dans l'ambition du siècle (cf. *I Jean*, II, 16).

Ainsi, par cette chute mortelle, toute substance de l'âme est atteinte. Mais la Trinité créatrice n'a pas abandonné la trinité de l'homme qui s'est éloignée d'elle, elle a mandé quelqu'un à sa rencontre. C'est ainsi que le Fils de Dieu a été envoyé par son Père : il est venu et il a donné aux hommes la foi. Puis l'Esprit Saint est venu à son tour et il a donné la charité. Avec la foi et la charité, l'homme a conçu l'espérance de retourner vers le Père. Et ces vertus théologales unies l'une à l'autre ont formé comme une espèce de trident que la Trinité a lancé dans le fond de l'abîme pour ramener la pauvre trinité déchue (31). La foi a éclairé la raison ; l'espérance a relevé la mémoire ; la charité a purifié la volonté. La foi se divise elle-même en trois (foi aux préceptes, aux miracles, aux promesses) ainsi que l'espérance (espérance du pardon, de la grâce, de la gloire) et la charité (celle qui vient d'un cœur pur, naît d'une conscience bonne et enfante une foi non feinte) (*I Tim.*, I, 1) (32).

D'après ce que nous venons de dire, saint Bernard ne semble pas admettre de distinction réelle entre l'âme et ses facultés, celles-ci apparaissent liées dans une consubstantialité relative mais suffisante pour permettre à l'homme de saisir dans une certaine mesure la consubstantialité réelle des trois personnes de la Trinité (33).

La trinité déchue va être sauvée par la trinité bienheureuse. Nous allons voir successivement les opérations des trois personnes de la Trinité à l'égard des trois facultés de l'homme. Cette tâche de rééducation des facultés n'est pas aisée, d'autant plus que la volonté et la raison se livrent une lutte mortelle. Il faut lire les pages pittoresques de Bernard dans le *De conversione ad clericos* qui dépeignent la guerre terrible entre la volonté et la liberté (34). La volonté semblable à une vieille femme s'élance furieuse, les cheveux en désordre, les vêtements déchirés, la poitrine nue, grattant ses ulcères, grinçant

---

(31) *Sermon XLV*, 4, *De diversis, id.,* c. 668 B ; *id.,* p. 73.

(32) *Id.,* 4, 5, c. 668 BC. Cf. M.-M. Davy, *id.,* pp. 73-74.

(33) En cela, saint Bernard est fidèle à la pensée d'Augustin. Cf., à ce propos, E. GILSON, *Introduction à l'étude de saint Augustin*, Paris, 1943, p. 290.

(34) VI, c. 839 sv. *Id.,* pp. 293 sv.

des dents, grimaçant de rage, s'avouant la proie de la volupté, de la curiosité et de l'ambition. Et la volonté et la raison discutent avec âpreté sur leurs prérogatives respectives. La raison va être redressée par le Christ, la volonté restaurée par l'Esprit Saint. Quant à la mémoire, nous verrons comment elle permet à l'homme de se souvenir de Dieu (35).

A mesure que la trinité de l'homme est reconquise, l'homme s'unit de plus en plus intimement à la Trinité.

La raison est déprimée par la chair parce que l'âme n'est pas uniquement unie au corps, elle est de plus soumise au corps du fait du péché originel (36); elle est adonnée aux choses extérieures. Alors le Verbe entraîne la raison au-dedans d'elle-même, il la redresse avec force, l'instruit avec prudence et l'établit juge d'elle-même. La raison devient ainsi sa propre accusatrice. Le Verbe ouvre les yeux de l'âme, et l'âme se voit... La connaissance qu'elle acquiert d'elle-même la fait parvenir dans le premier degré de la vérité : une vérité sur elle-même source d'humilité. Cette humilité naît de la conjonction du Verbe et de la raison, elle est non seulement exigée du corps, mais aussi de l'âme, elle va chasser la crainte du cœur de l'homme, l'instaurer dans ce que saint Bernard nomme le premier ciel et le conduire peu à peu à la charité. L'homme devient méprisable à ses propres yeux en raison d'une connaissance très vraie de lui-même (37). Le Christ entraîne l'âme dans le jardin, car l'âme doit œuvrer afin d'arriver à posséder la connaissance d'elle-même.

Cette connaissance de sa misère dépasse pour l'homme sa propre connaissance, elle le conduit au Christ qui s'est fait chair et a pris sur lui la misère de l'homme en faisant l'expérience de cette misère. Et l'humilité née de cette connaissance de soi permet à l'homme de contempler l'humilité du Verbe Incarné.

La volonté de l'homme a été aussi corrompue par la faute originelle, elle est devenue cupide, elle n'accepte plus de se contenter du nécessaire, elle s'empare du nécessaire d'autrui.

(35) *De diligendo Deo*, IV, c. 980. *Id., pp.* 227 sv.

(36) Le corps est une tente qui fraude l'âme de son objet, à savoir de la lumière (Cf. *Sermon XXVI*, 1 *sur le Cantique des Cantiques*, c. 904 AB) ; le corps est le poids de l'âme, sa prison (*Sermon VIII*, 6, *In Ps. Qui habitat*, c. 213 A). Notons que saint Bernard parle de la tendresse de l'âme pour le corps (*Sermon VI*, 3, *De adventu*, c. 53 A). Avant le péché, l'union du corps et de l'âme était affermie par un sceau, mais le démon, tel un détestable brigand, a brisé le sceau et l'unité du corps et de l'âme a été dissoute (Cf. *Sermon II*, 3, *In Nativitate*. c. 120 C).

(37) *De gradibus humilitatis* et *superbiae*, I, 2, c. 942. Cf. p. 185.

Il faut qu'elle soit aussi redressée, elle est déjà ébranlée par la raison que le Verbe a restaurée. L'Esprit Saint visite la volonté, il la purifie, la rend ardente et miséricordieuse, puis il l'entraîne dans le cellier; là, s'oubliant elle-même, elle pense au prochain. La connaissance d'elle-même, que l'âme a obtenue dans le premier degré, l'aide à comprendre autrui; sa propre misère lui donne une grande miséricorde à l'égard de son prochain. Selon saint Bernard, l'humilité du Christ l'a conduite à la compassion; c'est la compassion du Christ pour l'homme pécheur qui provoque sa passion; ainsi l'humilité de l'homme déracinant de son cœur sa cupidité le fait compatir, et sa volonté, semblable à une peau qui a été ointe d'une onction toute céleste, s'étend jusque sur les ennemis par l'affection (38). Ainsi l'âme parvient au second degré de la vérité qui est le deuxième ciel, elle se tient dans le cellier de la charité.

Cette âme, dont la raison et la volonté ont été restaurées, est parfaite, l'humilité la rend sans taches et la charité sans rides (cf. *Eph.*, v, 27). L'âme s'oublie elle-même, elle ne songe plus au prochain, le Christ et l'Esprit Saint l'ont jusqu'ici entraînée et conduite, maintenant c'est l'opération du Père qui va se produire à l'égard de l'âme. Le Christ s'est incarné, l'Esprit Saint s'est fait entendre, le Dieu Père n'a jamais quitté les cieux, il faut donc que l'âme soit ravie jusqu'à lui. Cette âme devenue parfaite va donc être l'objet d'un *raptus* afin de parvenir jusqu'au Père qui va se l'unir étroitement comme une glorieuse épouse. Le Père introduit l'âme dans la chambre nuptiale. Dans le jardin, l'âme sous la conduite du Christ était laborieuse; dans le cellier sous la direction de l'Esprit Saint elle se dépensait pour le prochain, dans les bonnes mœurs et les vertus; dans la chambre nuptiale l'âme se tait, c'est là qu'elle va pouvoir connaître l'union mystique.

5. L'amour conjugal.

L'amour conjugal se présente dans la pensée romane comme le plus chargé de symboles et par cela même le plus difficile à décrire. Ce thème ne s'offre point comme une innovation médiévale, il est profondément biblique. Nous retrouvons ce symbole chez les prophètes : dialogue de l'Éternel avec sa vigne (*Isaïe*, v, 1 sv.), Jérusalem devient une « terre

---

(38) *De diligendo Deo*, VIII, 23, c. 988 B. *Id.*, p. 240 ; *Sermon LXXXV*, 5 sur le *Cantique des Cantiques*, c. 1190 B. *Id.*, t. II, p. 159.

Épousée » (*Isaïe*, LXII, 5), l'Éternel célèbre l'amour de ses fiançailles (*Jérémie*, II, 2 ; *Osée*, II, 31) le temps de ses amours avec Jérusalem (*Ezéchiel*, XVI, 8). L'Éternel parle à Israël, disant : « Tu m'appelleras "mon mari". »

La tradition juive est entièrement axée sur le symbole de l'amour conjugal. Le concept des « noces sacrées » a joué un rôle important dans le Zohar et chez les Kabbalistes ultérieurs. Dans le Zohar il s'agit de la réunion de deux Sefiroth, de l'aspect masculin et féminin en Dieu, du Roi et de sa « matrone ». La « matrone » désigne la Schekhina ou l'Église d'Israël. D'où le symbole de l'union de Dieu et de la communauté d'Israël, de Dieu et de l'âme (39).

L'amour conjugal est célébré dans le *Cantique des Cantiques*. Celui-ci doit être considéré comme le chant proclamant l'union de l'âme avec Dieu.

Plus que tout autre livre biblique, le *Cantique* éveille dans l'âme le sens du mystère, le secret, la connaissance profonde qui se trouve à la fin des degrés que l'homme gravit dans la mesure même de sa perfection. Qu'il se tienne dans un ordre spirituel, il peut avoir accès au tabernacle dans lequel se trouve caché « le secret du secret » dont la connaissance provoque un changement d'existence et aussi de vision. Saint Jérôme fait allusion à une science des secrets divins *(scientia secretorum)*, c'est elle — selon lui — qui se place au sommet ultime de tous les savoirs et de toutes les connaissances et aboutit à la sagesse divine. Ainsi, le dialogue du *Cantique* peut se saisir suivant l'état dans lequel l'homme se tient. Est-il uniquement charnel, les mots revêtiront un sens charnel. Au contraire, l'éveil spirituel s'est-il produit, l'intuition a déchiré les voiles et pénètre dans le saint des saints, c'est-à-dire dans l'arcane du secret où Dieu se révèle à celui qui l'aime.

C'est pourquoi parmi les nombreux commentaires du XIIe siècle sur les différents livres de la Bible, le *Cantique des Cantiques* vient en premier lieu. Nul texte ne fut plus aimé et autant interprété ; la pensée chrétienne est fidèle à la tradition juive. A cet égard les textes apparaissent très significatifs. Les *midrachim* (40) nous rapportent — d'après Rabbi Yossé — que le roi Salomon entonna ce chant pendant qu'on bâtissait le Temple, et tous les mondes inférieurs et les mondes supérieurs

---

(39) Voir sur tout ce sujet, André NEHER, *L'essence du prophétisme*, Paris, 1955, pp. 247 sv.

(40) Nous avons consulté une anthologie des *Midrachim* (en hébreu). Voir à ce propos notre édition du commentaire de Guillaume de Saint-Thierry sur le *Cantique des Cantiques*, Paris, 1958, pp. 9 sv.

célébrèrent des chants de louanges, d'où le terme de *Cantique des Cantiques*. Ce chant embrasse la Thora, le récit de la création du monde et le secret des patriarches. En outre, il renferme les faits et les gestes de l'exil et raconte l'histoire de la délivrance du joug égyptien. En réalité, il relate tous les événements importants de l'histoire juive : les dix commandements, l'alliance du mont Sinaï, la traversée du désert, l'arrivée en terre d'Israël, l'élévation du Temple, l'exil, la présence d'Israël parmi les autres peuples, et la libération finale. Le *Cantique* évoque encore la résurrection future des morts et le « jour des jours » qui sera entièrement « sabbah » devant Dieu et comprendra le temps passé, le temps présent et le temps à venir.

Ces mêmes *midrachim* nous apprennent que le *Cantique des Cantiques* exige le plus grand respect. Qu'un homme en récite un seul verset dans un lieu impur, telle une taverne, la Thora se répand en pleurs devant Dieu. Chaque mot du *Cantique* dit avec dévotion devient une couronne pour celui qui prie.

Selon Rabbi Eleezer, quand Dieu créa le monde il forma le ciel de sa main droite et la terre de sa main gauche. Sa volonté était de conduire le monde en le soumettant à l'ordre du jour et de la nuit. Il créa des anges pour chanter les cantiques du jour et il en créa d'autres pour célébrer les cantiques de la nuit. Ainsi il existe des anges du côté droit et des anges du côté gauche. Quand les hommes chantent le *Cantique des Cantiques,* ils accompagnent les anges, leurs chants s'unissent et renouvellent la terre.

Rabbi Nehemie dira : « Bienheureux l'homme qui pénètre dans les arcanes du *Cantique des Cantiques*. » Car un tel homme plonge dans les profondeurs de la Thora, il atteint la sagesse suprême et il élève devant Dieu le présent, le passé et l'avenir.

Enfin Rabbi Schiméon explique que le roi Salomon, ayant reçu du ciel le *Cantique des Cantiques,* enferma toute cette sagesse dans un livre et il le scella afin qu'il ne soit pas donné à tous les hommes d'accéder à la splendeur énigmatique de la sagesse supérieure. Nous voyons ainsi que, déjà pour Israël, le *Cantique* ne célèbre pas seulement l'alliance d'une communauté avec Yahvé, mais de chaque croyant avec son Dieu.

Nous avons cité ces interprétations du *Cantique* car elles montrent la ferveur du peuple d'Israël à l'égard de ce livre sacré. Notons encore que ce texte supposé être reçu par Salomon sous l'inspiration de Dieu ne fit pas primitivement partie du canon. Le nom de Dieu n'est jamais mentionné dans le

Cantique, par ailleurs le caractère d'idylle amoureuse posait maints problèmes ; le *Cantique* ne pouvait s'adresser qu'à un très petit nombre d'hommes choisis. Ce fut Rabbi Aquiba (IIᵉ siècle) qui réussit à le faire intégrer dans le canon. C'est pourquoi il écrivit : « Toute la Bible est sainte (*Kôdesh*), le *Cantique des Cantiques* est sacro-saint (*Kôdesh Kôdêshim*). »

Afin de mieux comprendre l'importance donnée dans la pensée chrétienne au *Cantique des Cantiques,* il convenait de se souvenir du rôle joué par ce texte dans la communauté juive. La littérature chrétienne n'a fait tout d'abord que reprendre cette tradition. Dans l'interprétation des textes médiévaux du *Cantique,* les commentateurs ont l'habitude de recourir aux Pères de l'Église grecs et latins. En réalité, certains passages restent difficiles, voire délicats à expliciter. Pour saisir le sens de certains symboles et allégories il serait important d'éclairer les interprétations des Pères et des auteurs du XIIᵉ siècle à la lumière des commentaires juifs. Les allégories et symboles révéleraient une tout autre portée. Une telle étude exigerait un immense travail.

Citons à cet égard deux exemples : celui des « seins » de l'Époux et celui du « baiser » de l'Époux. « Seins » en hébreu se dit *chadayim,* ce mot vient de *chadaï* qui est un des noms de Dieu. Quand le terme « seins » est dit à propos de l'Époux, ce mot employé allégoriquement concerne le Dieu androgyne, et l'Adam créé à la fois mâle et femelle d'après le premier récit de la *Genèse*. Dans des interprétations postérieures, les deux seins seront représentés par Moïse et Aaron.

Le baiser de l'Époux et de l'Épouse, qui signifie à la fois l'étreinte et l'extase, est employé encore à propos du ravissement de la mort quand celle-ci se produit sans agonie. L'homme reçoit les paroles divines par le souffle de Dieu dans un embrassement. Selon la pensée juive, très peu de personnages ont reçu le baiser de Dieu dans la mort. Citons Moïse, Aaron, Myriam (sœur de Moïse).

Notre mentalité occidentale est parfois étonnée du caractère érotique du *Cantique des Cantiques*. Mais n'oublions pas que dans la pensée juive, quand un homme et une femme s'accouplent, la *Schekhina* (présence divine) plane sur eux ; la procréation étant demandée aux hommes sous la forme d'un premier commandement ; une telle mentalité correspond à la nécessité de peupler la terre. L'union peut être comprise non d'une façon physique, mais sur un plan spirituel.

André Neher, parlant du symbolisme conjugal dans la pensée prophétique, fait allusion à ce qu'il nomme « la logique du symbolisme conjugal ». Celle-ci explique « la précision rigoureuse des termes. Si les prophètes envisagent l'union de Dieu et d'Israël dans le mariage, aucune fausse pudeur ne les retient de décrire cette union par tout ce qui constitue un mariage, et en premier lieu par la rencontre conjugale, sommet de l'amour et source de fécondité (41) ».

Il nous est permis maintenant d'aborder le thème de l'amour conjugal, tel qu'il se présente au XIIe siècle, en comprenant le sens des comparaisons, des images, des symboles employés par nos auteurs.

Dans un sermon pour l'octave de l'Epiphanie (II, 2-3) (42), saint Bernard, expliquant l'Évangile des Noces de Cana, dira que l'Époux désigne le Christ et que l'Épouse c'est nous-mêmes ; tous nous constituons une Épouse, cependant chaque âme est pour son propre compte semblable à une Épouse. Toutefois, c'est dans son commentaire du *Cantique des Cantiques* (en particulier *Sermons* VIII, IX, X) que saint Bernard traite de l'amour conjugal.

Commentant le texte « qu'il me baise d'un baiser de sa bouche » (*Cant.*, I, 2) saint Bernard (*Sermon* III) compare l'expérience de ce « baiser spirituel » à une manne secrète, à une fontaine scellée, à un signe d'amour. Un tel baiser symbolise l'effusion du Saint-Esprit (VIII, 2), c'est-à-dire la révélation qu'apporte la présence de l'Esprit (VIII, 5). Celle-ci est lumière de connaissance et feu de l'amour (*id.*).

Celui qui débute dans l'amour spirituel embrasse les pieds et les mains du Christ, il n'est pas encore capable de prétendre à une plus grande intimité. Certes Dieu n'a pas de forme corporelle, remarque Bernard, mais il en possède si l'on considère ses opérations (*Sermon* IV, 4). Dieu a une bouche pour enseigner sa doctrine, des mains par lesquelles il donne aux hommes leur nourriture, des pieds, dont la terre est l'escabeau (*id.*).

L'Épouse désigne l'âme assoiffée de Dieu (*Sermon* VII, 2), elle aime avec tant d'ardeur qu'elle oublie la majesté de son Amant (VII, 3), et son Amant l'aime avec une si vive tendresse qu'il l'élève jusqu'à lui afin qu'elle oublie sa condition.

L'Époux et l'Épouse — Dieu et l'âme — vont se comporter comme un Amant et une Aimée unis par une mutuelle affection. Saint Bernard et Guillaume de Saint-Thierry expliquent les images présentées par le *Cantique des Cantiques* en tenant compte — nous l'avons dit — des commentaires des Pères. De tels symboles envisagés sur un plan charnel peuvent appa-

(41) André NEHER, *id.*, pp. 248-249, n. 1.
(42) P. L. 183, c. 158-159.

raître érotiques, au niveau spirituel ils sont chargés d'un tout autre sens. Ainsi les seins de l'Époux symbolisent la patience et la clémence (*Sermon* IX, 5) (43), son lait nourrit les âmes ferventes. Quant aux seins de l'Epouse, ils allaitent les « âmes neuves », c'est-à-dire ceux qui commencent à chercher Dieu et à l'aimer.

Si le mariage charnel — dira Bernard — unit deux êtres en une seule chair, l'union spirituelle les unit en un seul esprit (*Sermon* VIII, 9). « Tu as conçu — dira l'Époux à l'Épouse — tes seins sont gonflés de lait » (*Sermon* IX, 7). L'Épouse est fécondée quand l'âme possède l'expérience de Dieu, un « flot de lait » coule dans son sein (*id.*), par son exhortation et sa compassion elle abreuve de nombreux nourrissons (*Sermon* IX, 8).

Un seul point commun se présente entre l'homme charnel et l'homme spirituel : ils ne sont l'un et l'autre jamais rassasiés. « Celui qui aime l'argent n'est pas rassasié ; celui qui aime la luxure n'est pas rassasié ; celui qui cherche la gloire n'est pas rassasié ; enfin, celui qui aime le monde n'est jamais rassasié », écrit saint Bernard dans son traité sur la *Conversion des clercs* (44). Quant à l'homme spirituel, il n'est jamais rassasié car sa faim de Dieu s'accroît dans la mesure où il se rapproche de lui, il aspire toujours à une union plus profonde.

C'est sur le plan de ces différents degrés, de ces états divers que se trouve le symbole. Ces degrés peuvent être considérés comme les échelons d'une échelle reliant le charnel au spirituel, le terrestre au céleste, le visible à l'invisible. Chaque échelon possède ses symboles. De même que l'homme ne se réalise qu'au niveau du spirituel, le symbole répond à sa fonction dans la mesure où il s'exprime dans l'ordre spirituel.

Il existe plusieurs demeures dans la maison du Père (*Jean,* XIV, 2), des amours différentes nées de la crainte, de l'intérêt ou d'un amour pur ; des langages : tels ceux du serviteur, du fils, de l'épouse ; de même il se présente des symboles aux niveaux de ces amours, de ces langages. Chacun comprend les symboles suivant le degré sur lequel il se tient.

Nous avons suffisamment souligné ce symbole de l'époux et de l'épouse pour en saisir l'extrême importance. Nous n'insistons pas davantage sur ce sujet car il constitue un des principaux chapitres de notre ouvrage sur la *Mère Cosmique* (45).

(43) Saint Bernard s'inspire ici de *Rom. II*, 4 et du Ps. CII, 10.

(44) *De conversione ad clericos,* ch. XIV, P. L. 182, c. 848. Cf. M.-M. DAVY, *Saint Bernard, id.*, t. I, p. 307.

(45) Ouvrage à paraître.

Il convenait cependant, dans ce propos sur la symbolique romane, d'en montrer l'intérêt car un tel symbole est à la base même de notre étude. Le symbole n'acquiert son sens véritable que dans cette union de l'Époux et de l'Épouse, du divin et du terrestre. La réalité du symbole roman implique la connaissance, l'amour, l'union, la fécondité (46).

Le symbole conjugal s'ouvre sur une perspective eschatologique dans laquelle l'unité s'ébauche avant d'être parfaitement réalisée. Seront unis l'extérieur et l'intérieur de telle sorte qu'il n'y aura plus ni extérieur, ni intérieur, ni masculin, ni féminin.

L'âme-épouse ne méprise point la création, bien au contraire elle l'aime avec intensité, son amour s'étend au cosmos dans sa totalité, habitée par l'Esprit Saint elle en répand la Sagesse et la lumière. Ella apparaît re-créatrice avec le Père, co-rédemptrice avec le Christ, porteuse de l'esprit avec le Saint-Esprit. Devenue éminemment vivante, elle donne la vie. D'Épouse, elle devient mère à l'image de la nouvelle Ève, de la *théotokos*. Collaboratrice de Dieu, elle participe à l'apparition des nouveaux cieux et de la nouvelle terre. Épouse et Mère, elle est tournée vers les temps eschatologiques. Pour elle, le visible devient le reflet de l'invisible, le terrestre s'accorde au céleste et lui fait face. Son langage symbolique a pour fonction de relier le charnel au spirituel, le terrestre au céleste, le visible à l'invisible.

L'âme se dirige — comme le dira Hugues de Saint-Victor — du visible à l'invisible en sachant que ses propres images sont les miroirs des *invisibilia Dei*. Guerric d'Igny présente l'humanité du Christ comme un chemin. Les sens des hommes sont inadaptés à l'invisible, c'est pourquoi les choses visibles sont nécessaires afin de les dépasser (V, 1, *Sermon pour la Nativité*). L'essentiel est de s'unir à la divinité et par là même de se déifier. Ce même auteur discerne dans la fête de l'Epiphanie (*Sermon* II, 5) les phases successives d'une telle démarche : les mages virent d'abord l'astre, ensuite l'enfant, et enfin à travers l'enfant ils découvrirent la divinité.

Cette voie ascendante est pour les commençants comparable à un arbre, ainsi Zachée monte sur un sycomore ; celui qui est plus avancé fait l'ascension d'une montagne ; sur la montagne, les secrets du Père lui sont révélés (47).

Dans les textes médiévaux la Vierge Marie est appelée l'É-

---

(46) L'Église est aussi un symbole de l'épouse. Cf. *infra*, p. 77.
(47) Cf. Aelred de RIEVAULX, *IIIe Sermon pour la Toussaint*, P. L. 195, c. 348 D.

pouse et la Mère de Dieu (48). La mère du Roi et son Épouse (*Mater Regis et Sponsa*), l'Épouse du Seigneur (*Sponsa Domini*), le temple du Saint Esprit (*Spiritus sancti templum*). C'est elle qui symbolise l'Épouse parfaite ; elle est aussi le modèle que proposent saint Bernard, Guerric d'Igny, Aelred de Riévaulx, etc. (cf. Pl. 5 et 6).

Saint Bernard, parlant à propos de la Vierge de la médiation ascendante, la nomme la « voie royale ». C'est au long du parcours de cette voie ascendante que se trouvent les symboles.

6. *Position des symboles.*

Aux différents degrés de la voie de cette restauration de l'âme, allant du charnel au spirituel, correspondent les diverses interprétations des symboles qui se placent sur un plan charnel ou spirituel, extérieur ou intérieur, terrestre ou céleste.

Citons des exemples qui nous permettent d'envisager des symboles sur le plan charnel et sur le plan spirituel :

La nativité du Christ : l'homme charnel va méditer sur l'Enfant-Jésus naissant dans la crèche d'une étable à un moment déterminé, dans un lieu précis. Une telle considération peut provoquer une émotion passagère, susciter un sentiment d'affection qui risque de disparaître dès que la pensée quitte l'objet de sa réflexion. Dans ce sens Guillaume de Saint-Thierry fait allusion (*Méditation*, x, 4) à son imagination encore débile liée au sensible, à son âme infirme qui se fixe sur les abaissements et l'humiliation de la nativité en embrassant la crèche et en adorant la sainte enfance du Christ.

L'homme spirituel méditera sur le même symbole à un niveau tout différent. Partant de la réalité historique de la naissance du Christ, il comprendra que cette nativité figure l'union de l'humain et du divin et qu'elle se poursuit dans chaque être. Toute âme est appelée à devenir une crèche dans laquelle le Christ naît perpétuellement. Cette naissance constitue un état d'être, un mode de penser et d'agir et par conséquent une façon d'exister. D'où les rapports avec soi-même et autrui deviendront différents, puisque tout homme apparaît comme un Christophore ou pour le moins en capacité de le devenir. Cette présence du Christ dans l'homme crée un nouveau mode de relation, de connaissance et d'amour à

(48) Cf. p. 152.

l'égard de soi-même, de Dieu, d'autrui et de l'univers dans sa totalité. « Là où il naît, il se manifeste », précise saint Bernard dans un sermon pour la veille de Noël (49) dans lequel il envisage le sens matériel et spirituel de la nativité.

Prenons le symbole de la croix. L'homme charnel considère la crucifixion avec tout le réalisme qu'elle comporte de douleur, de souffrance physique dans un temps donné, à un moment déterminé, dans un lieu exact se rapportant uniquement à la personne du Christ. Saint Bernard lui-même avoue avoir commencé par l'amour charnel (*Sermon sur le Cantique des Cantiques*, XLIII, 3). Au début de sa vie monastique il a rassemblé, tel un bouquet, les anxiétés et souffrances du Christ.

L'homme spirituel contemple dans le symbole de la croix un écartèlement cosmique embrasant toutes les directions, c'est-à-dire s'étendant à tous les points cardinaux. Rien n'est exclu : l'homme, l'animal, la plante, la pierre participent à la crucifixion et à la rédemption. L'homme est appelé lui-même dans son corps et dans son esprit à partager cette crucifixion. Mais le Christ est ressuscité et le cosmos entier est tenu de participer à sa gloire. La terre de l'homme invitée à devenir une terre transfigurée s'oriente vers la lumière à travers ces phases de crucifixion et de résurrection. Saint Bernard compare la vie et les paroles du Christ à une aurore, la lumière ne devient éclatante qu'après la résurrection (50). La chair infirme se revêt de gloire (51), c'est pourquoi parlant de l'Épouse qui se tient dans la partie sublime de l'esprit, il dira qu'elle n'a plus à recourir aux images charnelles, telles la croix ou les autres figures relatives à l'indigence corporelle (52).

Proposons un autre exemple : celui du soleil. L'homme charnel se tiendra au soleil extérieur dans ses bienfaits et aussi sous son aspect néfaste. Il envisagera sa lumière et sa chaleur, ses rapports avec la nature et l'homme. Le spirituel considère le soleil dans sa réalité, mais il sait qu'il est un autre soleil, celui qui illumine l'homme intérieur, éclaire sa propre terre. Un tel soleil possède aussi son énergie et son éblouissement. C'est lui qui inonde de clarté le regard de l'homme spirituel et

(49) *Sermon* VI, 10, P. L. *id.*, c. 114, M.-M. Davy, *id.*, t. II, p. 201.

(50) *Sermon* XXXIII, 6 sur le Cantique des Cantiques, P. L. *id.*, c. 954 A ; M.-M. Davy, *id.*, t. II, p. 23.

(51) *Id.*

(52) *Sermon* XLV, 6 sur le Cantique des Cantiques, P. L. *id.*, c. 1001-1002 ; M.-M. Davy, *id.*, t. II, p. 75.

le transforme en corps glorieux. Parlant de la beauté de l'âme, saint Bernard dira que la voix est affectée par la qualité de sa présence (53). Le regard et la voix permettent de déceler la réalité plus ou moins lumineuse du soleil intérieur.

Si le soleil extérieur féconde et fait germer fleurs et fruits, le soleil intérieur possède sa propre fécondité, il engendre les dons de l'esprit. L'homme spirituel, en qui le soleil intérieur se lève, éclaire non seulement sa propre terre mais propage sa clarté et sa bienfaisance sur l'univers. Relié au cosmos il participe à tout ce qui est vivant et répand sur lui-même la vie : une vie impérissable. De même que le vent se charge dans la nature d'entraîner le pollen, le souffle de l'homme spirituel répand le germe non plus sur les calices des fleurs, mais dans le cœur des hommes.

S'agit-il encore d'interpréter un texte biblique, on retrouve par exemple cette dualité de sens relative à la connaissance sensible ou spirituelle. Quand il est dit que l'homme doit abandonner son père et sa mère (cf. *Matth.*, x, 36) on peut se tenir à une famille physique. Le sens spirituel évoque encore la parenté des sens extérieurs qui retiennent prisonnier (54).

On le voit, rien n'est faux sur le plan charnel, strictement terrestre, mais tout est limité, qu'il s'agisse d'espace ou de temps. Le symbole envisagé à un niveau charnel reste dans le circuit de l'extériorité, c'est-à-dire de ce qui vit et meurt, de ce qui naît et passe, de ce qui est clos et séparé. Le symbole appréhendé à un niveau spirituel devient pont, présence, langage universel, vie conçue dans un tout autre ordre : celui de l'éternité. Le symbole conçu uniquement par l'homme charnel est privé d'écho, il reste dans une zone d'ombre ; avec l'homme nouveau — ou spirituel — le symbole est verbe, lumière, hiérophanie et théophanie, par cela même il inaugure un temps nouveau : celui de la transfiguration.

A l'amour et à la connaissance du mercenaire, de l'esclave, du fils, correspond le symbole considéré sur un plan extérieur, terrestre, charnel. Avec l'amour et la connaissance de l'Épouse le symbole est saisi dans sa réalité profonde. De même que l'homme qui se tient au seul plan terrestre peut être envisagé comme un gnome n'ayant pas acquis sa stature humaine, le symbole pris dans un sens d'extériorité apparaît insuffisant, vide de sa substance, privé de sa profondeur.

Il ne faudrait pas en conclure que le symbole est réservé à

(53) *IIe Sermon pour le jour de Noël*, P. L. 183, c. 120 C ; M.-M. Davy, *id.*, t. II, p. 203.

(54) Voir saint BERNARD, Sermon VI, 1 *De diversis*, P. L. *id.*, c. 557.

un petit nombre d'hommes, c'est-à-dire aux parfaits, à l'exclusion de la majorité. Le symbole se présente à tous, il s'offre au regard avec magnificence de la même manière que le soleil éclaire les bons et les méchants (*Matth.*, v, 45). Le choix relève des hommes, de leur appétit, de la qualité de leur amour, de leur liberté, du sens de leur recherche. Si le symbole est rarement envisagé dans la profondeur .de son contenu, c'est uniquement parce que les hommes s'en détournent ou mieux ils ne le remarquent pas. Quant à l'homme qui appréhende le mystère du symbole et le vit en lui-même, il n'émet pas le vœu de s'écarter de la collectivité, il souffre de ne point pouvoir partager son trésor. Ce n'est pas lui qui s'écarte d'autrui, c'est autrui qui s'éloigne de lui. Qu'il s'agisse du XIIᵉ siècle ou de toute autre période, la réalité est identique et l'homme est toujours le même. Il préfère l'avoir à l'être, le profane au sacré, le terrestre au céleste, un compagnon de jeu pour partager ses plaisirs, plutôt qu'un maître qui l'entraîne.

Plus une époque est confessionnelle — tel le XIIᵉ siècle — plus elle est ambiguë, car le religieux peut dériver dans un pseudo-spiritualisme qui n'est alors qu'un charnel déguisé, temporalisé, mis à profit et par conséquent devenu mensonger, ou bien encore n'être qu'un sous-produit du rationalisme ; dans ces deux cas le charnel est plus authentique et de ce fait préférable.

Seuls les mystiques, les poètes, les artistes sauvent la réalité du symbole, c'est à travers eux qu'il convient de le chercher. Le philosophe dans la mesure où il est l'ami de la sagesse est capable de saisir le contenu du symbole. L'intellectuel a l'avantage du savoir, toutefois ce savoir peut ne pas s'épanouir en connaissance, et désigner par conséquent une forme d'ignorance privée d'amour.

Pour nos auteurs du XIIᵉ siècle l'âme-épouse peut accéder aux secrets, aux mystères ineffables, elle seule pénètre dans la chambre nuptiale après avoir parcouru la voie ascendante éclairée par la présence des symboles. Participant à la « lumière vivante » dont parle sainte Hildegarde, la voici, telle la femme de l'*Apocalypse* (XII, 1), revêtue du soleil.

CHAPITRE II

LES SIGNES DE LA TERRE TRANSFIGURÉE

L'homme du XIIe siècle possède une exacte connaissance de sa situation : il est pèlerin de la Jérusalem céleste, et de ce fait voué à une marche ascendante. Relié à un monde invisible dans lequel il se meut, il sait d'où il vient et où il va. Sa certitude relève de sa foi. Que cette foi se développe à l'intérieur de l'Église ou qu'elle prenne le visage de l'hétérodoxie, elle demeure vivante. Le moine y répond à l'intérieur de son cloître, le professeur dans son enseignement ; l'artiste en témoigne sur la pierre ou par la couleur. L'homme simple tourne son regard vers le ciel dont il attend un peu de clémence et de protection, car ses maîtres sont parfois oublieux de sa dignité d'homme. La foi aussi anime ceux qui s'insurgent contre une Église riche et puissante en la personne des papes ou des évêques.

Le retour aux sources, c'est-à-dire aux premiers temps de la vie chrétienne, se présente au XIIe siècle comme à toutes les époques. Chaque période se pense neuve avec des découvertes proportionnées au temps auquel elles appartiennent, chaque siècle vit son drame avec plus ou moins d'intensité en faisant le bilan de sa grandeur et de sa misère. Ce retour aux sources naît d'un désir de pureté et d'authenticité. Il est le fruit aussi d'un désir d'évasion. Tenter de faire surgir le passé est une manière de s'y réfugier en évitant de faire face au réel qui se manifeste dans le présent.

Quand les moines du XIIe siècle évoquent les Pères du Désert, leur propre vie leur apparaît médiocre et fade. Les Pères du Désert prennent à leurs yeux figure de héros, car faute d'en reconnaître dans son époque, on projette dans le passé le halo du sublime dont on est toujours frustré. Toutefois la pneumatologie des premiers siècles chrétiens n'est pas entièrement absente du XIIᵉ siècle ; la sclérose viendra plus tard, elle s'infiltrera sournoisement dans la mesure où les valeurs spirituelles seront prostituées aux formes sociales, et mises au service de celles-ci.

A l'époque romane le spirituel n'est pas dégradé, il commence à s'affaiblir, mais il est encore vivant ; l'invisible n'est pas délié du visible qui l'exprime. De cet invisible, il importe de témoigner.

Chaque période à son mode de penser et de langage et rares sont les esprits subtils qui peuvent échapper aux limites imposées par leur temps, et cela d'autant plus que leurs contemporains n'hésiteraient guère à lapider ceux qui sortiraient de leurs rangs. Or peu d'hommes ont le goût d'être assassinés ! C'est ainsi qu'on peut aisément dégager dans une période déterminée une façon de s'exprimer, de la même manière qu'il existe une forme de se vêtir. Les siècles jugés les plus indépendants demeurent malgré tout à l'intérieur des frontières dressées par des coutumes et des habitudes. Le XIIᵉ siècle en dépit de sa « renaissance » ne saurait enfreindre ces lois.

Un propos d'Alain est ici éclairant. « L'homme qui se couche dans l'herbe — dira-t-il — y écrit sa forme comme ferait un chien ou un lièvre ; et puisque l'homme pense, et qu'il se roule selon ses pensées, je puis dire que l'homme écrit ses pensées dans un lit d'herbes. A vrai dire, il n'est pas facile de lire cette écriture ; c'est pourquoi tous les arts plastiques font énigme (1). » Du fait que l'homme est une énigme mouvante il tend à échapper à la réflexion, mieux vaut regarder « le moule en creux, la trace d'un pied, et, par une suite naturelle, la statue elle-même, comme les voûtes, les arcs, les temples où l'homme inscrit son propre passage (2) ». Cette longue citation d'Alain a pour but de montrer la nécessité d'examiner les œuvres d'art ou d'écriture comme autant d'énigmes pour signaler la présence de l'homme roman.

Si un type d'homme est représentatif du XIIᵉ siècle, il est certain que la trace laissée par une Héloïse sera différente de celle d'une prophétesse comme Hildegarde, celle d'un Bernard n'aura pas les caractéristiques d'un Suger, ou d'un troubadour. Ceci pour affirmer une fois de plus que les pensées des hommes romans sont diverses, même à l'intérieur d'une mentalité symbolique.

(1) *Les arts et les dieux*, Collection « La Pléiade », Paris, 1958, p. 1210.
(2) *Id.*, p. 1211.

Il convient d'éviter de considérer le xiie siècle avec notre regard moderne. Qu'on le veuille ou non, qu'une telle certitude apparaisse regrettable, il est bien certain que seul un petit nombre d'esprits à l'époque romane est capable de comprendre les symboles dans leur réalité. Dans ce siècle, l'élite est monastique, mais le petit peuple croupissant dans l'ignorance détient, à sa manière, une certaine sagesse. Celui-ci ignorait l'écriture, mais il vivait près de la nature et cette nature il l'aimait ; cet amour le rendait perspicace au sens où les bergers dans les vieux contes possèdent la connaissance, celle-ci s'exprimait par exemple dans la distinction de la propriété des herbes ou dans l'interprétation de la voix des animaux.

L'homme du xiie siècle, qu'il soit moine ou laïc, propriétaire ou manant, détient une forme de sagesse dont nous trouvons les traces dans sa recherche, ses amours et dans son esprit. Ce que nous prenons parfois pour naïveté s'apparente à la fraîcheur d'une âme capable d'enthousiasme et de ferveur.

I. *Les traces de la Présence divine.*

Il se présente au xiie siècle une aspiration à la connaissance liée à une intuition originelle en rapport constant avec le moi profond. Cette intuition doit être envisagée comme l'effet d'une *sympathie* transportant « à l'intérieur d'un objet pour coïncider avec ce qu'il a d'unique et par conséquent d'inexprimable (3) ». Bergson a montré comment il est possible de faire coïncider le réel avec la conscience dans la mesure où est éliminé tout ce qui risque de faire obstacle à l'appréhension du réel (4). C'est par l'ascèse des sens et plus encore du cœur que les moines détruisent ces obstacles, d'où l'importance donnée au dépouillement considéré sous ses diverses formes. Seul le regard purifié peut saisir la présence du symbole et en percevoir la signification.

Certes les hommes du xiie siècle ne savent pas toujours par eux-mêmes distinguer les symboles dans les images qu'ils peuvent contempler sur la pierre de leurs églises romanes. Ils sont dirigés, enseignés et en quelque sorte conduits. L'atmosphère religieuse qui les imprègne leur permet de ne pas errer et de découvrir l'essentiel car « les hommes croient plus volon-

(3) Cf. Bergson, *La pensée et le mouvant,* p. 205 et Gaston Mauchaussat, *La liberté spirituelle,* Paris, 1959, p. 141.
(4) Voir à ce propos Gaston Mauchaussat, *id.,* p. 142.

tiers ce qu'on leur raconte que ce qu'ils voient (5) ». Cette phrase d'Alain est particulièrement valable pour l'époque qui nous concerne car peu nombreux sont les esprits critiques qui pensent par eux-mêmes, non point qu'ils en soient incapables, mais le milieu dans lequel ils vivent ne les incite point à la liberté de pensée et d'expression : d'autres pensent pour eux. Cependant la mentalité symbolique est connaturelle à des hommes intimement liés et nourris par le monde invisible tel un embryon aliment par la mère qui le porte dans son sein.

La perception de la réalité du symbole rencontre la réalité du moi profond ; bien entendu il importe de ne pas confondre ce moi spirituel avec la conscience d'ordre psychologique. C'est pourquoi l'homme roman non seulement n'est pas dépaysé par la présence du symbole, bien au contraire il retrouve sa propre patrie, il communie avec ce qu'exprime le symbole et perçoit en lui-même un écho de ce qu'il appréhende. De même que l'enfant distingue dans ce qui l'entoure ce dont il a besoin de réponses à ses questions, l'homme du XIIe siècle trouve dans l'art une réponse à son appétit spirituel et à ses problèmes.

Le symbole crée un rapport entre la source originelle de l'homme et sa finalité, c'est-à-dire qu'il conduit l'homme de son origine à son terme, cette origine et ce terme étant l'un et l'autre divins.

De l'attention donnée à la recherche de la présence divine naît la vigilance exercée à l'égard des signes qui la manifestent. Dans son voyage terrestre le symbole sera la manne qui nourrit le pèlerin sur sa route désertique, et non seulement le réconforte mais devient une preuve de la direction juste de son orientation. Quand l'expérience de Dieu est vivante en lui, l'homme savoure cette rencontre ; si Dieu paraît absent, l'homme cherche des signes, des traces afin de le retrouver.

Cette origine et cette finalité de l'univers roman, il importe de les exprimer. L'homme perçoit obscurément la communauté de sort et de destin qui le lie à l'univers, et cela d'autant plus qu'il découvre dans cet univers une sacramentalité qui constitue pour lui une véritable nourriture spirituelle. Ce monde suspendu à Dieu lui apparaît rempli de nombreux mystères que la connaissance physique et cosmique n'épuise pas. Il veut le décrire, le connaître et l'expérimenter. Or plus une chose est mystérieuse, plus elle est insaisissable dans le langage commun. Le sacré est par excellence ce qui ne saurait être circonscrit par des mots. D'où le rapport fréquemment

(5) Cf. *Les arts et les dieux, id.*, p. 1210.

évoqué entre le sacré et le secret. Le sacré n'appartient pas au domaine du profane ; la réalité suggérée par le symbole n'est jamais illusoire. Il convient donc de trouver une sorte de truchement pour traduire l'inexprimable. Ainsi dans le dialogue du *Cantique des Cantiques*, l'Époux et l'Épouse — nous l'avons vu — pour désigner leur amour doivent faire appel à des expressions secrètes pour le non-initié, tandis que dans le langage entre le serviteur et son maître, les termes usuels suffisent. Comment déterminer la beauté du soleil et son rôle, l'eau purificatrice, le Paradis avec ses portes et son arbre ? Comment communiquer à autrui la puissance de Dieu et l'étendue de son règne ? Pour que le Logos se révèle, il convient donc de pétrir la matière. Qu'elle soit mot ou pierre, il faut lui donner une forme qui dévoile l'intraduisible et jette un pont entre deux dimensions. D'où la nécessité de recourir au symbole et à l'image dont les théologiens, mystiques et artistes usent largement au XIIᵉ siècle.

Le symbole crée une sorte de transparence, par lui s'opère une présence de soi à soi-même. L'homme est orienté, il rencontre son Moi véritable et s'achemine sur une voie de délivrance. Le symbole fait éclore le corps spirituel ou corps de résurrection. De même qu'il existe une « capacité de Dieu » (*capax Dei*), on peut justement parler d'une capacité de symboles (*capax symbolorum*). Le symbole est chargé de vie dans la mesure où il est perçu par un mouvement de l'âme qui se dirige de la périphérie vers le centre. Dans notre existence quotidienne, nous regardons et nous jugeons selon notre état et notre point de vue. L'un et l'autre se modifient constamment. Les choses sont pour une conscience moyenne exactement ce qu'elles représentent pour elle. Il en est de même pour le symbole. Il peut ne pas être saisi par défaut de vision.

Si on le lie au temps, sa caducité apparaît aussitôt. Dans la mesure où il se présente comme un mode de langage, révélant une connaissance, il est dévoilement d'une marche ascendante rompant avec le provisoire. De ce fait il appartient à une terre transfigurée.

2. *Le temps du symbole.*

Le temps du symbole est un temps sacralisé qui ne peut se concevoir qu'à travers une parfaite unicité. Il est comparable au temps biblique envisagé dans son réalisme dynamique. A ce propos, l'ouvrage d'André Neher sur *L'essence du prophétisme* s'offre comme le meilleur des guides à l'égard des diffé-

rentes perspectives du temps (6). Ce n'est donc pas en fils
d'Athènes mais en tant que fils de Jérusalem (7) que le temps
du symbole doit être examiné.

Le symbole se présente comme un absolu. Pour le saisir, il
convient d'éprouver en soi-même une nostalgie de la connaissance, une ouverture constante, un appétit. Dans la mesure de
ce désir de connaissance, de cette ouverture, de cet appétit, le
symbole livre son contenu, ou mieux il se révèle, car la
connaissance symbolique est comparable à une révélation.

Cette révélation possède à la fois un caractère personnel et
impersonnel. Personnel, car la révélation liée au symbole
dépend du niveau de celui qui la reçoit. Impersonnel, car elle
est toujours semblable et ne varie pas dans le temps. Si la
connaissance symbolique se présente comme une communion, elle ne consiste pas uniquement dans l'union de celui qui
appréhende avec le contenu appréhendé, elle dépasse ces limites. Comme toute révélation, elle exige la transmission tout en
étant incommunicable. Ce paradoxe, nous le retrouvons dans
le temps, dans la mesure même de sa sacralisation.

Le symbole se présente donc comme un support à travers
lequel l'absolu pénètre le relatif, l'infini le fini, l'éternité le
temps. Grâce à lui un dialogue s'engage et une transfiguration
s'opère : le transcendant s'impose. Dieu veut se révéler à
l'homme, le symbole permet d'entendre sa voix. Il ne s'agit
pas de contacts fugitifs et éphémères, ou du moins les
contacts ne sont fugitifs et éphémères que dans la mesure où
celui qui en est le lieu est incapable de retenir en lui le connu,
de le faire passer dans son existence et d'en vivre.

Dans ce sens il est possible de comparer le symbole à la
prophétie. Le prophète – écrit André Neher – assume la révélation qui lui fait ressentir l'apparition du transcendant, avec
la même intensité que n'importe quel homme religieux. Mais,
adopté par Dieu, il est, de plus, introduit avec lui dans l'affrontement du non-transcendant, dans une position de
conquête à l'égard du temps, dans une histoire (8).

Il existe trois manières différentes de considérer le temps.
Sous sa forme cosmique, avec l'alternance des nuits et des
jours, des saisons, des révolutions des astres. Ce temps est
cyclique ; il possède ses cataclysmes, sa sécheresse, ses inondations et ses conflits entre l'homme et la nature. Ce temps se

---

(6) Paris, 1952. Ce livre ouvre des perspectives infinies.
(7) On se souvient du titre de l'ouvrage de CHESTOV, *Athènes ou Jérusalem ?*
(8) *Id.,* p. 2.

calcule mathématiquement et nous le connaissons par les calendriers et les horloges. Sur le plan religieux, ce temps possède ses rites, ses fêtes liées à la végétation. Le temps de l'homme et celui de la nature se conjuguent dans des réussites, des échecs, une tension.

Par contre le temps historique est tendu vers le futur, il s'élance en avant. Ses bonds se soldent par des événements. C'est uniquement dans la mesure où il est éclairé par le temps existentiel qu'il peut échapper à la comédie et à la caricature. Dans ce sens Nicolas Berdiaev parlera de « métahistoire » (9). L'homme appartient à l'histoire, il possède sa propre histoire il se projette constamment dans le flux du temps qui par lui-même est insaisissable. Qu'il se tourne vers son passé, qu'il tente de retenir le présent, qu'il regarde l'avenir, le voici devenu la proie des incidences, des imaginations, de la mort constante, de la répétition.

La troisième manière de considérer le temps est encore plus complexe. Il s'agit du temps mystique (selon André Neher), du temps existentiel (pour Nicolas Berdiaev). Ces deux maniè-res de considérer le temps sont d'ailleurs identiques. « C'est le temps de l'extase, de l'homme qui sort de soi-même, de sa condition et, par conséquent, du temps. Ce n'est pas de temps qu'il faudrait parler, mais plutôt d'expérience, d'une expérience ponctuelle, opposée à l'expérience étalée du temps (10). » C'est le temps de l'acte créateur et de la liberté, « la puissance créatrice est tournée vers l'éternité, vers ce qui est hors du temps (11) ».

Ce temps est véritable et non illusoire, il exige dans son point central la rencontre de l'Absolu et du relatif, il se meut dans un mouvement vertical, il désigne un temps vivant.

L'expression *in illo tempore,* que nous lisons dans la Bible et qui se retrouve au début des légendes sous la forme « il était une fois », indique un temps dans lequel passé et futur ne sauraient intervenir. *In illo tempore* signifie à la fois une sortie du temps et une entrée dans l'éternité, c'est un temps accessi-ble dès maintenant. « On demande au chrétien — dira Mircea Eliade — de devenir le contemporain du Christ : ce qui implique aussi bien une existence concrète dans l'histoire, et la contemporanéité de la prédication, de l'agonie et de la résurrection du Christ (12). »

(9) *Essai de métaphysique eschatologique,* Paris, 1946, p. 191.
(10) Cf. André NEHER, *id.,* pp. 78-79.
(11) N. BERDIAEV, *id.,* p. 190.
(12) *Images et Symboles,* Paris, 1962, p. 227.

Ce présent échappe à l'usure du temps, il brise en quelque
sorte le *continuum* historique au sens même où saint Paul fait
allusion à l'homme extérieur qui dépérit et à l'homme intérieur qui se renouvelle de jour en jour (cf. *II Cor.*, IV, 16). Le
Christ incarné subit dans son enfance les lois de croissance :
homme, il meurt ; Verbe, il transcende le temps historique. Il
se situe dans le temps et hors du temps.

C'est à l'intérieur de ce temps sacré que se situe le temps du
symbole. Il concerne le temps de l'homme intérieur, de l'homme spirituel, de l'homme orienté, c'est-à-dire ordonné, sorti de
son chaos. Le symbole — tel Josué — arrête le soleil, car le
temps sacralisé est au-delà du temps créé dans le monde dont
saint Augustin a pu dire : « Le monde n'a pas été créé dans le
temps, mais avec le temps (13). » Ce temps qui accompagne
l'apparition du monde, le symbole ne le reconnaît pas, du
moins il le dépasse. « Du point de vue de l'histoire des
religions — précise Mircéa Éliade — le judéo-christianisme
nous présente l'hiérophanie suprême : *la transfiguration de
l'événement historique en hiérophanie.* Il s'agit de quelque
chose de plus que la hiérophanisation du Temps, car le Temps
sacré est familier à toutes les religions. Cette fois, c'est l'événement historique comme tel qui révèle le maximum de trans-
historicité : Dieu n'intervient pas seulement dans l'histoire,
comme c'était le cas du judaïsme ; il s'incarne dans un être
historique... l'existence de Jésus est une théophanie totale ; il y
a là comme un audacieux effort pour *sauver l'événement
historique* en lui-même, en lui accordant le maximum d'être
(14). »

Parlant de l'architecture, Alain emploie l'expression
d'« arts en repos (15) ». Ce terme signifie un au-delà de la
durée, du mouvement. Il s'apparente à la contemplation. Saint
Bernard fait mention du solstice éternel. C'est là une vision du
repos, de l'immuable dans lequel il n'existe ni passé ni futur ;
le solstice éternel est une abolition du temps. Son seul mouvement — d'ailleurs incessant — se produit dans un sens vertical et non horizontal : il est approfondissement.

Le symbole s'inscrit dans cet état de repos, il ne se situe
point dans l'éphémère. Le ciel et la terre passeront (*Matth.*,
XXIV, 35 ; *Marc*, XII, 31 ; *Luc*, XXI, 33). Le symbole ne relève
point d'un tel ciel et d'une terre condamnés à disparaître, fils
de l'éternité il appartient au solstice éternel.

(13) P. L. XLI, c. 322.
(14) *Images et Symboles*, id., pp. 223-224.
(15) *Les arts et les dieux*, id., p. 340.

3. Définition du symbole.

Il nous est possible maintenant d'aborder le symbole et de tenter de le définir à l'époque qui nous concerne.

Qu'est-ce que le symbole et quel est son usage ? Comment le différencier de l'allégorie ? Il convient au XIIe siècle de distinguer des attitudes différentes. Ainsi les maîtres de l'école de Saint-Victor n'auront pas à ce propos le même comportement que ceux de l'école de Chartres. Mais le principe est toujours identique, et c'est sur un plan général qu'il importe tout d'abord de définir le symbole en déterminant ensuite ses applications à l'intérieur du cadre roman.

Les *Étymologies* d'Isidore de Séville auxquelles les auteurs et imagiers du Moyen Age ont volontiers recours, précisent ces deux termes (16). L'allégorie est étrangère au langage habituel, elle est dite *alieniloquium*. Car autre est le son, autre le sens qu'il convient de saisir. Semblable à une pierre précieuse, l'allégorie possède une signification différente de la forme qu'elle revêt. En effet, selon Isidore de Séville, le son ou la forme ne correspondent pas à la réalité. Quant au symbole, Isidore interprétant l'étymologie grecque de ce mot, le saisit comme un signe (*signum*) donnant accès à une connaissance. En grec le mot συμβολον désigne aussi la tessère (tablette), dont la moitié était donnée aux hôtes afin de pouvoir toujours les reconnaître. Les villes l'employaient avec leurs visiteurs et les premiers chrétiens s'en servirent également comme signe de ralliement. Une telle interprétation n'est pas éloignée de celle de Jamblique qui définit le symbole en montrant qu'il présente un signe, et que ce signe établit un rapport. Jamblique spécifie encore que ce terme désigne couramment une convention secrète chez les Pythagoriciens (17). Pour Jean Scot Érigène, le symbole est un signe sensible qui offre des ressemblances avec les réalités immatérielles. Les ressemblances peuvent être pures ou confuses. Pures elles sont exactes, confuses elles sont mêlées de dissemblances (18).

Les auteurs modernes n'apporteront pas de précision plus

(16) *Etymologiarum,* VI, 19, 57 et I, 37, 22, éd. Lindsay, Oxford, 1911.

(17) JAMBLIQUE, *De vita pythagorica,* XXIII, éd. Teubner, Leipzig, 1937, p. 59.

(18) *Per symbola, hoc est, per signa sensibilibus rebus similia, aliquando ei pura, aliquando, dissimilia et confusa.* (*Expositiones super Hierarchiam caelestem,* P. L. 122, c. 132.)

essentielle sur le sens de ce mot, mais ils auront l'avantage d'en signifier l'emploi et l'utilisation. Selon R.A. Schwaller de Lubicz, dans son étude du symbole et de la symbolique (19), « le symbole est un signe qu'il faut apprendre à lire, et la symbolique est une écriture dont il faut connaître les lois ; celles-ci n'ont rien de commun avec la construction grammaticale de nos langues ». Mircea Éliade dira que « le symbole, le mythe, l'image appartiennent à la substance de la vie spirituelle... la pensée symbolique... précède le langage et la raison discursive. Le symbole révèle certains aspects de la réalité — les plus profonds — qui défient tout moyen de connaissance (20) ».

Pour Jung, le symbole se situe au centre de la psychologie analytique. Il unifie aussi bien le conscient que l'inconscient, l'avenir que le passé. De cette actualisation, il offre un présent. Dans cette complémentarité du conscient et de l'inconscient, le symbole détermine une préfiguration de l'évolution du sujet qui contemple le symbole. Ici interviennent non seulement l'état du sujet, sa richesse acquise, c'est-à-dire son passé, mais le groupe humain auquel il appartient. Il conviendrait d'introduire le plan des archétypes et de l'inconscient collectif. (Rappelons que les archétypes concernent le spirituel, tandis que les instincts se rapportent à l'état biologique [21].)

Jung oppose le symbole au signe et à l'allégorie. Il écrit : « Toute conception qui explique l'expression symbolique comme une analogie ou comme une description abrégée d'une chose connue est "sémiotique" (22). » Il ajoute encore : « Aucun symbole n'est simple. Simples ne sont que le signe et l'allégorie. Car le symbole recouvre toujours une réalité complexe qui est tellement au-delà de toute expression verbale, qu'il n'est guère possible de l'exprimer d'un seul coup (23). »

La phénoménologie husserlienne pourrait très justement être employée à l'égard du symbolisme. Les définitions trop précises risquent d'entraîner dans l'erreur, car les définitions sont elles-mêmes provisoires. « Ce sont des implications successives que Husserl cherche à découvrir », écrit Gaston

(19) Le Caire, 1951, p. IX.

(20) Mircea Éliade, *Images et Symboles,* Paris, 1952, p. 12.

(21) *Ueber die Energetik der Seele,* Zürich, 1928, p. 89.

(22) *Psychologische Typen,* Zürich, 1946, p. 674. *Sémiotique* veut dire chargé de signe, possédant un caractère de signe.

(23) C.G. Jung, « *Das Wandlungssymbol in der Messe* », dans *Eranos-Jahrbuch,* 1940-1941, Zürich, p. 130.

Berger (24). En effet, « les recherches ont un caractère de relativité pénible, mais cependant inévitable ; elles sont provisoires et non définitives comme on l'aurait voulu, et cela parce que, sur le plan où elle s'est établie, chaque recherche triomphe de quelque naïveté, mais porte encore avec elle la naïveté inhérente à ce plan et qu'il faudra dépasser à son tour par des recherches plus pénétrantes (25) ». Les analyses du symbole seront des analyses « intentionnelles », tendant à « dévoiler les implications intentionnelles ».

Ainsi le symbolisme découvre un monde nouveau. Toute construction dialectique est dépassée, il faut revenir à la nature intuitive de l'entendement. Le symbolisme se situe sur le plan des essences, c'est pourquoi la phénoménologie husserlienne peut jouer ici un rôle considérable. Introduit à l'intérieur d'une démarche phénoménologique, le symbolisme prend normalement sa place dans l'ordre de l'intelligence et non dans celui de la vie, il ouvre une voie donnant accès à l'intuition des essences. Telle la science pure, le symbolisme est une science impersonnelle. Si on accepte de placer le symbolisme dans la « nouvelle subjectivité » (26) inaugurée par Husserl, un nouvel éclairement surgit.

Pour les hommes du XIIᵉ siècle, seuls les symboles et les images seront adéquats pour rendre la communication possible. Notons d'ailleurs que le symbolisme est sans doute la manière la plus certaine de conserver une tradition initiatique et religieuse. Pour expliquer le problème de la connaissance, Platon n'a-t-il pas eu recours au symbole de la caverne ? « Si l'esprit utilise les Images pour saisir la réalité ultime des choses, expliquera Mircea Éliade dans son excellent ouvrage *Images et Symboles,* c'est justement parce que cette réalité se manifeste d'une manière contradictoire, et par conséquent ne saurait être exprimée par des concepts (27). »

Le symbole se présente donc comme un signe. Il est signe de l'invisible, du spirituel, du lointain. Le symbole révèle le mystère tout en le protégeant du regard indiscret. En tant que revêtement, il le voile ; cependant, il désigne une voie d'approche. En s'offrant au regard capable de percevoir, à l'entendement en capacité de le saisir, il offre son contenu tout en

(24) *Le cogito dans la philosophie de Husserl,* Paris, 1941, p. 14.

(25) Edmund HUSSERL, *Formale und transzendentale Logik,* Halle, Niemeyer, 1929, p. 239. Cité par Gaston Berger, *id.,* p. 15.

(26) Voir à ce propos les pages très denses de Raymond ABELLIO, *Assomption de l'Europe,* Paris, 1954, p. 59.

(27) Mircea ÉLIADE, *Images et Symboles, id.,* p. 17.

demeurant une énigme indéchiffrable pour celui qui, privé des dispositions requises, est aveugle et sourd pour en saisir la vision et en discerner l'appel.

Le symbole s'adresse davantage à l'ouïe qu'au regard. Parmi les sens intérieurs qui doublent les sens extérieurs, l'ouïe l'emporte sur les autres. « Tu désires voir, écoute — écrit saint Bernard — l'audition est un degré vers la vision. » Seule l'oreille attentive et vigilante est en capacité de percevoir la voix du silence. Or le symbole est analogue au « cri dans le désert », personne n'est assez attentif pour le distinguer en dehors de celui qui a réalisé en lui-même le désert. Le symbole ne s'impose pas.

Dans les représentations du mystère de l'Annonciation, l'Esprit Saint se montre parfois sous la forme d'une colombe placée près de l'oreille de la Vierge. Entre la colombe et l'oreille, quelques traits symbolisent le vent, le souffle de l'Esprit Saint. Le souffle émanant du symbole est comparable à une brise qui anime l'étincelle divine que chaque homme porte en lui. Quand celle-ci devient vivante, l'homme est réintégré dans son état originel. C'est pourquoi la vie mystique se présente comme un retour au Paradis originel. Toute expérience mystique, qu'elle concerne les primitifs ou la pensée chrétienne, implique « le recouvrement de la condition paradisiaque primordiale (28) ». D'où ce propos de Mircea Éliade : « *L'équivalence vie mystique = retour au Paradis n'est pas un hapax judéo-chrétien, créé par l'intervention de Dieu dans l'histoire; c'est une "donnée" humaine universelle d'une incontestable ancienneté (29).* »

4. La fonction du symbole.

La fonction du symbole est de relier le haut et le bas, de créer entre le divin et l'humain une communication telle qu'ils deviennent conjoints l'un à l'autre. Il ne s'agit pas de célébrer « le mariage du ciel et de l'enfer » suivant l'expression de William Blake, mais les noces du divin et de l'humain. Mircéa Éliade a montré que non seulement le symbole « *prolonge* une hiérophanie ou qu'il s'y *substitue* », mais que son importance vient de ce « qu'il peut continuer le processus d'hiérophanisation et surtout parce que, à l'occasion, *il est lui-même une hiérophanie,* c'est-à-dire qu'*il révèle une réalité sacrée ou*

(28) Mircea ÉLIADE, *id.,* p. 221.
(29) *Id.* Phrase en italique dans le texte.

cosmologique qu'aucune autre "manifestation" n'est à même de révéler (30) ». Ainsi le symbole dans sa réalité profonde atteste la présence du divin, il cerne le sacré et de ce fait il est comparable à une révélation. L'homme éprouve ainsi une expérience, expérience plus ou moins ineffable du divin. Celle-ci revêt des formes diverses, dépendant du point de la trajectoire sur laquelle les symboles se situent et du niveau spirituel de l'homme qui devient le sujet de cette expérience. Qu'il soit tellurique, végétal, animal, solaire, etc., le symbole contient toujours un dynamisme proportionné à ce qu'il exprime. Il existe donc une échelle des symboles comprenant toute une gamme hiérophanique concernant le sacré, mais l'abordant sur son seuil ou dans son centre. Pour l'homme roman, si la fonction du symbole est toujours de l'unir à Dieu il apparaît évident que plus un symbole s'en rapproche sur la voie ascensionnelle, plus il répond à sa réalité. Ainsi le Christ se présente comme un symbole parfait, qu'il s'agisse de l'incarnation elle-même ou de la divinisation de l'homme (31).

Le symbole par son caractère sacral échappe aux limites du monde profane. Il indique toujours une sorte de relais sur la voie reliant le visible à l'invisible. Par là même il est irruption dans notre monde de quelque chose qui n'appartient pas à ce monde. Rudolph Otto fait allusion à l'absolument autre, *das ganz Andere*. Quand l'homme vit dans un univers relié à Dieu — comme au XIIe siècle — tout est pour lui virtuellement sacré. Ainsi pour Grégoire de Nysse, le profane, le séparé de Dieu n'existe pas. L'opposé du sacré étant le démoniaque (32).

Toutefois sur le plan sacral le symbole demeure polyvalent. Il révèle des sens différents, voire contraires. Présente-t-il des couples il peut, par cela même, faire naître des oppositions. Ainsi le symbole semble ambigu du fait de la dualité de ses antinomies : par exemple midi-minuit, jour-nuit, terre des ténèbres-terre transfigurée, lumière-ténèbres. Au cœur même de ces zones du réel qu'il exprime, tout symbole demeure le signe d'une réalité transcendante, concernant le sacré, le divin, incorporant tous les symboles qui le précèdent, incluant tous les symboles qui lui succèdent sur une voie ascendante. D'où cette chaîne symbolique unifiante, ne séparant que pour

---

(30) *Traité d'histoire des religions,* Paris, 1953, p. 381.
(31) Cf. Mircea ÉLIADE, *id.,* p. 382.
(32) Cf. P. G., XLIV, c. 192. Cf. sur le sacré, Paul EVDOKIMOV, *L'orthodoxie, id.,* p. 203, note 6. Voir à ce propos l'excellent livre de Roger CAILLOIS, *L'homme et le sacré,* Paris, 1950.

relier, n'annexant la totalité que pour la sacraliser. A travers ces différents échelons du symbole, le sacré circule telle une sève. Tout ce qui se trouve entraîné dans ce circuit est non pas retenu dans un sens possessif, mais porté à la plus grande perfection, éclairé, illuminé, transfiguré.

Parlant de la « logique des symboles », Mircea Éliade insiste très justement sur « le désir d'*unifier la création et d'abolir la multiplicité* (33) » reliant ainsi l'irréductible ou tout au moins dénonçant les apparences de l'irréductible. A cette absorption l'homme lui-même n'échappe pas : il se présente en tant que symbole : « L'homme ne se sent plus un fragment imperméable, mais un Cosmos vivant ouvert à tous les autres Cosmos vivants qui l'entourent. Les expériences macrocosmiques ne sont plus pour lui *extérieures* et, en fin de compte, " étrangères " et " objectives " ; elles *ne l'aliènent pas de lui-même,* mais au contraire le conduisent à lui-même, lui révèlent sa propre existence et son propre destin (34). »

Ce propos de Mircea Éliade permet de comprendre le rôle cosmique du symbole et de l'homme lui-même en tant que symbole et contemplateur de la réalité cosmique.

L'homme roman veut communiquer à autrui un univers s'affirmant dans une unité pafaite dont l'ordonnateur est Dieu. La présence de Dieu au sein de l'univers est donc à la base de l'enseignement du XIIe siècle. Or comment manifester la nature ou la présence de Dieu, si ce n'est par symboles ? A cet égard, un texte de Maxime de Tyr évoque parfaitement ce que nous voulons exprimer : « Dieu, le Père de toutes choses et leur créateur, est antérieur au soleil et plus ancien que le ciel ; plus fort que le temps et que l'éternité, et plus fort que la nature entière qui passe... Son nom est indicible et les yeux ne sauraient le voir. Alors, ne pouvant saisir son essence, nous cherchons notre aide dans les mots, dans les noms, dans les formes animales, dans les figures... dans les arbres et les fleurs, les sommets et les sources. C'est dans le désir de le comprendre que, dans notre faiblesse, nous prêtons sa nature aux beautés qui nous sont accessibles... C'est une passion semblable à celle de l'amant, auquel il est si doux de voir un portrait de l'être aimé, ou même encore sa lyre, son javelot... N'importe quel objet qui réveille son souvenir (35)... »

Selon Suger, l'abbé de Saint-Denis, « notre esprit borné ne

(33) Mircea ÉLIADE, *id.,* p. 387.

(34) *Id.,* p. 388.

(35) *Philosophumena, Oratio,* II, 9-10, éd. H. Hobein, Teubner, Leipzig, 1910, pp. 27-28.

peut saisir la vérité que par le moyen des représentations matérielles ». Sur la façade de son église abbatiale, une inscription magnifie la beauté de l'art : « Ce qui rayonne ici au-dedans, la porte dorée vous le présage : par la beauté sensible, l'âme alourdie s'élève à la véritable beauté, et de la terre où elle gisait engloutie, elle ressuscite au ciel en voyant la lumière de ces splendeurs (36). »

Sur le plan concret, le symbole est à la fois un véhicule universel et particulier. Universel, car il transcende l'histoire. Qu'il soit primitif, juif, chrétien, tout symbole, indépendamment de la tradition à laquelle il appartient, présente un caractère universel. Il est particulier, car il s'adapte à une époque précise. Il offre ainsi une double réalité : une réalité sacrale universelle qui est propre à tel ou tel thème ; une réalité particulière qui s'incorpore dans une époque déterminée. L'étude des parallèles symboliques permet de saisir le comportement universel humain à l'égard de la réalité appelée communément Dieu. Vers cette réalité se dirige « la fonction religieuse » de l'homme, ce que Jung appelle « l'instinct religieux ».

Le symbole se place au-delà de l'histoire, parce qu'il est le lot de l'homme délié de sa situation historique. D'où la quasi-identité des symboles, trouvés à l'intérieur de toutes les religions, dépend moins d'influences réciproques qui ont pu s'exercer dans le temps que de la structure de l'homme. Or, l'homme est partout identique dans la condition humaine, c'est-à-dire qu'il existe un état permanent de l'homme dans les hommes. Ainsi le symbole devra se fixer à l'intérieur de l'histoire, tout en essayant constamment de lui échapper. La religion naturelle présentait une indépendance historique, elle s'adaptait cependant à un mode déterminé de l'entendement. Par contre, nous le savons, le christianisme se place dans l'histoire, car Dieu fait irruption dans l'histoire. C'est pourquoi le langage du XIIᵉ siècle, en empruntant des données universelles, va s'insérer dans une époque chrétienne et entrer au service de la foi : il christianise les symboles.

Ne pensons pas que l'usage du symbole provienne seulement au Moyen Age de son succès chez certains Pères ou qu'il soit l'effet — comme nous l'avons déjà mentionné — d'une pensée philosophique privée d'une solide armature. Les raisons de son exploitation proviennent de la nécessité de tenter d'exprimer le mystère ineffable. Nous devons aussi nous rappeler que le XIIᵉ siècle n'est pas situé à l'intérieur de

---

(36) Suger, *Liber de rebus in administratione sua gestis*, XXVII ; P. L. 186, c. 1229.

l'aristotélisme. Il adopte pour la pensée chrétienne une base platonicienne, et les mythes platoniciens conservent un rôle plus ou moins saisissable.

Nous pouvons discerner l'importance du symbole comme moyen de communication. Les symboles sont autant de signes ; évoquant des réalités, ils sont semblables à des voies, car ils condensent et donnent accès. S'arrêter aux signes serait suspendre une démarche de l'esprit. Dieu se révèle à travers le monde visible, et se tenir uniquement à l'un des quatre éléments, tels le feu ou l'eau, serait oublier celui qui les a faits et les maintient dans l'existence. Eusèbe disait déjà que l'image du feu doit faire penser à « l'essence ignée » et à l'incorruptibilité divine. Se fixer à des signes, c'est donc devenir idolâtre et refuser l'enseignement du symbole qui évoque, mais ne peut attacher à lui-même. Quand saint Paul écrivait aux Romains : « Ils ont changé la majesté de Dieu incorruptible pour des images... des oiseaux, des quadrupèdes, des reptiles » (I, 23), cela signifiait que les hommes se liaient inconsidérément à ces différentes représentations. Or, dans la mesure de la réalité exprimée, le symbole est un moyen pour atteindre la connaissance, il suggère une vision.

5. *Expérience spirituelle et initiation par les symboles.*

Le terme initiatique est d'un emploi délicat quand il s'agit de symbolique chrétienne, car il évoque le sens d'une mise à part, d'un petit nombre de choisis, d'élus séparés de la masse profane. Nous avons déjà eu l'occasion de le dire, et d'ailleurs chacun le sait, le christianisme s'adresse à tous les hommes ; l'initiation chrétienne est en soi accessible à chacun. Si les castes n'existent pas du point de vue social, la sélection se produit sur le plan de la qualité de l'âme ou plus exactement elle consiste dans la présence ou dans l'absence de l'expérience spirituelle. Celle-ci résulte d'un double mouvement : elle est grâce et acceptation de cette grâce. L'expérience spirituelle est comparable à une initiation. Purement intérieure, entièrement spirituelle, elle peut être suscitée par des éléments extérieurs ; dans ce cas il y a toujours mouvement allant de l'extériorité vers l'intériorité, le guru étant le « maître intérieur » dont a parlé saint Augustin.

Un texte de Gilbert de Holland illustre notre propos. Dans son commentaire du XLIIIᵉ *Sermon* sur le *Cantique des Cantiques,* il prête à l'Époux (le Christ) s'adressant à l'Épouse (l'âme), cette invitation pressante : « Ouvre-moi (*aperi mihi*), je suis déjà en toi-même, mais ouvre-moi pour que je sois en toi avec plus de plénitude. Ouvre-moi afin que je puisse accomplir en toi une nouvelle entrée. Je te donnerai la rosée d'un nouvel élan d'amour... je ferai tomber goutte à goutte sur toi les secrets de ma divinité (37). »

Nous avons vu à propos du symbole de l'amour conjugal (38) la nécessité de dépasser l'humanité du Christ afin de parvenir à sa divinité. L'expérience de Dieu est une expérience spirituelle, si elle ne dépasse pas certaines limites elle ne saurait être une expérience du divin. En reprenant le texte de Gilbert de Holland on peut dire que la grâce s'offre dans cet appel : « Ouvre-moi. » L'accepter, c'est « ouvrir », c'est-à-dire reconnaître le signe de la présence et se laisser envahir par cette présence (39). Ce « goutte à goutte de la rosée » dont parle notre auteur en dehors même du symbole qu'il représente en tant que rosée signifie que l'être en raison de son infirmité ne peut recevoir la plénitude de la divinité. L'âme doit se déployer, se dénouer en quelque sorte afin de devenir plus vaste, tel un vase dont les parois pourraient se dilater en raison de son contenu. Dans une telle expérience, l'âme n'est point passive. A l'ouvre-moi de Gilbert de Holland correspond le « je cherche votre face (*faciem tuam requiro*), enseignez-moi (*doce me*) », de Guillaume de Saint-Thierry (40). Si l'expérience spirituelle est tout d'abord un dialogue, elle s'achève dans le silence. Dans cette expérience, ce n'est pas le revêtement du mystère qui se présente, et en quelque sorte le voile, telle une écorce : l'amande s'offre, l'intérieur du fruit apparaît. Ainsi saint Bernard dans un de ses sermons, *De diversis* (XVI, 7), fait allusion à Dieu qui rassasie les saints de la fleur du froment et non de l'enveloppe des mystères : *ubi adipe frumenti, non cortice sacramenti satiabit nos Deus* (41). Il revient plusieurs fois sur ce thème de l'enveloppe du mystère et de la fleur du froment se rapportant à la foi et à la vue face à face (42). Il convient de passer par l'enveloppe pour toucher le grain de blé et s'en rassasier, l'écorce faite de paille ne constitue pas une nourriture pour l'homme spirituel. Seul le

---

(37) *Sermon* XLIII, 2, P. L. 184, c. 226 A.
(38) Cf. *infra*, p. 68.
(39) Cf. p. 66.
(40) *Méd.* VII, éd. M.-M. Davy, *id.*, pp. 166-167.
(41) P. L. 183, c. 582 C.
(42) *Sermon sur le Cantique des Cantiques*, XXXIII, 3, P. L., *id.*, c. 952 C ; M.-M. Davy, *id.*, t. II, p. 21.

charnel comparé par saint Bernard à une bête de somme peut
s'en contenter.

C'est à l'intérieur de la foi que se place l'expérience spirituelle, cependant, d'une certaine manière, elle dépasse la foi
car elle devient certitude. Cette certitude, d'après les mystiques du XIIe siècle, ne détermine pas un état durable, elle se
présente par éclairs, ceux-ci sont comparables à des fentes, à
des échancrures brisant l'écorce et en quelque sorte l'entrou-
vrant.

L'expérience spirituelle initiatique s'opère au centre de l'â-
me, ou mieux de l'esprit en tenant compte de cette triple division : corps — âme — esprit ; ce centre coïncide avec la fine
pointe de l'esprit. La comparaison peut paraître paradoxale,
le centre n'étant pas une pointe. On saisit le contenu de ce
symbole en se rappelant que le centre est un mont, le lieu où le
céleste et le terrestre se rejoignent, un milieu. Ainsi la Vierge
en tant que créature est appelée terre, en tant que Mère du
Christ et Épouse elle est nommée milieu de la terre par saint
Bernard.

A propos de symboles initiatiques, il conviendrait de parler
des sacrements de baptême et d'Eucharistie ; nous ne les
retenons pas car ils n'offrent pas un point de vue particulier
durant la période qui nous retient.

Tout symbole hiérophanique est un symbole initiatique
dont la saisie comporte ses épreuves et son illumination. Si les
corporations, la profession religieuse, le roman du Graal
possèdent leurs symboles initiatiques, il apparaît évident que
la véritable initiation est liée à l'expérience spirituelle. La
reconnaissance des symboles provoque l'expérience spirituelle. Ces symboles remplissent donc une fonction initia-
trice, l'expérience spirituelle — nous l'avons dit — coïncidant
avec une initiation.

L'homme initié, au sens spirituel du terme, est dépourvu de
puissance temporelle. L'*homo carnalis* peut utiliser ses
pouvoirs et s'adonner à la magie. L'*homo spiritualis* se place
sur un tout autre plan. Il a bien un secret — le secret du roi —
et il peut dire avec Isaïe (XXIV, 16) *secretum meum mihi*. Ce
secret appartient à l'ordre de la connaissance et son opération
s'étend uniquement à l'égard de la transfiguration du cosmos.

6. *Attitude à l'égard des images symboliques.*

Dans l'art roman qui, nous le verrons, est un art traditionnel, la spontanéité artistique est un reflet de la spontanéité

divine. Il ne faudra pas être surpris de voir figurer dans l'art
roman des symboles d'origine païenne, car ceux-ci offrent un
sens qui sera utilisé pour une fin distincte de leur destin primitif. Ce ne sont pas seulement les épisodes de l'Ancien Testament qui annoncent le Nouveau (43). Tout devient héritage
pour l'homme du XIIe siècle, et cet héritage, l'imagier en
possède une conscience claire quand il sculpte au portail de
Chartres le Christ Sauveur du monde.

Il convient de se demander si le christianisme a emprunté à
d'autres religions ses divers symboles, ou s'il les a créés lui-
même. Le christianisme comporte de toute évidence une
préhistoire, et celle-ci n'est pas uniquement juive. Mais l'opposition des juifs aux images (rappelons aussi l'opposition
musulmane) restera toujours comme un courant qui aura ses
fidèles adeptes. Qu'on se souvienne par exemple des querelles
iconoclastes ! Nous aurons l'occasion de parler de l'idolâtrie
que peut susciter l'image vénérée par les païens.

Nous pourrions justement nous étonner de l'importance
accordée à l'image au XIIe siècle, en raison même des résistan-
ces que la chrétienté a pu rencontrer dans son propre milieu
au cours des siècles. Les Israélites ont lutté contre les images
(*Deut.*, IV, 16-18). Toute représentation était interdite, parce
que Yahweh refuse les statues. Le monothéisme est tellement
rigoureux qu'il justifie le rejet des statues et des images qui
risquent de s'offrir à la vénération. Cependant cette intransi-
geance ne sera pas toujours observée (les fresques de la synagogue de Dûra-Europos en témoignent). Philon condamne
toute forme plastique (44). Les chrétiens s'élèveront à leur
tour contre les statues païennes. Cependant, dès le IIe siècle,
les tombeaux chrétiens comportent autant de décorations que
les tombeaux païens. La peinture illustre les scènes évangéli-
ques, mais il faut bien avouer que la sculpture n'a guère de
faveur en raison de sa contagion païenne (45). Toutefois, les
représentations du monde gréco-romain devaient influencer la
pensée chrétienne en dépit des diatribes des apologètes (46).
Comment oublier par exemple le violent « discours aux
Grecs » de Tatien ? Le principe sur lequel celui-ci revient
constamment est fondamental, car il exprime un état d'esprit

(43) Voir saint Augustin, *Enarrationes in Ps.* VII ; P. L. 36, c. 97 sq.
(44) *De Providentia* VIII, 14.
(45) Voir K. Michel, *Gebet und Bild in frühchristlicher Zeit*, Leipzig,
1902.
(46) Sur cette question, voir Charly Clerc, *Les théories relatives au culte
des images chez les auteurs grecs du IIe siècle après Jésus-Christ*, Paris, 1915.

que nous verrons au XIIe siècle dans un sens identique, mais sous une autre forme. Conférer à l'art une valeur, dira Tatien, c'est là pécher (47). Clément d'Alexandrie examinera ce même thème, en montrant que le goût de l'art est comparable au développement de l'erreur. S'asservir à l'art, c'est devenir esclave du péché (48). Tout ceci nous explique déjà les oppositions dans lesquelles se heurteront les partisans et les adversaires des symboles dans la plastique romane. Chez les esprits intégristes, insensibles à la beauté sculpturale, surgira la crainte que le symbole et l'image, en accrochant le regard, ne retiennent le cœur. D'autres sauront découvrir dans ces mêmes symboles et ces mêmes images, non seulement une louange à Dieu, mais un enseignement donné à tous les hommes, indépendamment de leur origine et de leur savoir.

Remarquons, et ceci est important, que les théologiens et les mystiques du XIIe siècle n'éprouvent aucune hésitation à utiliser les symboles en tant que procédés littéraires. Sur le plan plastique, certains s'inquiètent de l'usage de ces symboles. Pourquoi ? C'est parce qu'il existe un courant judéo-chrétien qui persiste à travers les âges ; le symbole, en tant que mot ou nombre, ne peut être suspecté. Devient-il image taillée dans la pierre, il risque d'attacher à lui et c'est toujours la même crainte d'idolâtrie que sa présence provoque. Serait-il un simple facteur de divertissement pour le moine, le seul fait de retenir l'esprit ou le regard frustre Dieu de l'attention à laquelle il a droit. Déjà Origène au IIIe siècle, qui faisait constamment usage de symboles dans ses traités, qualifiait d'esprits incultes les partisans du symbole sur la pierre. Et ce mouvement opposé aux images de pierre ne trouve pas seulement son origine dans la pensée juive, mais autant et peut-être davantage dans le fait que l'Église a dû lutter pendant longtemps contre les païens qu'elle jugeait idolâtres.

La crainte de l'image se manifeste aussi à l'égard de l'artiste. Il suffit pour le comprendre de citer un texte de Clément d'Alexandrie qui exprime ce que des hommes du Moyen Age ressentirent avec leur propre mentalité. A propos du septième commandement, « tu ne déroberas point », Clément d'Alexandrie écrit : « Comme celui qui vole et fait tort à autrui subit à juste titre le châtiment dont il est digne, ainsi celui qui usurpe le pouvoir divin par le moyen de l'art plastique ou pictural et se proclame créateur d'êtres ou de plantes... est un

(47) Tatien, *Oratio adversus Græcos*, 34 ; P. G. 6, c. 876.
(48) *Protrepticum ad Græcos*, IV, 56-57, éd. Cl. Mondésert, « Sources chrétiennes », Paris, 1949, pp. 119-122.

voleur (49). » Voilà qui est inattendu et qui montre combien la création de l'artiste est corollaire de la création divine.

Le même sens se retrouve chez Tertullien quand il maudit les artistes, parce que ceux-ci façonnaient « des corps aux démons ». « Comment renoncerons-nous au diable et à ses satellites, s'écrie-t-il, si nous les représentons ? (50) » Pour saisir l'importance de ce mouvement contre l'usage des symboles taillés dans la pierre et la suspicion jetée sur l'artiste, il conviendrait de souligner la prudence dont fait preuve saint Augustin, cependant si imprégné de pensée grecque.

Quand certains mystiques de l'époque romane se méfient des images, leur défiance naît de l'intégrité de leur expérience spirituelle. Ces mystiques craignent que l'image ne retienne l'esprit prisonnier de formes extérieures, et qu'elle ne devienne ainsi une sorte de piège situé dans une zone d'extériorité. Le signe sensible est un appel, un degré pour aller plus loin. En cela la méditation concernant l'image plastique est comparable à la considération de l'humanité du Christ. Passer par elle est juste, s'y arrêter démesurément constitue un risque. Le sensible appartient au débutant, au charnel en marche vers le spirituel. Quand saint Bernard s'élève contre l'excès des images dans la Maison de prière, ses propos ne sont pas dirigés contre l'art en tant que beauté, mais pour lui — et d'ailleurs pour tous les mystiques du XIIe siècle et de tous les temps — l'image doit provoquer un état intérieur, faire tressaillir l'âme, éveiller les sens intérieurs. Elle n'est point une totalité se suffisant à elle-même, elle implique un mouvement de l'âme et le suscite par l'ébranlement qu'elle engendre. L'image plastique, tel le mot-image dans l'Écriture, est avant tout dynamique, elle provoque un mouvement dans l'être, elle stimule l'appétit de la présence divine et l'alimente.

7. *Universalité du symbole.*

Les hommes du Moyen Age — nous l'avons dit — se savent les héritiers d'un passé, et ce passé, ils ne le méprisent pas. Au contraire, ils désirent l'adopter. A l'égard de l'antiquité, ils nourrissent le même respect que les hommes de la Renaissance. Les lettrés du XIIe siècle se reconnaissent les débiteurs

(49) *Stromata*, VI ; P. G. 9, c. 377.
(50) *De idolatria*, 6 ; P. L. 1, c. 668.

de la pensée gréco-romaine (51). On est étonné de voir la culture extraordinairement étendue des hommes romans. Si l'on consulte par exemple *l'Histoire* de Pierre le Mangeur, on voit qu'il s'agit, selon l'expression de P. Alphandéry, d'un « mémento d'histoire des religions » (52). Or les premiers apologètes chrétiens avaient cru sage d'identifier les dieux du paganisme avec les démons, mais pour les hommes du XIIe siècle, les dieux des païens ne sont pas forcément mauvais. Ainsi Apollon et Mercure sont considérés comme des sorciers bienfaisants. Un tel jugement agréé déjà à l'époque romane sera confirmé au XIIIe siècle dans le *Speculum historiale* de Vincent de Beauvais. Cette certitude va si loin qu'on voit les personnages mythologiques devenir les patrons de peuples et de villes, et des pierres porter des sceaux aux effigies des dieux.

Les correspondances entre les symboles chrétiens et les symboles appartenant à l'homme universel, c'est-à-dire à l'humanité, ont été souvent relevées comme un moyen non de provoquer la foi, mais de la rendre plus accessible. Il est d'ailleurs intéressant de remarquer que des théologiens modernes reprennent les arguments présentés par les Pères de l'Église qui tentèrent de favoriser la religion chrétienne en montrant qu'elle répondait aux besoins de l'homme. L. Beirnaert a posé la question, disant qu'un tel problème doit être examiné en tenant compte des données nouvelles. En effet, mythologues et psychologues ont découvert dans des études récentes un grand nombre d'analogies entre les divers symboles appartenant au monde préchrétien et au christianisme (53). Ainsi, L. Beirnaert précise que « la reprise par le Christ et par l'Église des grandes images que sont le soleil, la lune, le bois, l'eau, la mère, etc., signifient une évangélisation des puissances affectives désignées par là. Il ne faut pas réduire l'Incarnation à la seule prise de chair. Dieu est intervenu jusque dans l'inconscient collectif pour le sauver et pour l'accomplir. Le Christ est descendu aux enfers. Comment donc ce salut atteindra-t-il notre inconscient s'il ne lui parle pas son langage, s'il ne reprend pas ses catégories » (54). Un fait est évident ; il

(51) Cf. E. Farial, *Recherches sur les sources latines des contes et romans courtois du Moyen Age,* Paris, 1913.

(52) P. Alphandéry, « L'Evhémérisme et le début de l'histoire des religions au Moyen Age », dans *Revue de l'Histoire des Religions,* t. CIX (1934), p. 23.

(53) L. Beirnaert, « La dimension mythique dans le sacramentalisme chrétien », dans *Eranos-Jahrbuch* (XVII), 1949, Zürich, p. 255.

(54) *Id., ibid.,* p. 285.

concerne la communication des diverses histoires. Mircea
Éliade l'a démontré en écrivant : « Les Images constituent des
" ouvertures " vers un monde transhistorique » (55).

Dans la mesure où le symbole est plus nettement circonscrit, il apparaît possible de comprendre son importance dans
la période romane. Le symbole est donc un mode de langage
qui suscite un état de conscience. Celui qui le saisit parvient à
un autre échelon de l'échelle cosmique. Une initiation s'opère,
un mode de connaissance inconnu surgit, l'homme pénètre
dans un autre rythme : il change de plan. Un texte de Cléan-
the relatif à la poésie pourrait illustrer l'effort du sculpteur qui
lui aussi cherche à atteindre ce rythme afin de pouvoir le
provoquer dans l'âme de celui qui contemplera l'image de
pierre : « De même que notre souffle rend un son plus clair
lorsque la trompette, après l'avoir resserré dans un long et
étroit canal, le laisse sortir par une large issue, de même la
gêne du vers rend nos pensées plus éclatantes » (56).

8. *Le symbole roman.*

Nous devons poser ici un problème. Le symbole roman,
qu'il s'agisse de son emploi dans le *Commentaire du Cantique
des Cantiques* de saint Bernard ou de son expression architecturale, telle que le narthex de Vézelay, convient-il à tous ? Les
hommes peuvent-ils — sans exception — le saisir ? A l'intérieur de la pensée chrétienne, il ne saurait exister — nous
l'avons vu — deux voies distinctes : l'une aristocratique et
l'autre populaire. L'enseignement est unique, mais les
hommes sont différents ; si la réalité est identique, les hommes
ne sont capables de la comprendre qu'à leur propre niveau de
conscience.

Prenons par exemple le *Sermon III* sur le *Cantique des
Cantiques* concernant « le baiser des pieds, des mains et de la
bouche ». Il est évident que pour les contemporains de saint
Bernard comme pour les lecteurs modernes, il peut être lu par
tous, mais compris seulement par un très petit nombre. Les
hommes charnels l'interprètent en un sens conforme à leur
état. Il faut toujours se souvenir que le monde sacré n'est pas
le monde profane, que le transcendantal n'est pas identique au
naturel. René Guénon a montré qu'il existe une modalité qui

(55) Mircea ÉLIADE, *Images et Symboles*, id., p. 229.
(56) SÉNÈQUE, *Epistola*, 108, 10. Cité par J. von ARNIM, *Stoicorum vete-
rum fragmenta*, Leipzig, 1905, t. I, p. 109.

ne saurait être retenue par tous, car elle ne se manifeste pas
dans la majorité des individus ; elle tombe ainsi dans le vide.

Si nous examinons une rosace de cathédrale, les hommes
du XIIᵉ siècle comme ceux d'aujourd'hui peuvent la trouver
belle, mais pour savoir ce que la rosace signifie et le sens du
symbole qu'elle présente, une connaissance est nécessaire.
L'illettré est incapable de comprendre ce qu'une telle image
comporte : tout lui échappe sans doute ; cependant la méditation sur cette rosace risque de briser la coque dans laquelle
son âme se trouve enfermée. Un historien de l'art peut
connaître l'origine de cette image et son utilisation, tout en
ignorant sa signification profonde.

L'art médiéval a souvent été décrit comme un art pour les
humbles. Il devait permettre aux ignorants de découvrir dans
la pierre ce que des livres auraient pu leur apprendre. En réalité, tel n'est pas exactement le problème ; il est à la fois plus
vaste et plus complexe. L'art roman avec ses visages en pierre
du Christ, de saints, d'anges, de prophètes et de monstres,
avec toute sa végétation, ses animaux et ses figures géométriques, ne s'adressait pas seulement aux humbles, il n'était point
uniquement la « *Bible* ou le miroir des pauvres ». Il convenait
à tous, aux maîtres et aux docteurs, aux pèlerins et aux
bergers. C'est là une question d'une exceptionnelle gravité, car
elle dépasse l'art roman et concerne toute science d'origine
traditionnelle.

Nous l'avons dit, l'art roman est un enseignement. Un
enseignement se donne par le verbe, par l'écriture, ou par
l'image. La parole est d'un usage difficile, elle rencontre mille
obstacles dans l'ordre de la présentation et de l'interprétation.
Le maître doit se placer à la portée de l'élève pour être entendu et compris. L'écriture est obligée, comme d'ailleurs la
parole, de recourir à des images et à des emblèmes. C'est une
nécessité en raison même d'un contenu qui dépasse l'entendement normal et l'usage d'un vocabulaire limité. Or la parole et
l'écriture risquent constamment d'être défigurées. Elles
peuvent être falsifiées. On sait combien au cours de l'histoire
les enseignements ont été altérés. L'image de pierre, au
contraire, fixe irrévocablement un langage, qui va être
compris suivant l'état de conscience de celui qui le saisit.
Pour certains, il sera privé de contenu ; pour d'autres, il offrira
une gamme d'éléments divers, différemment appréhendés.
C'est seulement pour l'être éveillé qu'il présente un enseignement. Ou plus exactement la conscience éveillée éclairera tel
ou tel symbole, et en cela dépassera le temps et par
conséquent l'histoire qui constitue trop souvent un divertisse-

ment. En d'autres termes, le symbole ne refuse pas l'histoire, mais au lieu de la fixer par un mode de nécessité, il l'envisage sur un plan de simultanéité. Ce symbole perçu ne provoquera pas dans la conscience un épanouissement, mais bien plutôt un approfondissement dans un sens vertical.

Un même symbole, par exemple la croix (57), sera donc diversement interprété par un homme suivant les différents âges de sa naissance et de sa croissance spirituelles. Bien entendu, le symbole ne change pas, mais le message qu'il livre est compris d'après l'état de la conscience qui l'appréhende. La connaissance n'est jamais identique à elle-même, car chaque prise de connaissance est autre. Ainsi la lumière qui éclaire l'esprit n'est jamais la lumière plénière, elle est captée suivant l'étape de la conscience qui subit son éclairement. Or la lumière perçue n'est pas comparable à une autre lumière, car il est impossible de se maintenir dans un état statique. Tout bouge, tout change dans le centre de la conscience qui se meut et se forme. Dans l'ordre transcendantal, rien n'est fixe. « Qui n'avance pas recule », dit le précepte ; il existe une intensification ou un rejet. Dans ce dernier cas, une épaisseur d'ombre surgit et voile la lumière. Le symbole est-il saisi, celui qui le « connaît » pénètre dans l'ordre de la transfiguration. Il a donc quitté le mode naturel sur lequel se placent l'échange, le bavardage, le divertissement. Cet ordre de la transfiguration inaugure une nouvelle vision. Mais cette vision est incommunicable et ne saurait fixer la matière d'un quelconque enseignement. Une vision ineffable détermine une évidence transcendantale et les attributs qui tenteraient de la traduire seraient inadéquats.

Par ailleurs, le symbole présente un très grand nombre d'aspects et celui qui le contemple ou qui l'entend — n'oublions pas le symbole sonore au sens guénonien — ne pourra retenir que celui qui convient à son état présent. La vue de telle image de pierre provoque un choc qui a pour effet de produire immédiatement un éveil. Un tel enseignement ne consiste pas obligatoirement dans une interprétation précise d'un thème proposé ; ce choc, nous l'avons dit, est semblable à un coup frappé à la porte de l'esprit. Nous pouvons mieux saisir cette comparaison en prenant l'exemple de la musique. Selon Platon, c'est par le nombre que la musique participe à la structure de l'univers, elle met l'homme en communion avec celui-ci. Ainsi elle possède le caractère d'une révélation. Le Χορός, c'est-à-dire le chœur, engendre la χαρά. En écoutant

(57) Cf. *infra*, p. 84.

la musique, l'homme perçoit le rythme et l'harmonie. Le chant grégorien qui est d'ailleurs jumelé à l'art roman comporte à la fois ces paroles, cette harmonie et ce rythme dont a parlé Platon et qui entraînent l'esprit vers le Bien et le Beau dans une contemplation profonde de l'Être suprême. L'art roman n'est pas l'œuvre de quelque démiurge qui, tel un artisan, travaillerait la matière avec ses mains ; il se rattache au rythme universel avec lequel il établit une communion sur le plan de l'échange et de la participation.

L'homme, à moins d'être spécifiquement de type purement abstrait, ressent rigoureusement un besoin d'images. Certes, un contemplatif peut s'en passer, elles seraient pour lui un écueil. (Nous verrons ce à propos le sens de la querelle entre saint Bernard et Cluny.) L'homme méditatif trouve dans sa vie intérieure ses propres saisons qui assurent sa croissance. Mais c'est là un cas d'une extrême rareté, d'autant plus qu'un tel homme n'éprouve pas nécessairement le besoin de communiquer avec autrui, il change l'état du monde par la seule qualité de son être. L'homme normal se sert d'emblèmes et de symboles non seulement pour éclore sur le plan universel, mais pour entamer tout dialogue dans l'ordre de la connaissance. Il est donc impossible de priver l'humanité d'une tradition symbolique, car celle-ci établit un pont avec des profondeurs secrètes qui sont autant d'éléments de vie. Les travaux récents sur le symbole ont d'ailleurs montré comment celui-ci ne peut se relier à un stade psychique infantile. Ce qui apparaîtrait infantile serait de s'arrêter au symbole lui-même sans le dépasser, c'est-à-dire en se bornant à l'objet sans saisir sa projection. Il y aurait là un choix de l'ombre par opposition à la lumière ; dans ce cas, la négation du symbole rejoindrait l'attitude infantile envers lui : croyance et incrédulité peuvent se présenter sur un plan identique.

Tout ceci ne signifie point que l'illettré ne saurait trouver dans l'art roman un savoir qu'autrement il ignorerait. Cela est évident, et de nombreux textes témoignent de cette réalité concrète. Déjà Grégoire le Grand s'élevait contre un évêque opposé aux images, disant qu'elles étaient nécessaires à ceux qui ne savaient point lire dans les livres (58). Qu'il nous suffise de rappeler quelques textes : Benoît Biscop, abbé de Wearmouth, ayant fait bâtir une église, la décore, afin que ceux qui ne savent pas lire puissent dès le seuil contempler la douce image du Christ et de ses saints : *Quatenus intrantes*

---

(58) *Sancti Gregorii* Vita par le diacre Jean, IV, 10 ; P. L. 75, c. 418 C. D.

ecclesiam omnes, etiam litterarum ignari... (59). En 1025, un synode d'Arras précise comment les illettrés contemplent dans la peinture ce qu'ils ne peuvent lire ou découvrir dans l'écriture (60). « La peinture est la littérature de l'illettré », avait écrit Walafrid Strabon au IXᵉ siècle (61). Ne sommes-nous pas à une époque où seuls les clercs savent lire et écrire ?

Si dans l'art médiéval l'enseignement tient une place de choix, il convient encore de parler d'un aspect dévotionnel. Les personnages sculptés et peints présentent des exemples à imiter. L'image retient le regard et de ce fait l'attention ; elle devient aisément un support pour la pensée qui cherche constamment à s'évader. Elle joue un rôle de fixation et tend à édifier. Déjà au VIIIᵉ siècle Jean Damascène parlant des images chrétiennes déclarait qu'elles ouvraient le cœur et l'intelligence. Elles ne sont, disait-il, « ni muettes ni privées de vie comme les idoles des païens ».

Au XIIᵉ siècle, le peuple de Dieu a besoin de symboles et d'emblèmes pour approfondir sa foi, connaître son dogme et l'Écriture sacrée de l'Ancien et du Nouveau Testament. A cet art de la pierre se joint celui du théâtre. Les mystères joués sur le parvis permettent de capter par l'oreille un enseignement déjà connu par les yeux. Les fresques des églises romanes présentent encore une prédication d'ordre symbolique. On a pu très justement parler du « graphisme » de la peinture romane. Georges Gaillard (62) a souligné à propos de la voûte de Saint-Savin « les visages rectangulaires » que l'on rencontre encore à Vic. Jean Girou a remarqué la « triangulation des surfaces » (63) et la subtilité des courbes et des contrecourbes. Tout semble répondre au triangle et à la sphère. Certaines formes annoncent le cubisme moderne (64) : tels Saül, David dansant et jouant de la harpe sur les fresques de l'église de Tavant.

Toutefois, les esprits incultes sont difficilement accessibles

(59) *Vita beatorum Abbatum Wiremuthensium et Girvensium, Benedicti, Geolfridi, Easterwini, Sigfridi atque Huetberti*, par Bède le Vénérable, *Opera*, éd. J. A. Giles, London, 1843, t. IV, p. 368.

(60) *Illitterati, quod per Scripturas non possunt intueri, hoc per quadam picturae lineamenta contemplantur. Synodus Attrebatensis*, cap. XIV, dans *Sacrorum conciliorum nova et amplissima collectio*, éd. D. Mansi, Paris, 1902, t. XIX, p. 454.

(61) *Pictura est quaedam litteratura illitterato, De rebus ecclesiasticis*, VIII ; P. L. 114, c. 929.

(62) *Les fresques de Saint-Savin*, Paris, 1944.

(63) *De l'aboutissement roman du cubisme*, dans *Confluences*, 1945.

(64) *Id.*

à la signification d'un symbole, comme d'ailleurs au sens poétique. Mais ils peuvent être saisis par un rythme de la même manière qu'un accord musical risque de provoquer en eux un état extatique. N'oublions pas qu'au Moyen Age l'homme vit beaucoup plus en harmonie avec la nature et qu'il n'a pas subi les multiples déformations d'un monde civilisé, fermé au contact personnel avec le cosmos.

L'œuvre d'art, qu'il s'agisse d'un texte, d'un poème ou d'une sculpture, n'est pas uniquement matière, elle possède un contenu. Elle introduit un ordre qui, en raison de la difficulté même de communication, doit se métamorphoser pour se faire connaître.

Nous pouvons maintenant tenter de définir le sens de l'emploi du symbole dans l'art roman. Ses caractéristiques sont très strictes. Il suffit d'en retenir une seule pour comprendre son importance et la qualité de son authenticité. Nous nous trouvons en face d'une réalité objective répondant aux lois d'une mathématique secrète. Le symbole offre une synthèse, il présente une connaissance qui demeure voilée sous l'écorce du mot ou de la forme plastique. Mais l'acuité du regard doit en déceler le contenu.

Si plusieurs personnes regardent aujourd'hui une œuvre moderne, leurs réactions apparaissent forcément différentes. Chaque individu peut avoir la sienne propre, même si le développement de sa conscience est identique à celui d'un autre observateur. En face d'une œuvre authentique, par exemple la *Lettre aux Frères du Mont-Dieu* de Guillaume de Saint-Thierry, l'hymne *Jesu dulcis memoria*, ou une église romane, le contraire se produit. Ainsi la transfiguration du Christ dans la verrière de la cathédrale de Chartres fera naître des sentiments semblables chez des hommes possédant un même état de conscience. La découverte et l'éveil de la conscience qui en est issu seront identiques parce qu'à l'égard d'une œuvre valable tout dépend du niveau d'être de celui qui la perçoit. C'est là le propre d'un art traditionnel et l'art roman, qu'il s'exprime dans un texte ou dans la pierre, est traditionnel dans la mesure de sa fidélité à lui-même.

Nous verrons plus loin comment la tradition occidentale se trouve incluse dans l'art roman. Les maîtres d'œuvre partent d'une connaissance précise, ils ne sont pas inférieurs aux fondateurs des temples qui obéissent à des règles sacrées. La théologie et la mathématique ne peuvent se séparer dans l'art roman qui est lui-même comparable à un art liturgique.

Trois textes bibliques apparaissent significatifs à l'égard de l'église romane et de la richesse symbolique qu'elle présente :

tout d'abord le *fiat lux* de la *Genèse*, car l'homme du Moyen Age regardant les signes du portail ou des chapiteaux, demande que la lumière soit dans son cœur et qu'elle lui indique le sens de la réalité universelle. En second lieu par le *fiat verbum tuum* de la Vierge, le symbole devient une semence dans l'âme qui le contemple. Enfin, la parole de Samuel qui s'entendait appeler par Yahweh et répondait : « Parlez parce que votre serviteur écoute », résume l'attitude de l'homme roman pénétrant dans la Maison de Dieu. Tout l'univers, auquel l'homme est relié, dévoile ses secrets à travers les symboles.

Ceux-ci sont perçus dans la mesure de l'entendement. Saint Jean Climaque († 680) a montré comment un cheveu suffit à brouiller le regard, et un souci même raisonnable à détruire le sens exact des paroles reçues dans le secret du cœur. C'est dans le vide que le son résonne et peut être saisi. Les mystiques recommandent toujours la solitude, le recueillement et la vigilance. L'intellectualité elle-même risque d'obstruer l'esprit, car elle interpose des voiles entre le sujet et l'objet. Ce n'est pas l'intelligence seulement qui doit vivre dans l'ordre de la vérité, mais l'homme tout entier. L'homme roman le sait, c'est pourquoi il se meut si aisément dans les essences universelles que lui révèlent les différents symboles. Son amour brûle à la fois tout ce qui n'est pas Dieu et tout ce qui ne témoigne pas de sa présence. Ainsi l'homme du XIIe siècle participe à l'unité divine que les symboles lui suggèrent.

Nous l'avons vu, le symbole est un langage et une synthèse ; il établit une relation. Quand il s'exprime dans la pierre, il est encore autre chose, il est un silence. La parole peut divertir par le fait même qu'elle est parole ; la pierre l'emporte sur le texte parce que la pierre est silence ; elle est fidèle à la réalité, elle est dépouillée en dépit même de sa matérialisation. Plutarque disait que le crocodile est l'image de Dieu en ce qu'il est le seul animal qui n'ait point de langue, car la raison divine n'a pas besoin de paroles pour se manifester, mais s'avançant par les chemins du silence, elle gouverne les choses mortelles selon l'équité.

Le symbole dans l'église romane s'offre en silence à celui dont les yeux du cœur sont ouverts. « Que celui qui a des oreilles pour entendre, entende ! » Le symbole est un langage qui se meut dans le silence et se trouve perçu au plus secret de l'entendement. C'est dans l'ordre des essences qu'il entraîne. Et celui qui le contemple est introduit dans une *cognitio matutina*.

L'homme roman — nous l'avons dit — est à la recherche de l'expérience de Dieu, ses rencontres avec les symboles en tant que signes de la présence de Dieu constituent des expériences. Les images symboliques sont comparables à des miroirs, des énigmes, telle la foi ils se présentent comme une ombre, plus encore ils apparaissent comme une sorte d'incarnation divine manifestant la suprême réalité (65).

Le symbole est semblable à la pierre blanche dont il est parlé dans l'*Apocalypse* (ɪɪ, 17) et qui porte un nom. Parlant de l'expérience de Dieu, Guillaume de Saint-Thierry, faisant allusion à ce que l'homme sent et voit de Dieu et qui est obscur pour les uns et clair pour les autres, dira que cette manière de connaître et de sentir est comparable à ce petit caillou blanc porteur d'un nom et reconnu par celui qui en est le bénéficiaire (66).

La perception expérimentale des signes permet d'entendre la voix de Dieu et de saisir sa présence. Chaque fois qu'elle se produit, l'âme acquiert une beauté plus éclatante ; toute expérience amplifie sa ressemblance divine et la rend conforme à son modèle.

L'expérience du symbole devient ainsi une expérience spirituelle ; elle est délectation, dilatation du cœur, tressaillement intérieur, épanouissement de l'âme (67). L'expérience spirituelle du symbole rejoint l'expérience mystique, l'âme se transforme ; illuminée, elle pénètre dans la voie du discernement et de la sagesse. Elle s'achemine de clarté en clarté (Cf. *II Cor.,* ɪɪɪ, 18), c'est-à-dire de symbole en symbole, vers la lumière. Guidée par son amour en tant que sens spirituel, elle découvre la gloire de Dieu (68).

---

(65) Voir à ce propos le *Sermon pour l'Epiphanie* (II, 5) de Guerric d'Igny.

(66) *Med.* III, 9.

(67) Voir Isaac de l'Étoile, *Sermon* s. 17, P.L. 194, c 1748 D.

(68) Voir à ce propos Guillaume de SAINT-THIERRY, *Speculum fidei,* éd. M.-M. Davy, 390 C.

TROISIÈME PARTIE

LES SOURCES DU SYMBOLE ROMAN

I. SYMBOLES BIBLIQUES ET PATRISTIQUES. — II. SYMBOLES PROFANES. — III. L'UNIVERS, MIROIR DES SYMBOLES.

CHAPITRE PREMIER

SYMBOLES BIBLIQUES ET PATRISTIQUES

Quelles sont les sources du langage roman ? En d'autres termes, où puisent les auteurs, sculpteurs et imagiers ? Une double origine se présente : l'une est religieuse et l'autre profane. La première peut elle-même se diviser, car elle comprend à la fois la Bible et les Pères. La seconde source est très diverse, puisqu'elle comporte de multiples influences.

Les symboles bibliques et patristiques ont été exploités avec succès par les théologiens et les maîtres d'œuvre des églises romanes. Nous n'insisterons pas sur les symboles bibliques. C'est là une question trop connue pour qu'il soit nécessaire de l'étudier en détail, et cela d'autant plus que nous serons obligés de nous y reporter dans certains cas concrets. Il nous suffit donc de signaler les types de symboles les plus constamment repris, et les livres bibliques dans lesquels ils s'insèrent.

1. *La connaissance biblique des moines.*

Les moines du XIIᵉ siècle possèdent une parfaite connaissance de la Bible. Ils savent les textes par cœur et leur propre pensée est essentiellement biblique. Saint Bernard nous a parlé de ces religieux qui ruminent les textes de l'Écriture, les méditant perpétuellement pour en retenir tout le suc.

L'Ancien et le Nouveau Testament ne tiennent pas une place identique. Auteurs et imagiers établissent toujours une différence dans l'ordre de la dignité. Cependant, le *Cantique des Cantiques* sera le chant de l'âme mystique et la *Genèse* le sujet de maints commentaires. Dans l'église, l'Ancien Testament est représenté le plus souvent au porche. Les sculpteurs veulent ainsi montrer qu'il constitue un seuil et ne peut avoir accès au Saint des Saints dans lequel se déroulent les symboles du Nouveau Testament.

La pensée biblique apparaît semblable à une trame sur laquelle dessinent la plume de l'écrivain et le ciseau du sculpteur. Le texte biblique est si profondément mélangé à la pensée quotidienne qu'il est difficile de distinguer la part de l'écrivain lui-même de l'héritage proprement biblique. Quand on lit par exemple les traités, les sermons ou les lettres de saint Bernard, il faudrait citer à chaque instant l'Écriture si l'on voulait tenir rigoureusement compte de chaque allusion biblique. Cela ne veut pas dire que de semblables ouvrages présentent une lecture difficile, parce que surchargés de citations ; en aucune manière, puisque ces mêmes citations ne sont pas toujours discernables, tant la pensée d'un auteur les a parfaitement assimilées. Il n'y a pas pour autant plagiat, mais procédé de style et de forme, habitude de pensée ; l'homme médiéval ne saurait avoir d'autre langage que celui de la parole de Dieu.

2. *Théologie et Écriture Sainte.*

C'est pourquoi la *sacra doctrina* consistera à lire l'Écriture et les Pères. La théologie comprendra principalement la science de l'Écriture, parce que c'est elle qui est censée contenir la vérité ; Hugues de Saint-Victor l'envisage comme la science suprême (1). Ainsi la théologie succède à l'étude des arts libéraux et se présente tel un sommet.

Les rapports de la théologie avec les sciences et les arts libéraux divisent les théologiens. Les uns veulent interpréter l'Écriture à l'aide des arts libéraux, d'autres jugeront indigne l'utilisation des sciences profanes à l'égard de la Bible. Un texte de Bernard de Chartres, cité par Jean de Salisbury, nous indique les conditions nécessaires pour aborder les écrits inspirés : un esprit humble (*mens humilis*), le goût de la recherche studieuse, la vie calme, une réflexion silencieuse, la pauvreté, la terre étrangère (les étudiants avaient l'habitude de quitter leur patrie pour faire leurs études). Notons qu'au XIIe

_____

(1) Hugues de Saint-Victor, *De Scripturis et scriptoribus sacris praenotatiunculae, XIII*, P. L. 175, c. 20.

siècle la théologie réalise d'immenses progrès. La *lectio* s'enrichit de la *quaestio* qui deviendra une explication théologique s'ajoutant à la glose ordinaire (2). Honorius Augustodunensis présentera des séries de questions et de réponses.

La méthode appliquée par les Pères à l'Écriture se nomme exégèse spirituelle, elle s'appelle mystagogie lorsqu'elle concerne la liturgie. Elle n'est pas seulement dévotionnelle, comme on pourrait le croire. Anselme de Laon étudie la généalogie du Christ et se préoccupe de la topographie palestinienne. Pierre le Chantre compose les harmonies de l'Évangile et Zacharie de Besançon tente d'établir une concordance (3). D'autres auteurs essaieront d'adapter les textes bibliques à la liturgie. L'exégèse du xiie siècle n'apparaît pas très originale. Cependant, ce ne sont pas seulement les sens spirituel, allégorique, ou historique qui sont distingués, mais le sens littéral est étudié pour lui-même. Il est d'ailleurs difficile qu'une exégèse soit créatrice, puisqu'elle doit toujours tenir compte d'une tradition et de commentaires patristiques qui proposent des voies déterminées. Toutefois, il existe au xiie siècle une critique textuelle. Celle-ci est d'autant plus complexe que l'hébreu n'est connu que par un très petit nombre de théologiens. Les traditions apocryphes juives soulèvent pourtant un très grand intérêt. On verra des rabbins invités dans les monastères. Ainsi Étienne Harding, organisateur de Cîteaux, fait appel à des maîtres juifs pour corriger le texte de la Vulgate.

C'est le sens allégorique qui exerce le plus d'attrait. Son usage est tel au xiie siècle qu'il semble distraire la pensée de la tradition véritable. Déjà Plutarque avait employé l'expression « allégorie » dans son ouvrage *De la lecture des poètes*. C'était pour lui un enseignement muet. La présentation des fictions est accompagnée de raisonnements et, pour les justifier, il faut recourir au « sens caché » qui nécessite l'emploi des allégories (4). Ce terme se rencontre d'ailleurs chez saint Paul (*Galat.*,

---

(2) A. LANDGRAF, « Quelques collections de « quaestiones » dans la seconde moitié du xiie siècle », dans *Recherches de théologie ancienne et médiévale*, 1935, pp. 113 sv.

(3) *De concordia Evangelistarum*, P. L. 186, c. 11 sv.

(4) *De la lecture des poètes*, ch. iv. — Voir la préface des *Allegoriae* éditée sous le nom de Raban Maur (P. L. 112, c. 849 sv.) et qui a été composée sans doute par Adam de Saint-Victor tandis que les *Allegoriae* ont probablement été écrites par Garnier de Rochefort. Cf. M.-D. CHENU, « Les deux âges de l'allégorisme scripturaire au Moyen Âge », dans *Recherches de Théologie ancienne et médiévale*, 1951, p. 23.

IV, 24). Dans son ouvrage consacré à l'étude des Allégories de l'Écriture Sainte, Isidore de Séville montre que celles-ci constituent ce qu'il nomme des « préfigurations du mystère » (5). L'usage de l'allégorie se développe aussi bien en exégèse que dans l'architecture et l'étude allégorique des nombres connaîtra un grand succès. Mais si l'allégorie jouit d'un immense prestige, il reste qu'elle demeure figurative et n'offre pas une matière d'enseignement. Le symbolisme scripturaire, en raison de sa valeur didactique, remplira un tout autre rôle. Dans *Métamorphoses de l'âme et ses symboles,* Jung écrit : « Le symbole n'est ni une allégorie, ni un *semeion* (signe) ; il est l'image d'un contenu qui, en grande partie, transcende la conscience. Il faut découvrir que de tels contenus sont réels, c'est-à-dire des *agentia* avec lesquels il est non seulement possible, mais aussi nécessaire de s'expliquer (6). »

3. *Situation historique des symboles.*

Les symboles bibliques n'apparaissent pas pour la plupart des symboles nouveaux. Ce sont le plus souvent d'anciens thèmes revêtus d'un sens différent en raison de leur entrée dans une histoire déterminée qui désormais les assume. Nous voulons dire par là que les symboles cosmiques prennent une situation historique qu'ils ne possédaient pas auparavant. A ce sujet, Mircéa Eliade, dans *Images et Symboles,* a précisé combien les symboles de la religion cosmique sont intégrés dans une perspective historique, et J. Daniélou (7) a montré que la religion mosaïque et christique ne détruit pas la religion cosmique. En effet, si la religion biblique a repris les symboles cosmiques, c'est pour en faire ses propres signes et leur conférer une nouvelle destinée.

Nous avons déjà parlé, à propos du langage roman, de la présence des analogies entre les symboles identiques des différentes religions. Si pour l'homme médiéval l'Écriture sainte

---

(5) *Quaestiones in vetus Testamentum, praefatio,* P. L. 83, c. 207 B.

(6) Genève, 1953, p. 155.

(7) Selon J. Daniélou, « la symbolique n'existe pas à l'état pur, mais dans des situations historiques concrètes ». Ainsi dans la symbolique biblique, les auteurs du Moyen Age puisent des symboles historiques qui figurent des moments précis de l'histoire de Dieu. Et l'on donnera le nom de typologie à cette symbolique biblique et historique. Voir J. DANIÉLOU, *Essai sur le mystère de l'histoire,* Paris, 1953, pp. 133, 136-138 ; H. de LUBAC, « Typologie » et « Allégorisme », dans *Recherches de science religieuse,* t. XXXIV (1947), n° 2, pp. 180 et sv.

est considérée comme entièrement inspirée, les symboles le sont aussi. Pour l'affirmer, Rupert de Deutz distinguera le Saint-Esprit de l'auteur sacré. L'Esprit Saint inspire l'Écriture et le scripteur de Dieu (*scriptor Dei*) transcrit l'inspiration reçue. Selon Origène, la Bible présente de nombreux symboles dont l'interprétation est fort difficile en raison de l'ordre du mystère auquel ils s'apparentent.

L'homme roman n'emploie pas les symboles bibliques d'une manière mécanique et tout extérieure ; ces symboles, il les pense, les assimile, les recrée. Plus encore, il les envisage en tant que créations mystérieuses ordonnées au plan de Dieu. Ainsi c'est dans une perspective de foi que s'explicitent les symboles. En dehors de la foi, ces symboles deviendraient aussitôt non seulement privés de lumière, mais de réalité. Une sorte de grâce les conserve, et c'est par elle qu'ils sont intelligibles. Tel est pour les auteurs médiévaux un effet des dons de l'Esprit Saint, et non le résultat d'un savoir professoral. Rupert de Deutz notera que les images ne restent obscures que pour les indignes ; l'intelligence des symboles n'est pas donnée spécialement aux savants, elle concerne surtout les simples et les contemplatifs.

Parmi les ouvrages de l'Écriture sainte dans lesquels les symboles tiennent une place importante, il faut surtout considérer dans l'Ancien Testament la *Genèse* et le *Cantique des Cantiques*, dans le Nouveau Testament l'Évangile de saint Jean et l'*Apocalypse*. Les exemples que nous citerons seront pris principalement à ces différents textes. Cela ne veut pas dire que des symboles largement exploités ne se trouvent pas ailleurs. Ainsi le *Deutéronome* en est particulièrement rempli.

Les auteurs du XIIe siècle composent sur l'Écriture sainte des traités, des commentaires, des dissertations que les sculpteurs interprètent à leur manière dans l'église romane. Parmi les commentaires du *Cantique des Cantiques,* celui d'Honorius Augustodunensis est un des plus chargés de symbolisme religieux. Il joue un rôle important sur le plan iconographique. Les sculptures de l'église Saint-Jacques de Regensbourg reproduisent plusieurs symboles présentés par Honorius (8).

---

(8) E. MALE, *L'art religieux du XIIIe siècle en France,* Paris, 1931, pp. 39, 149. Voir aussi J. ENDRES, *Das S. Jacobsportal in Regensburg und Honorius Augustodunensis,* 1903 ; H. RAHNER, « Die Seelenheilende Blume ; Moly und Mandragore in antiker und christlicher Symbolik », dans *Eranos-Jahrbuch,* XII (1945), pp. 233 sv. — J. SAUER, *Symbolik des Kirchengebäudes und seiner Ausstattung in der Auffassung des Mittelalters mit Berücksichtingung von Honorius Augustodunensis,* Freiburg im Breisgau, 1902, pp. 12-22.

4. *Le symbole dans la « Genèse ».*

L'idée de création hante le Moyen Age et retient la pensée des grands centres scolaires du XIIᵉ siècle. Ainsi la « philosophie du monde » est le thème central des Chartrains. Les scènes de la *Genèse* sont sculptées sur la voussure du portail nord de la cathédrale de Chartres. A celle de Laon, Dieu assis réfléchit sur la création qu'il va accomplir ; il compte les jours sur ses doigts.

La création est le sujet de maintes controverses, et suivant l'opinion acceptée, les symboles varient. La majorité des théologiens suit le sens littéral de la Bible où l'ordonnance du monde succède au chaos primitif. L'opinion de Guillaume de Conches vaut d'être notée en raison de son originalité. Les lois de la nature lui paraissent respecter un ordre auquel celle-ci ne saurait se soustraire. Il est donc vain, pour affirmer la sagesse de Dieu et l'ordonnance de son œuvre, d'admettre le chaos biblique. Et Guillaume de Conches s'éloigne du mythe primitif de la terre « informe », adopté par les Pères et par un grand nombre de théologiens médiévaux. Selon Hugues de Saint-Victor, la matière a d'abord été informe, mais il est difficile de se représenter ce qui est privé de forme. Appelons informe, écrira-t-il, ce qui subsiste dans la confusion et le mélange (9). L'école de Chartres, fidèle au *Timée,* accepte l'idée du chaos secoué de mouvements convulsifs et désordonnés (10). Arnaud de Bonneval dira que Dieu, en distinguant les lieux et les éléments de la nature, leur assigne des mesures convenables. Rien n'est confus en Dieu, rien n'a été informe parce que la matière, dès qu'elle a été faite, est aussitôt formée (11).

Sur le plan symbolique, la *Genèse* présente un contenu très ample. La création de l'univers et de l'homme offre un mystère insondable que scrutent avec ferveur les auteurs du XIIᵉ siècle. Seule la création peut éclairer l'unité du monde et le sens de la présence de Dieu au sein de ce monde. Certes le Christ est le maître d'un tel univers, mais le secret subsiste,

---

(9) *De Sacramentis*, I, IV ; P. L. 176, c. 188-189.

(10) Voir les textes suggestifs de M.-D. Chenu cités dans son article « L'homme et la nature. Perspectives sur la renaissance du XIIᵉ siècle », dans *Archives d'Histoire doctrinale et littéraire du Moyen Age*, Paris, 1952, pp. 50 sv.

(11) Arnaud de BONNEVAL, *De operibus sex dierum, prol. ;* P. L. 189, c. 1515-1516.

puisque les lois de l'univers échappent. Les théologiens et les philosophes admirent la sagesse de Dieu, ils s'en émerveillent ; cependant, le caractère insolite et inexplicable de la création demeure.

La *Genèse* (II, 7) enseigne que Dieu a formé l'homme comme un potier de la poussière de la terre, et le Psaume (CII, 19) ajoute que Dieu siège sur son trône et que tout est soumis à son empire. Mais comment expliquer l'arc-en-ciel, le tonnerre, le raisin qui est le produit du soleil et de l'eau ? Comment pénétrer la nature du soleil et de la lune, préciser leur rôle sur l'homme et sur les bêtes ?

> Qui a mesuré les eaux dans le creux de sa main,
> Estimé l'étendue des cieux à l'empan,
> Jaugé au boisseau toute la poussière de la terre,
> Pesé les montagnes au crochet,
> Et les collines à la balance ?
> Qui a dirigé l'esprit de Yahweh ?
>
> (ISAÏE, XL, 12-13.)

Les hommes du Moyen Age reconnaissent la puissance de Dieu. Ils savent ne pas habiter une cité permanente, parce que la véritable cité du chrétien est dans le ciel. L'existence terrestre les contraint à demeurer dans une terre étrangère (*terra aliena*). Dieu ne peut pas être saisi sur terre, mais sa vision future ouvre une perspective d'avenir (12). Ce Dieu qui se cache, qu'on ne peut voir sans mourir, dont la vue anéantirait, l'homme l'appréhende par une attention donnée à tout ce qui le manifeste (13).

Cette non-saisie de Dieu qui est le mystère des mystères, il importe d'en prendre conscience et d'user de symboles pour la circonscrire. En lisant les textes des écoles cistercienne et cartusienne, en regardant la basilique de Vézelay ou l'église de Saint-Benoît-sur-Loire, on peut comprendre l'âme du XIIᵉ siècle qui, à travers la foi, cherchait à capter les reflets du Dieu insaisissable.

Parmi les symboles qu'il convient surtout de retenir dans la *Genèse,* citons le symbole de l'Esprit qui est au-dessus de

(12) Voir l'ouvrage de R. BULTMANN, *Le christianisme primitif,* trad. P. Jundt, Paris, 1950 ; ch. I : « L'héritage de l'Ancien Testament », pp. 18 sv.

(13) A ce propos, voir W. G. BAUDISSIN, « Gott schauen » in der alttestamentlichen Religion », dans *Archiv für Religionswissenschaft,* XVIII (1915), pp. 173-239, et R. BULTMANN, « Untersuchungen zum Johannesevangelium », dans *Zeitschrift für die neutestamentliche Wissenschaft,* XXIV (1930), pp. 169-192.

l'eau et qui sera rendu symboliquement dans la plastique par un oiseau aux ailes déployées qui survole les eaux ; chez les théologiens et mystiques, il prend toujours la forme d'une colombe. Nommons encore les couples ciel et terre, soleil et lune ; la séparation des eaux inférieures et supérieures ; l'arbre de vie qui est à la fois axe du monde et échelle cosmique signifiant le Christ ; le Paradis pourvu d'une porte, traversé par quatre fleuves, situé en Orient selon la *Genèse,* et qui hante l'imagination des hommes romans. Ajoutons les symboles d'Adam et d'Ève, le serpent, l'arche (cf. Pl. 7), l'alliance, le déluge, le buisson ardent, le tabernacle (*Deutéronome*) et le temple (*Livres des Rois*). Le couple lumière et ténèbres revient fréquemment — nous l'avons vu (14) — dans les textes mystiques. La lumière symbolise le ciel et les ténèbres l'enfer. Déjà le Tartare, que nous décrit Plutarque, était privé de soleil !

La richesse des œuvres scripturaires du XIIᵉ siècle sur la *Genèse* est particulièrement illustrée par Guibert de Nogent, Honorius Augustodunensis, Abélard, Arnaud de Bonneval et Pierre le Mangeur.

L'homme doit reproduire en lui les différentes phases de la création, qu'il s'agisse par exemple de la séparation des eaux supérieures et inférieures que le firmament divise, de la formation de la terre, etc. Selon Origène, quand l'homme parvient à séparer en lui-même les eaux supérieures des eaux inférieures, le firmament situé entre les deux trouve en lui sa réplique. Les eaux d'en haut désignent les eaux spirituelles, celles d'en bas les eaux abyssales. Le ciel spirituel est notre esprit, c'est l'homme spirituel qui peut contempler Dieu, le ciel corporel ou firmament étant vu avec les yeux du corps (15). Ce thème repris par Origène dans ses *Homélies sur la Genèse* est souvent exploité par les auteurs médiévaux dans un sens plus ou moins symbolique. Ainsi Guigue II le Chartreux, dans ses *Méditations* (16), commente sur le plan mystique l'œuvre divine que l'homme opère en lui-même. Le même Guigue supplie Dieu de faire fondre en lui les eaux supérieures que l'Aquilon a gelées : « Va-t'en, Aquilon... Viens, Auster, viens à la clarté de midi faire fondre la glace de mon âme pour

---

(14) Cf. *infra*, p. 51.

(15) Origène, *Homélies sur la Genèse*, trad. L. Doutreleau, Paris, 1943, pp. 65-67.

(16) *De l'imitation de Jésus-Christ*, Méditations inédites de Guigue II le Chartreux, texte et traduction M.-M. Davy, Paris, 1935.

qu'elle retourne jusqu'aux hauteurs de son origine (17). »
Cette œuvre des six jours, nous en retrouverons le symbole
dans les six jours passés par Moïse sur le mont Sinaï. Ces six
jours symbolisent la vie présente et le sabbat désigne la vie
éternelle (18). Une telle interprétation est familière aux écrivains du XIIe siècle. Selon Gilbert de Holland, le sabbat
signifie le repos de Dieu après la création et celui du Christ
après la Passion (19). Aelred de Rievaulx conseille de vaquer
à soi-même durant six jours afin d'arriver au repos du septième jour, le sabbat étant une participation à l'éternel repos de
Dieu (20).

5. *Le symbole dans le « Cantique des Cantiques »* (21).

Nombreux sont les commentateurs du *Cantique des Cantiques*. Qu'il nous suffise de nommer Yves de Chartres, Bruno
d'Asti, Rupert de Deutz, Honorius Augustodunensis, saint
Bernard, Guillaume de Saint-Thierry, Gilbert de la Porrée et
Gilbert de Holland.

Le *Cantique des Cantiques* présente une philosophie, celle
du « Saint des Saints » qui correspond à l'âge parfait de la vie
spirituelle. La voie qui s'y trouve décrite aboutit à l'union de
l'âme avec Dieu, union si totale qu'elle a pour terme l'unité de
l'esprit. Le *Cantique* sur ce plan mystique, c'est l'épithalame
de l'Époux et de l'Épouse, de Dieu et de l'âme ; celle-ci, ayant
franchi les différentes étapes de l'amour, se meut dans la
charité. De même, écrira saint Bernard, que Dieu est inaccessible à l'homme sans le Christ qui sert d'intermédiaire, que
l'amour charnel précède l'amour spirituel, un langage purement spirituel serait inaudible. C'est pourquoi le *Cantique*
emploie un langage charnel et parle en énigmes ; la lettre
couvre l'esprit comme la paille le grain. Selon les mystiques,
le *Cantique des Cantiques* concerne l'homme intérieur. Celui-
ci se trouve dans la nécessité de faire usage de symboles
quand il veut communiquer son expérience. « De même qu'il
est impossible, dira saint Bernard, de comprendre un discours
grec ou latin si on ne sait pas le grec et le latin, ainsi pour

(17) *Méditations* VI, *id.*, p. 43.
(18) Cf. Grégoire de Nysse, *Vie de Moïse,* trad. Jean Daniélou, Paris,
1941, p. 103. Voir aussi Origène, *id.*, 212, 14-25.
(19) *Sermon* XI, 4-5, P. L. 184, c. 60 C.
(20) *Speculum caritatis*, P. L. 195, c.
(21) Cf. *infra*, p. 77.

celui qui n'aime pas, l'amour est une langue barbare (22). »
Au XIIᵉ siècle, les Abbés avaient coutume de paraphraser le
Cantique des Cantiques devant leurs religieux. Nul ouvrage
ne pouvait mieux convenir à ceux qui, dans la vie monastique,
tentaient de vivre dans la présence de Dieu. Nous avons vu, à
propos des relations de l'âme avec Dieu, que cette union est si
totale qu'elle est comparée à l'acte conjugal (23).

Il convient de citer comme principaux symboles du
Cantique des Cantiques, l'embrassement, la vigne, la gazelle,
le désert, la tourterelle, le bouquet de myrrhe, la noirceur de
l'épouse, le creux du rocher, etc. En réalité, la plupart des
termes employés dans le *Cantique* sont d'ordre symbolique.

6. *Le symbole dans les Évangiles.*

Dans le Nouveau Testament, plusieurs symboles devraient
être retenus : la Vierge, les Mages, la croix, l'agneau, l'aigle, le
lion, le taureau, le coq, l'âne. Le symbole du Christ, bien
entendu, est d'une extrême importance. Le Christ est le nouvel
Adam, le nouvel Abel, le nouvel Isaac. Il est nommé
« Orient » et ce symbole, nous le verrons, est repris fréquemment dans les hymnes liturgiques. Tous les événements de la
vie du Christ sont préfigurés dans l'Ancien Testament. Ainsi
l'adoration des Mages évoque les trois guerriers offrant à
David de l'eau ; la Cène rappelle la Pâque ; la crucifixion a
pour homologue l'érection du serpent d'airain ; la mise au
tombeau, c'est Jonas englouti dans le ventre de la baleine. La
Vierge est rapprochée de la Sulamite de l'Ancien Testament ;
elle est comparée à la lune, à un jardin clos, à un miroir, à une
fontaine, et parce qu'elle devient l'Ève nouvelle, elle foule aux
pieds le serpent qui séduisit la première Ève.

7. *Le symbole dans l'Apocalypse.*

Au XIIᵉ siècle, les commentaires de l'*Apocalypse* se lisent
non seulement dans les traités théologiques, mais sur la pierre
des églises. Le succès de l'*Apocalypse* s'explique en raison de
son contenu. Elle plonge l'homme dans un état eschatologique, et peut-être lui fait-elle supporter avec plus de patience

---

(22) *Sermon LXXIX,* 1 *sur le Cantique des Cantiques,* P. L. 183,
c. 1163 C.
(23) Cf. *infra,* p. 77.

les épreuves de son existence. Il reste que la fin du monde crée une perpétuelle angoisse pour l'homme médiéval et le jette dans l'appréhension du Jugement dernier.

L'interprétation de l'*Apocalypse* proposée par Beatus de Liebana sera reprise maintes fois par les sculpteurs du XIIe siècle. Composé en Espagne, l'ouvrage fut recopié et servit de base à l'*Apocalypse* de Saint-Sever. L'œuvre de Beatus comportait un grand nombre de miniatures d'inspiration orientale. Elle avait été enrichie d'images dans les monastères mozarabes et carolingiens (24). Selon E. Mâle, l'abbaye de Moissac devait posséder une Apocalypse de Beatus, car les sculpteurs s'y réfèrent dans la présentation du Christ en majesté, entouré des quatre animaux et des vingt-quatre vieillards (25). On reconnaît aussi l'influence de ce commentaire à Saint-Benoît-sur-Loire et au tympan de l'église de La Lande de Cubzac (Gironde). Ce même traité inspirera de nombreux imagiers. La cathédrale d'Auxerre présente un dessin imitant une miniature de Saint-Sever, sur laquelle l'aigle tient dans ses serres un rouleau. Ce détail se retrouve à l'abbaye de Moissac. Notons que l'Apocalypse de Saint-Sever servira encore aux sculpteurs pour les thèmes d'Adam et d'Ève, du déluge, de l'adoration des Mages et aussi des lions sculptés sur les chapiteaux de Moissac.

Les auteurs médiévaux trouveront dans l'*Apocalypse* de saint Jean de nombreux symboles cosmiques. Ainsi les images de la lumière captiveront leur attention. Des phrases étranges de l'*Apocalypse* jetaient dans leur imagination une vision eschatologique : « Il n'y aura plus de soleil... car le Christ sera la lumière... et le dragon disparaîtra des eaux qui représentent le royaume de la mort » (XXI). De tels symboles rejoignaient les thèmes universels.

De l'*Apocalypse,* retenons les symboles du Christ (apocalyptique), des vieillards, des vierges, de l'agneau, du glaive, de la balance, des chevaux.

Tels sont les principaux symboles bibliques ; certes, il y en a bien d'autres d'une égale importance. Paul Alphandéry a signalé l'insuffisance des études concernant les influences bibliques sur la pensée de l'Europe médiévale. C'est là en effet

---

(24) Voir H. Focillon, *L'an mil,* Paris, 1952, p. 46.
(25) Voir E. Male, *L'art religieux du XIIe siècle en France,* Paris, 1928, p. 7. Cf. aussi le IVe chap. de cet ouvrage, p. 121.

un sujet d'une immense portée qu'il est impossible de circonscrire (26).

8. *Les symboles chez les Pères grecs et latins.*

Ces différents symboles bibliques précédemment nommés, nous les retrouvons chez les auteurs et sculpteurs du Moyen Age. Ils sont d'ailleurs le plus souvent retenus à travers les commentaires des Pères de l'Église. Durant très longtemps, l'autorité des Ecritures inspirées n'a pas été séparée de celle des Pères ecclésiastiques ; les témoignages patristiques forment ce que l'on appelle couramment des *auctoritates*. Au XIIe siècle, les opinions personnelles commencent à surgir. Toutefois, Hugues de Saint-Victor semble exprimer la tendance générale de l'époque en affirmant que la docilité aux opinions des Pères de l'Église permet de connaître le sens des Ecritures. Il existe donc une fidélité à la tradition que les auteurs et sculpteurs romans respectent. Et non seulement ils retiennent les différentes interprétations qui leur sont présentées, mais ils pensent qu'elles sont fidèles à la réalité. Les mésestimer serait donc fausser le texte divin. Grégoire de Nysse, avant Denys, dira que l'homme ne peut connaître Dieu que dans la mesure où il se rapproche de lui. Les ascensions de l'âme correspondent aux étapes de la compréhension des symboles. Peut-être faut-il établir un rapprochement entre la théologie négative et le sens des symboles. La théologie négative affirme que l'essentiel est inexprimable, le symbole aussi.

Nous retenons seulement quelques textes majeurs exposés par les Pères, ayant trait à l'emploi des symboles si largement exploités au XIIe siècle. Dans une de ses lettres (LV), saint Augustin précise que l'enseignement donné par les symboles a pour but d'éveiller et de nourrir le feu de l'amour, afin que l'homme s'élève vers ce qui est au-dessus de lui et qu'il ne saurait atteindre de lui-même. Saint Augustin étudie les signes, c'est-à-dire les symboles des Écritures dans le *De doctrina christiana*. Certains passages lui semblent difficiles à expliquer. C'est pourquoi il note l'ambiguïté de nombreux textes (*signa ambigua*). Il n'est pas suffisant, dira-t-il, de comprendre la lettre des Écritures ; d'où la nécessité de prendre contact avec la nature des différents êtres et éléments

---

(26) Voir P. ALPHANDÉRY, « L'Evhémérisme et le début de l'histoire des religions au Moyen Âge », dans *Revue de l'Histoire des Religions*, t. CIX (1934), n° 1, p. 9.

auxquels il est fait allusion, tels les animaux, les plantes et les minéraux. Dans ce même ouvrage, saint Augustin montre comment les sciences sont nécessaires pour acquérir la connaissance des Écritures. A ce propos, E. Gilson remarque que ce texte de saint Augustin est à la base des sciences naturelles géographiques, minéralogiques, botaniques, zoologiques du Moyen Age (27). D'où les bestiaires, les lapidaires médiévaux.

Il existe au XIIᵉ siècle un esprit encyclopédique qui continue la tradition présentée par Isidore de Séville et Bède le Vénérable. Mais c'est avant tout à saint Augustin qu'une telle doctrine semble fidèle. Celui-ci joue encore un rôle dans la mystique symbolique du monde sensible, telle qu'on la découvre au XIIᵉ siècle, tandis que Clément d'Alexandrie expose plutôt une géométrie conduisant du sensible à l'intelligible, grâce au don d'intelligence. Mais les yeux de l'âme sont parfois tellement obscurcis qu'elle est devenue incapable de saisir ce qu'elle ne peut toucher par ses yeux corporels. C'est en s'appuyant sur ce thème que Grégoire le Grand démontre la nécessité des symboles. Ceux-ci sont liés au cœur de chair qui ne saurait par lui-même avoir la pleine vision de Dieu.

Dans son Commentaire sur le *Cantique des Cantiques,* Grégoire de Nysse, en parlant de la vie spirituelle et des trois voies qu'elle comporte, indique plusieurs symboles dont le succès s'affirme au XIIᵉ siècle : le buisson ardent symbolise la première voie ; la nuée signifie la seconde et la ténèbre qui couvre la vie mystique, la troisième. Grégoire décrit longuement cette nuée ; elle est « la connaissance plus appliquée des choses cachées qui conduit l'âme, par les choses visibles, jusqu'à la nature invisible, telle la nuée qui obscurcit tout le visible, mais qui guide l'âme et l'accoutume à se tourner vers ce qui est caché » (28). Le symbole apparaît ainsi comparable à une nuée, parce qu'il se situe entre la lumière fulgurante et la ténèbre. Pour Grégoire, la nuée est déjà une connaissance. Ce même auteur, dans sa sixième homélie sur les béatitudes, distinguera un double mode de connaissance, l'un symbolique, l'autre mystique.

Nos auteurs du XIIᵉ siècle connaissent Denys, Maxime et Grégoire de Nysse à travers le *De divisione naturae* de Jean Scot Erigène. On verra saint Bernard et surtout Guillaume de

Saint-Thierry citer Origène et Grégoire de Nysse (29), Raban Maur nommer Grégoire de Nazianze. Cependant, Guillaume reprochera à Abélard sa fidélité à Jean Scot Erigène. Pierre Lombard, dont l'œuvre est avant tout augustinienne, aussi bien par le choix des textes que par la mentalité, retient les noms de saint Hilaire, saint Ambroise, Grégoire le Grand, Jérôme, Isodore et de nombreux auteurs carolingiens ; parmi les Orientaux, il choisit Athanase, Didyme, Cyrille d'Alexandrie, le Pseudo-Denys et saint Jean Chrysostome. Pierre Lombard connaît encore l'œuvre de Jean Damascène traduite par Burgondio de Pise, et cite volontiers Origène. On sait que son commentaire part de la phrase de saint Augustin concernant la distinction entre les choses (*res*) et les signes (*signa*). Voilà encore inclus la portée des symboles et le sens qu'il faudra leur assigner.

La langue grecque — nous le savons — n'est pas en usage au XIIᵉ siècle ; c'est à travers des traductions que les Pères grecs sont connus. Il existe à chaque époque des « grécophobes » qui refusent de considérer les Pères grecs comme des auteurs authentiques. Guibert de Nogent, nommé cependant le plus intellectuel de son siècle, partage une telle opinion. L'auditoire proteste quand saint Bernard commente une homélie d'Origène concernant le *Lévitique* (x, 9). « Pourquoi ce grognement qui vous est inaccoutumé ? » demandera-t-il (30). A l'égard du grec, Robert de Melun usera d'expressions méprisantes. Il dira *græculus sermo,* voulant signifier par là une dédaigneuse ironie (31).

Les Pères latins jouissent d'un crédit universel, notamment saint Ambroise, saint Augustin et Grégoire le Grand dont la faveur est immense. Ils forment avec saint Jérôme le groupe des quatre grands docteurs de l'Église occidentale, porteurs des principales correspondances symboliques. On relève au Moyen Age des symboles sémitiques et helléniques apparemment confondus. Il est facile de discerner chez Origène les deux symboliques juxtaposées.

La conciliation des textes patristiques s'est ébauchée avant

(29) Cette parenté a été présentée par E. GILSON, *La théologie mystique de saint Bernard,* Paris, 1934, p. 28, note 1, p. 29, note 1, et reprise par J.-M. DÉCHANET, *Guillaume de Saint-Thierry, l'homme et son œuvre,* Bruges, 1942, pp. 46 sv.

(30) Cf. *Sermon XXXIV de diversis,* P. L. 183, c. 630 sv.

(31) Voir R. MARTIN, *Œuvres de Robert de Melun, Sententiae* I, *Spicilegium sacrum lovaniense,* t. 21, p. 45. Voir aussi J. de GHELLINCK, *Le mouvement théologique du XIIᵉ siècle,* Paris, 1948, pp. 230-231.

le xiie siècle. Toutefois, les tentatives aboutissent au moment même où la théologie devient plus créatrice. C'est au milieu du xiie siècle qu'on verra se préciser une formule déjà présentée par saint Augustin et Grégoire le Grand concernant l'accord des Pères en dépit d'un désaccord apparent : *non sunt adversi sed diversi* (32).

A chacun des Pères de l'Église, les auteurs du Moyen Age sont redevables d'une notion particulière ; ils empruntent à Tertullien et à Maxime la notion d'extase ; pour le premier, c'est une *amentia*, c'est-à-dire une absence d'esprit ; pour le second, un *excessus*, un dépassement. Grégoire de Nysse leur suggère le mystère de l'Époux, de l'Épouse et de la purification de l'âme. De Grégoire le Grand, ils retiennent par exemple le détachement de soi qui assure la possession de Dieu. Les mêmes symboles se trouvent pris, interprétés, véhiculés en des sens constamment élargis. On voit un texte apocryphe de saint Augustin récité au xiie siècle aux Matines de Noël et sculpté sur la façade de Notre-Dame-la-Grande de Poitiers. Parfois, l'imagination remplace l'interprétation réelle du symbole ; une déformation naît et s'étend dans des zones de plus en plus vastes. A propos des thèmes de la palme et de la couronne, de la vigne et de l'arbre, du poisson et du navire, du char et de l'étoile, que Jean Daniélou a étudiés dans la pensée juive et aussi chez les Pères (33), on sait combien ces images commentées par les auteurs romans sont autant de motifs d'ornementation.

Les anciens catalogues des bibliothèques monastiques nous permettent de recréer le climat intellectuel des moines du xiie siècle et de connaître le nombre de manuscrits consacrés aux ouvrages des Pères. Dans sa Règle qui, nous le savons, était lue par tous les moines occidentaux, saint Benoît conseille les enseignements des Pères qui peuvent conduire l'homme au sommet de la perfection. Or, les moines lisaient chaque jour quelques commentaires patristiques, soit pour leurs études, soit pour leur propre édification. Il est facile, par les catalogues monastiques, de savoir par exemple l'importance donnée à Cassien et à Grégoire le Grand. Souvent dans les bibliothèques, les poètes et les historiens tiennent une place aussi grande que celle des Pères.

Les derniers livres du *Didascalion* d'Hugues de Saint-Victor décrivent l'enseignement scripturaire, tel qu'il se prati-

---

(32) Voir J. de Ghellinck, *Le mouvement théologique du XIIe siècle, id.,* p. 234.

(33) *Les symboles chrétiens primitifs,* Paris, 1961.

quait au XIIe siècle. Ce traité devait apporter des règles d'interprétation de l'Écriture et compléter sur la même question les écrits de saint Augustin, de Cassiodore et de Raban Maur (34). Les auteurs romans pouvaient encore trouver dans les fameuses *Sentences* de Pierre Lombard une mine de citations patristiques.

Ainsi les Pères de l'Église reprennent et développent les symboles contenus dans la Bible. Ces symboles, exploités par les Pères, interprétés par les mystiques et le maître d'œuvre, offrent une pluralité de dimensions. Or cette multiplicité n'est pas l'effet seulement d'une polyvalence tenant aux signes ; elle résulte des divers plans sur lesquels le symbole est accueilli : tout dépend de la lucidité de l'être qui reçoit le symbole et l'examine. Toutefois, dans le domaine de l'art, il existe des canons ; des directives sont données et exécutées ; elles relèvent de la formation plus ou moins différente reçue dans les ateliers. D'une part, les centres monastiques présentent des affinités, par exemple les abbayes bénédictines, cisterciennes ou cartusiennes ; de l'autre, les groupes laïcs d'architectes et d'imagiers sont liés intimement à des lieux géographiques. Ainsi la façon de traiter les symboles peut varier de la Bourgogne au Poitou ou à la Provence, tandis qu'à l'intérieur de telle ou telle région l'iconographie semble obéir à des lois identiques.

Les sens que revêt l'Écriture Sainte peuvent être adaptés à l'art roman. Rappelons la triple distinction exposée par Origène et d'inspiration philonienne concernant les commençants, les progressants et les parfaits ; Abraham, Jacob et Isaac personnifient ces étapes. Le thème est repris par de nombreux auteurs du Moyen Age. Guillaume de Saint-Thierry, dans un traité destiné aux Chartreux du Mont-Dieu, décrit longuement ces trois degrés : état animal, état raisonnable, état spirituel. Chaque sens de l'Écriture correspond à l'un de ces stades. Dans le premier, « le simple » est édifié, dans le second l'âme pénètre dans l'aspect religieux et mystique du mystère, en dernier lieu la saisie du mystère varie suivant la qualité de l'âme. D'où la multiplicité des interprétations.

Bible, hagiographie, liturgie, mystique, art reprennent les mêmes sujets. Et ces symboles bibliques et patristiques se mélangent parfois à tout un apport profane encore plus divers dans ses sources et ses représentations.

---

(34) Voir *supra* n. 4, p. 119.

CHAPITRE II

SYMBOLES PROFANES

A la fin du xe siècle, les auteurs antiques avaient été rejetés. Dans un songe, le moine Odilon vit des serpents s'échapper d'un vase : la poésie antique fuyait ! Le xie siècle tenta de ressaisir le trésor dispersé. Le xiie siècle roman assuma l'héritage antique. Il transmit aux temps futurs une civilisation que sans lui nous aurions ignorée. Toute l'Europe moderne est suspendue à ce xiie siècle roman sans lequel les enfants dans les écoles ne traduiraient pas, aujourd'hui, les textes qui affinent leur intelligence et qui à l'âge mûr nous enchantent. C'est là un cadeau somptueux dont nous devons avoir conscience. Bien entendu, nous l'avons dit et le répéterons, la pensée chrétienne a essayé de s'incorporer l'antiquité, et ce legs, elle ne l'a pas superposé à sa propre réflexion ; elle l'a fait sien parce que dans sa vision chrétienne, rien ne saurait être soustrait au Christ qui possède le présent, le passé et le futur.

1. *L'Europe romane.*

Le xiie siècle roman est occidental. Il représente une civilisation, c'est-à-dire une façon de penser, de sentir et de communiquer. Ce siècle inaugure d'autant plus une époque nouvelle qu'il a derrière lui la chute de l'empire carolingien. Dans une féodalité qui s'organise, l'homme roman recherche les traits de son visage pour acquérir une humanité plus vaste.

Les apports divers se mêlent en Europe. Celle-ci est un carrefour de rencontres. Ses deux rives, l'Atlantique et la

Méditerranée recueillent et retiennent une triple pensée : grecque, musulmane et juive. L'Espagne joue un rôle de premier plan : elle transmet ; sorte de plaque tournante, elle livre généreusement tout ce qu'elle reçoit. L'influence exercée par les Arabes et par les Juifs d'Espagne est considérable. On a cru pendant longtemps qu'elle s'était manifestée surtout dans le domaine de la médecine et de la philosophie, mais on sait maintenant d'une façon certaine qu'elle s'est étendue non seulement à l'architecture, mais aussi à la littérature. On relève dans le Poitou, l'Auvergne et la Saintonge, la Bourgogne et dans le Midi de la France des influences islamiques. Les Croisades et les routes de Compostelle ont servi de voies. Quand l'Europe occidentale se forme et lorsque les voyages lointains donnent le sentiment d'un vaste univers, les architectes et les imagiers adoptent des visions nouvelles.

Nous insisterons sur l'art antique romain. Mais il faudrait tenir compte aussi de tout un apport oriental, provenant de l'Asie par la Transcaucasie. J. Baltrusaitis a montré au point de vue de la sculpture ornementale des ressemblances frappantes entre des motifs asiatiques de l'époque sumérienne et ceux reproduits sur les églises romanes (1). Il est vrai que l'influence de la chrétienté orientale, de la Mésopotamie, se retrouve dans l'art romain. Celle-ci a été très justement soulignée par J. Puig i Cadafalch (2), quand il écrit : « Le premier art roman a été une invasion mésopotamienne en Occident, qui s'est mis à parler une langue artistique fortement teintée d'orientalisme... l'art créé à Ravenne et l'art byzantin se sont fondus dans l'art. » Il est impossible de préciser l'exacte influence de l'Orient, ou tout au moins de nommer les symboles que lui empruntera l'Occident, car ceux-ci ne sont pas toujours purs, ils apparaissent amalgamés avec d'autres représentations issues de courants différents. Déjà au XIᵉ siècle, on trouve la décoration sculptée avec les marguerites, la fleur de lys, l'enroulement, la tresse, l'étoile à six raies. La chrétienté orientale avait reçu un vaste héritage en Syrie, en Mésopotamie, en Transcaucasie, en Égypte. Elle devait communiquer ces richesses à l'Occident. En raison de la multiplicité des sources orientales de l'art roman, celui-ci possédera un caractère beaucoup plus universel que l'art gothique.

Puig i Cadafalch remarque encore qu'il n'existe pas de

---

(1) Voir J. Baltrusaitis, *Art sumérien, art roman*, Paris, 1934.
(2) Cf. J. Puig i Cadafalch, *La Géographie et les origines du premier art roman*, Paris, 1935, p. 469.

continuité historique entre l'art roman et les arts antérieurs. Il convient de parler d'un vide. A un moment précis, le style commence, et l'auteur de poser la question : « Quel est l'apport des arts antérieurs dans le premier art roman ? La réponse est claire : Rome est le fond de l'art que nous étudions (3). » Cette affirmation nous paraît péremptoire. Il convient surtout de se rappeler que l'art que nous appelons communément romain n'est pas romain d'origine. Rome se trouve le centre des apports les plus variés.

Les symboles celtiques survivent aussi dans la sculpture romane. L'Écosse et l'Irlande fournissent une culture mystérieuse de provenance celtique, dans les spirales et les entrelacs.

2. *Les sculptures antiques* (4).

Les historiens médiévaux décrivent avec emphase les fouilles qui leur permettent de découvrir les œuvres d'art (5). En France, ils peuvent admirer aisément des sarcophages et des statues ; de nombreuses ruines romaines subsistent. Ainsi Autun, la vieille cité de la Gaule romaine, conserve son théâtre ; il est christianisé : une chapelle en l'honneur de saint André trouve asile dans son enceinte. Plus tard, dans le récit de leurs voyages littéraires, Dom Martène et Dom Durand remarqueront à propos de Saint-Lazare d'Autun un ordre d'architecture imité de Rome.

Détail amusant : les voyageurs, abbés ou moines, ou bien encore architectes qui se rendent à Rome, ne manquent pas de rapporter quelques souvenirs. En cela, ils imitent Charlemagne que le pape Hadrien Ier avait autorisé à faire un choix daans les ruines antiques ; de gros chariots lourds de marbre venant de Rome et de Ravenne firent route vers Aix-la-Chapelle. Suger rêve de renouveler le geste de l'empereur. N'a-t-il pas songé à placer dans le chœur de l'abbaye de Saint-Denis des colonnes romaines ? L'évêque de Winchester fait remplir un navire de pierres retirées des ruines de Rome.

(3) *Id.,* p. 470.
(4) Voir J. ADHÉMAR, *Influences antiques dans l'art du Moyen Age français,* London, 1939. Ce livre nous a été très précieux pour la rédaction de ce chapitre.
(5) Voir sur cette question, G. ZAPPERT, « Ueber Antiquitätenfunde im Mittelalter », dans *Sitzungsberichte der Kaiserlichen Akademie der Wissenschaften der Philosophische-historische Classe, V,* Wien, 1850, pp. 572 sv.

L'abbé de Saint-Benoît-sur-Loire prend pour autels de son abbaye des mosaïques de marbre. Tout un commerce européen s'organise ! Il n'est pas sans intérêt de constater le goût des moines pour un passé qu'ils jugent honorable et chargé de signification. C'était là une manière de glorifier Dieu que d'introduire dans son temple ces pierres, ces mosaïques et ces marbres.

3. *La ville d'Or.*

Un autre fait est évident : c'est l'attrait des hommes romans pour l'antique Rome. Car nous devons bien le comprendre, les moines du XIIᵉ siècle dont les ignorants — et ils sont nombreux— ont fait volontiers des barbares, étaient de fins lettrés, admirateurs d'une antiquité qu'ils connaissaient mieux que nous ! Par ses glorieux souvenirs, Rome attirait les voyageurs. Elle avait toujours été un centre important en raison de son rôle au sein de la chrétienté. A ce moment, le pape ne jouissait pas du privilège de l'infaillibilité qui est de date récente. On discutait avec lui. Père du peuple chrétien, mais engagé dans le temporel, il devenait l'enjeu d'influences opposées ; les partis l'assiégeaient. Les mœurs étaient rudes et ses légats pouvaient parfois être violemment molestés ! Des lettres de saint Bernard affichent à l'égard des papes une liberté de ton qui pourrait nous étonner aujourd'hui. Bernard de Clairvaux — il est vrai — tenait le rôle d'arbitre de la chrétienté et le pape Eugène III, ancien moine de Cîteaux, avait été jadis chargé du chauffoir de l'abbaye.

Quand les Abbés, perchés sur leurs mules ou sur leurs chevaux, se rendaient à la « Rome d'Or », après s'être inclinés sur le tombeau des apôtres et avoir prié dans l'église du Latran, ils contemplaient volontiers l'héritage dont la ville antique était remplie. A ce point de vue, les relations de voyage entre l'Italie et la France sont évocatrices. Qu'on lise par exemple la chronique d'Arnold de Lubeck ou le très ancien guide de Rome repris en 1155, sous le titre des *Merveilles de la Ville de Rome (Mirabilia Urbis Romae)* (6). On apprend ainsi le nom des monuments les plus admirés. Bien entendu, nombre de temples païens avaient été transformés en églises, beaucoup furent convoités par des familles

(6) Les *Mirabilia* seraient, d'après Mgr Duchesne, l'œuvre d'un chanoine de Saint-Pierre. L'ouvrage utilise des sources anciennes. Cf. G. Parthey, *Mirabilia Romae,* Berlin, 1869.

romaines. Même christianisés, ils évoquaient le souvenir des temps révolus. Un décret du Sénat de 1162 concernant la colonne Trajane est significatif et prouve le respect qui entourait ces vestiges antiques. Il vaut encore pour nous, car il inclut un sens des valeurs qu'une civilisation mécanique a perdu. La colonne Trajane doit demeurer intacte et incorrompue — exigeait le décret — tant que le monde durera, et celui qui tentera de la dégrader sera condamné à mort et ses biens confisqués. On ne peut être plus formel ! Une telle attitude n'étonnait pas davantage les Italiens que les Français ou les Allemands ou les Anglais, ou mieux elle ne jetait aucun trouble dans l'âme chrétienne. C'était moins alors des questions de nations qui divisaient les hommes que le fait d'être chrétien ou non-chrétien.

Certes, ces édifices antiques avaient servi au culte païen, ils représentaient donc les dépouilles des *Gentils*. Leurs noms ne changeaient pas nécessairement ; beaucoup demeuraient, mais leur destination était devenue différente. Aucun mépris ne les couvrait, seule la compassion semblait les atteindre ; ces monuments de pierre ou de pensée apparaissaient stériles. « Ils ne sont point esprit et vie ! » dira Pierre le Mangeur devant un groupe d'étudiants. Cependant, on les jugeait « honorables » (7) et savamment construits.

Parlant de la beauté de Rome, un poète du XIIe siècle, Hildebert de Lavardin, dira : « Les ruines de tes divinités sont plus belles que les dieux eux-mêmes. » L'art humain dépasse, dans certains cas, l'œuvre de la nature. A cette beauté, plus belle que nature, tendront les artistes dans les statues du Beau Dieu d'Amiens et de la Vierge, etc.

Le guide de Rome racontait encore aux pèlerins de nombreuses légendes. Ainsi la visite du Capitole leur rappelait que sous le règne d'Auguste, un groupe de statues portant chacune une clochette évoquait les différentes provinces romaines. Si une cloche tintait, elle annonçait la révolte d'une de ces provinces.

Une statue équestre devait jouer un rôle prépondérant, celle de Marc-Aurèle, dont le cheval piétinait une figurine symbolisant les pays conquis par l'empereur. Mais faisant confiance à une inscription ancienne, voyageurs et pèlerins croyaient admirer Constantin foulant aux pieds l'hérésie. Grâce à cette méprise, on verra l'empereur représenté sur des façades d'églises, par exemple à Châteauneuf (Charente), à l'Abbaye-aux-

(7) Cf. *La Chronique du Diacre Florus,* cité par L. Bégule, *Monographie de la cathédrale de Lyon,* Lyon, 1880, p. 5.

Dames de Saintes, au baptistère de Saint-Jean de Poitiers.
Une légende concernant son baptême achevait de le rendre
célèbre. Un baptistère de Saint-Jean de Latran rappelait
comment l'eau baptismale avait guéri Constantin de la lèpre.

4. *Le succès des auteurs anciens.*

Grâce à leurs lectures et à leur connaissance de l'histoire,
les lettrés du XIIᵉ siècle avaient une pénétration perspicace des
événements de l'antiquité; ils pouvaient sans erreur les
replacer dans un cadre précis. Visitant les ruines anciennes,
ils savaient à quels épisodes il convenait de les attribuer. Leur
familiarité avec les fables d'Ésope, d'Avienus et de Caton leur
permettait de se mouvoir avec aisance dans une littérature
coutumière. Le parfait usage du latin dans les écoles facilitait
la lecture d'œuvres étudiées dans le texte. Certes, le grec
offrait des difficultés, et c'est pourquoi les traductions latines
affluèrent (8). Non seulement il importait de traduire le grec
pour rendre certaines œuvres accessibles, mais il fallait encore
les mettre à la portée de ceux qui ignoraient le latin. Il devenait donc nécessaire de donner des interprétations en langue
romane et dans les fabliaux et les chansons, les citations s'in-
troduisirent aussitôt. Nous verrons Marie de France se servir
dans ses lais des symboles de la Bible et de l'antiquité.
Homère est connu à travers l'*Ilias latina*. Des compilations
groupent plusieurs auteurs et forment des morceaux choisis.
Ce sont toujours les bibliothèques médiévales qui nous
permettent de savoir quels étaient les écrivains en faveur à
l'époque.

Nous ne soulignons pas l'influence de Platon, ayant
souvent l'occasion de le citer au cours de cet ouvrage. Quant à
Ovide, nous avons déjà indiqué son succès dans les pages
consacrées aux caractéristiques médiévales. Au XIIᵉ siècle, les
poètes l'imitent, au point qu'on prend parfois leurs poèmes
pour des vers extraits des *Métamorphoses;* tel par exemple
Hildebert de Lavardin qui louera aussi la sagesse antique
d'Horace et en même temps celle des Pères de l'Église (9);
Matthieu de Vendôme, Baudri de Bourgueil — entre bien d'autres écrivains — s'inspirent d'Ovide. Parfois on le christianise,
c'est-à-dire qu'on l'interprète d'une façon chrétienne ; sorte de

---

(8) Voir sur le rôle du grec au Moyen Age, M.-A. TOUGARD, *L'Hellénisme
dans les écrivains du Moyen Age,* Paris, 1886.

(9) Cf. J.-B. HAURÉAU, *Notices et Extraits,* t. XXVIII, Paris, 1882.

baptême qui lui permet d'entrer partout et d'être lu sans crainte. Nous avons déjà parlé de sa vogue dans les abbayes auprès des moines et des nonnes. Toutefois, à l'égard des enfants, une certaine prudence semble nécessaire. Alexandre Neckham dira qu'il ne faut pas le mettre inconsidérément entre les mains des jeunes gens.

On croyait volontiers qu'Ovide était devenu chrétien. Une légende rapportait qu'il était l'auteur du traité *De vetula* et que celui-ci avait été retrouvé sur sa tombe. A la fin de sa vie, Ovide aurait enseigné les mystères du Christ et de la Vierge (10).

Conrad d'Hirschau, dans son *Dialogue super auctores* (11) nomme les auteurs païens qu'il convient d'interpréter d'une façon chrétienne ; ils sont nombreux et chacun est loué à tour de rôle : Donat, Caton, Cicéron, Boèce, Lucain, Horace, etc. L'important est d'orienter les arts vers la science divine. Si nous sommes appelés selon saint Paul dans la liberté (2 *Cor.,* III, 17), les études libérales peuvent nous permettre de servir notre Roi (12).

Cette renaissance du XII⁰ siècle possède le goût positif des classiques. Cicéron et Horace sont lus dans tous les monastères. Horace est souvent cité par Bernard de Clairvaux et Guillaume de Saint-Thierry. Dans son *De contemplando Deo,* Guillaume reprend un vers d'Horace. Aelred de Rievaulx compose un *De amicitia.* Raynaud, l'abbé de Foigny, est gentiment raillé par saint Bernard de son affection pour Ovide. Isaac de l'Étoile chante la saveur de la dialectique. Dans sa Somme (13), appelée *Quoniam homines,* Alain de Lille fait allusion à la nécessité de combattre Goliath avec ses propres armes. En effet, pour réfuter les adversaires du dogme chrétien, il convient de faire appel aux païens. Hermès Trismégiste est invoqué, puis Platon, la Sibylle, Aristote, etc. Notons que les rédacteurs de l'*Exordium magnum* (un des monuments cisterciens primitifs) citent avec Grégoire le Grand et les Pères du désert, Philon, Horace, Ovide.

Jean de Salisbury découvre dans l'*Énéide* les six âges de

(10) Cf. P. LEHMANN, *Pseudo-antike Literatur des Mittelalters,* Berlin-Leipzig, 1927, pp. 13 sv.

(11) Éd. R. B. C. Huyghens, 1955, p. 39.

(12) *Id.,* p. 58. Voir à ce propos, dans Jean LECLERCQ, *L'amour des lettres et la vision de Dieu,* Paris, 1957, p. 115. Le chapitre VII consacré aux études libérales rassemble de nombreux textes, pp. 108-141.

(13) Celle-ci vient d'être éditée par P. Glorieux, dans *Archives d'Histoire doctrinale et littéraire du Moyen Age,* t. XX, Paris, 1953, pp. 113-364. Voir en particulier, p. 116.

l'homme et Hugues de Fouilloy paraphrase pour les pasteurs et leurs troupeaux la neuvième églogue. Isidore de Séville, à travers Lactance, avait déjà conçu dans ses *Étymologies* un ordre historique comprenant six âges : de la création au déluge, du déluge à Abraham, d'Abraham à David, de David à la captivité de Babylone, de la captivité de Babylone à la naissance du Christ ; cette dernière période inaugurant une nouvelle ère. Isidore parlera encore de l'Égypte, de l'Assyrie, de la Grèce et de Rome. Dans son *Dialogue entre un philosophe, un juif et un chrétien,* Abélard observe que Dieu est à la fois l'auteur de la loi naturelle et de la révélation. Mais la révélation ne saurait exister sans la nature. Platon, selon lui, a pressenti le dogme de la Trinité. Cicéron lui apparaît le plus grand des philosophes. Guillaume de Conches dira puiser son bréviaire de morale dans Cicéron et Sénèque.

Un moine de Lorraine, nommé Jean de Alta Silva, considère Virgile comme un poète célèbre *(ille poeta famosissimus)* dont les pouvoirs transcendent ceux des hommes. Alexandre Neckham dresse une liste des prodiges accomplis par Virgile. Jean de Salisbury est le premier écrivain à qualifier Virgile de magicien. C'est lui qui nous rapporte la fameuse histoire de la mouche. Virgile, en fabriquant une mouche, réussit à exterminer les autres mouches qui infestaient la région de Naples (14). Vincent de Beauvais dira au XIIIe siècle que cette mouche fameuse, douée de tant de pouvoirs, était en bronze. A Rome, les pèlerins pouvaient encore admirer le Château Miroir où, suivant la légende, Virgile aurait usé d'un miroir magique permettant de suivre à de très longues distances le mouvement des ennemis de la cité.

5. *Les opposants.*

Devant un tel succès des études profanes, les intégristes s'indignent ! Le doux Bernard est parmi eux. Mieux encore, il se tient à la tête d'un combat riche de conséquences ; non seulement la réforme cistercienne groupe de nombreux adeptes, mais elle influence l'opinion de l'époque. Bernard est exigeant. Les moines ne doivent point cultiver les sciences pour elles-mêmes. Toutefois, dans un sermon, il dira que l'étude des lettres n'est pas inutile pour repousser l'argument des adversaires ou instruire les illettrés. La poésie satirique latine

(14) Voir J. W. Spargo, *Virgil the Necromancer,* Cambridge, 1934, pp. 8, 70 sv.

fournit aux moines une ample provision de traits à décocher contre l'homme en proie à ses passions. Saint Bernard en use largement. Il ajoutera encore que la science des belles-lettres orne l'âme. N'est-ce point piquant de remarquer que Bernard, tonitruant contre le luxe architectural et liturgique de Cluny, cite un texte de Perse! Lors de la mort de son frère Gérard, il se réclame d'Horace! Nous insistons sur saint Bernard, car il est typique de constater que cet homme opposé à l'art clunisien et aux sciences profanes, quand elles sont étudiées avec excès, est lui-même saturé d'auteurs antiques. S'il écrit à un ami : « Pourquoi cherchez-vous le Verbe dans des livres quand vous l'avez dans sa chair ? Pourquoi prenez-vous tant de plaisir à boire l'eau trouble des citernes ? », ce n'est point pour contester le bienfait des études, il veut simplement attirer son correspondant à la vie monastique. Un fait est évident : la tentation des moines du XIIe siècle n'est pas d'ordre charnel ; elle réside dans le goût excessif de la science profane issue de l'antiquité.

Saint Bernard aura des imitateurs surtout dans ses fils, tel Nicolas de Clairvaux qui traitera Virgile et Cicéron de sirènes dont le chant conduit à la perte de l'âme (cf. Pl. 8). Pourtant les cisterciens de la première génération sont des hommes instruits, rompus aux disciplines du trivium et du quadrivium, avant d'entrer à l'école de charité.

Ces moines qui tentent d'assigner aux sciences profanes un rôle secondaire ne sont point des adversaires de la culture. Il s'agit seulement d'une question d'ordonnance. Les sciences profanes ne doivent pas prendre une place qui ne saurait leur échoir. On voit déjà s'amorcer la théorie du XIIIe siècle annoncée au XIe par Pierre Damien : suprématie de la théologie et rôle subalterne des autres sciences devenues semblables à des servantes portières ! La théologie est plus importante pour ces hommes romans que la culture profane, elle est la science de Dieu. Dans une évocation charmante, Hugues de Saint-Victor compare les sciences sacrées à l'olivier qui se dresse au-dessus du jonc flexible ou encore au rosier dont les fleurs rouges offrent plus de qualité que l'humble lavande.

Une miniature de l'*Hortus deliciarum* de l'Abbesse Herrade de Landsberg oppose l'inspiration de l'esprit immonde représenté par un oiseau noir volant au-dessus de l'épaule d'un poëte à l'inspiration du Saint-Esprit qui éclaire les sages. L'oiseau noir efflanqué allonge son cou pour souffler à l'oreille des pensées profanes.

Un autre mouvement, d'une teneur d'ailleurs entièrement différente, naît au XIIe siècle : il s'agit des Cornificiens. Ceux-ci ne s'éloignent point des arts profanes par amour de la science sacrée. Ce sont des esprits paresseux qui n'ont point le désir de séjourner longtemps dans les universités, et Jean de Salisbury, avec un humour tout anglais, dira qu'ils ne veulent pas demeurer dans les écoles plus de temps qu'il n'en faut aux poulets pour voir pousser leurs plumes (15) ! A ces négligents, soucieux de paraître et non de se former, Gilbert de la Porée conseille quelque métier lucratif, tel celui de boulanger.

6. L'héritage du passé.

En dépit des moines inquiets du succès de la science profane, le goût de l'antiquité se propage. Le Christ n'en sera pas lésé. Encore une fois, il assume l'héritage du monde.

Pierre le Mangeur, doyen de l'église de Troyes, compose vers 1160 une histoire du peuple de Dieu qu'on appellera plus tard *Bible historiale*. Dans celle-ci, il joint les deux histoires sacrée et profane ; les artistes romans y puiseront quand ils voudront exprimer, sur les portails des églises, le parallélisme entre les sagesses païenne et biblique avec les sibylles et les prophètes.

Ainsi les hommes romans se savent les héritiers d'un passé non seulement religieux, mais profane. Et ce passé profane, ils vont le capter dans un souci constant de faire coïncider les souvenirs antiques et les réalités de la foi. C'est pourquoi ils utiliseront volontiers les symboles d'origine païenne dont leur esprit encyclopédique s'accommodera aisément. Aux chapiteaux de Torsac (Charente), on verra un personnage, jouant de la harpe devant un oiseau, qui a été identifié avec Orphée (16). Satan lui-même bénéficiera des thèmes anciens. Représenté avec des oreilles de chat, il apparaît semblable au Pan archaïque ; de sa bouche ouverte semblent jaillir deux petits personnages nus coiffés du bonnet phrygien que portent habituellement les démons païens. Il est monté sur une bête moitié chien et moitié serpent et dans laquelle on a pu reconnaître le Cerbère antique. Or cette représentation singulière est l'œuvre des moines de Corbie qui l'ont dessinée dans le rouleau mortuaire de l'abbé de Savigny (17). Un des chapiteaux de Vézelay

(15) Jean de SALISBURY, *Metalogicon*, I, 3 ; P. L. 199, c. 829 ; éd. C. Webb, Oxford, 1929, p. 11.

(16) Cf. J. GEORGE et A. GUÉRIN-BOUTAUD, *Les églises romanes de l'ancien diocèse d'Angoulême*, Paris, 1928, p. 289.

(17) L. DELISLE, *Rouleaux des morts du IXᵉ au XVᵉ siècle, recueillis et publiés pour la Société de l'histoire de France*, Paris, 1866, pp. 281 sv.

évoque un détail tiré de l'*Énéide :* un aigle énorme tenant dans
son bec un enfant et dans ses serres un chien (18). Récemment, Jean Adhémar a remarqué que l'histoire de Ganymède
était connue des clercs du xii⁰ siècle. D'ailleurs, Jean de Salisbury y fait allusion dans le *Polycratus.* Alexandre Neckham,
dans son *De naturis rerum,* fixe un rapport entre les planètes
et les vertus. Guillaume de Conches, commentant le *De
consolatione* de Boèce, désigne sous le nom d'Eurydice la
concupiscence du cœur humain.

L'universalisme roman accepte volontiers ces comparaisons, et l'on voit Saturne, Jupiter, Mars, Vénus et Mercure
jouer un rôle dans le symbolisme chrétien. Dans l'église romane, depuis la sculpture des porches jusqu'à la peinture des
vitraux, tout le savoir encyclopédique est représenté. Il en est
de même dans les enluminures du xii⁰ siècle, et par exemple
dans les illustrations des manuscrits de Raban Maur. Henri
Focillon a montré comment les prophètes s'inséraient dans
des formes orientales anciennes, tel Daniel entouré de lions
rappelant Gilgamesh de l'art syrien. Plus encore, les animaux
d'Asie inconnus d'Europe pénètrent secrètement dans les églises et sont dessinés sur la pierre.

Les éléments astrologiques, demeurés longtemps inclus
dans la semaine planétaire, évoquent toujours des divinités.
Les figures astrologiques sont volontiers adoptées et les
thèmes de l'antiquité subissent des métamorphoses. D'ailleurs, le Nouveau Testament fait allusion aux astres : telle
l'étoile des Mages. Dans le rêve des Mages, on la voit
surplombant les trois visages au relief de la cathédrale d'Autun (Musée de la cathédrale). Au xii⁰ siècle, certaines comparaisons présentées lors des premiers siècles chrétiens n'étaient
pas inconnues. Elles concernaient par exemple les transformations de Céphée en Adam et de Cassiopée en Ève. Le *Songe
de Scipion* de Macrobe, les exposés d'Isidore et de Bède, les
Noces de Mercure et de la Philologie de Martianus Capella
formaient les sources principales des thèmes antiques. L'ouvrage de Martianus Capella, très goûté par les moines,
commentait les sept arts que les artistes romans illustrèrent.

La tradition judéo-chrétienne devait offrir au Moyen Age
un très grand nombre de symboles. Ceux-ci se croisaient
parfois avec des symboles universels et les absorbaient au
point qu'ils étaient indivisibles dans l'esprit des hommes du
Moyen Age. Les Croisades faisaient circuler des textes grecs

(18) Cf. J. ADHÉMAR, « L'enlèvement de Ganymède », dans *Bulletin
monumental,* 1932, pp. 290-291.

et arabes dans des traductions latines souvent d'origine juive.

Il est impossible de retenir les symboles de la littérature profane, en raison de leur nombre et de leur emploi. Nous verrons que souvent ces symboles sont amalgamés avec des thèmes bibliques, tels par exemple les quatre fleuves qui descendent du mont Merou et qui ont leurs parallèles dans les fleuves de la *République* de Platon et aussi dans les fleuves du Paradis, ou bien encore la roue solaire qui sera appelée roue de la fortune par Boèce. Ce thème est diversement interprété. On le retrouve par exemple dans le *Jardin des délices* de l'Abbesse Herrade de Landsberg avec ces personnages avides et jamais longtemps comblés. Honorius Augustodunensis parle d'une femme attachée à une roue qui tourne perpétuellement ; tantôt sa tête s'élève, tantôt elle s'abaisse. Qu'est-ce donc que cette roue ? C'est la gloire du monde qui est emportée dans un mouvement éternel. La femme attachée à la roue désigne la fortune, sa tête s'élève et s'abaisse alternativement parce que les puissants et les riches sont souvent précipités dans la pauvreté et la misère (19). Le liturgiste Jean Beleth note encore qu'au XIIᵉ siècle on promenait « outre brandons et torches » une roue ardente.

Nous avons insisté sur la pensée et l'art romains, car il est important, pour concevoir l'influence des symboles de l'antiquité, de nous rendre compte à quel point les arts et les lettres étaient goûtés au XIIᵉ siècle. De nombreux symboles évoqués en théologie, dans la littérature religieuse et profane, sculptés par les imagiers, ont leur source dans le patrimoine de la Rome païenne. D'ailleurs le nom même d'art roman exprime une dépendance à l'égard de l'art antique. Cette relation est si étroite qu'elle favorisera des confusions (20). Ainsi les baptistères romans passeront parfois pour des temples païens (21). Un historien du XVIIIᵉ siècle a cru reconnaître dans un combat de coqs romans une sculpture appartenant au temple de Belenus (22)!

L'image antique est, nous le voyons, rarement conservée dans son sens primitif, elle subit une interprétation nouvelle.

---

(19) Honorius AUGUSTODUNENSIS, *Speculum ecclesiae*, P. L. 172, c. 1057.

(20) Voir les nombreux exemples cités par J. Adhémar, *id.*

(21) Dom Jacques MARTIN, *La religion des Gaulois*, 1727, t. I, pp. 219-228.

(22) Abbé GANDELOT, *Histoire de la Ville de Beaune et de ses antiquités*, Dijon, 1772, p. LI.

Les symboles profanes sont encore religieux. Il faudrait par exemple étudier au xiie siècle les labyrinthes, les remparts, les murailles élevées autour des châteaux et des cités. Ce sont là des garanties contre les ennemis extérieurs et plus encore des protections contre les esprits mauvais d'où proviennent la maladie, la mort et tous les périls démoniaques. Les symboles archaïques sont repris et transfigurés. La raison d'un tel changement provient de la nécessité de leur faire recouvrir un sens chrétien : Dieu est chrétien et le démon aussi.

L'amour de l'antiquité, en affinant le goût de l'homme roman, devait lui rendre plus aisément accessible le miroir de l'univers.

Chapitre III

L'UNIVERS, MIROIR DES SYMBOLES

L'œuvre permet de connaître l'artisan. L'univers est le miroir dans lequel Dieu se reflète. La connaissance de l'univers introduit l'homme médiéval dans le mystère de Dieu et dans son propre mystère. Ainsi la connaissance de soi et du monde lui donne accès au modèle dont le monde est l'image.

Pour les hommes du Moyen Age, la nature n'est pas séparée de la grâce. Dieu est le maître à la fois de la nature et de l'histoire, telle sera l'affirmation d'Hugues de Saint-Victor (1). A l'œuvre créatrice de Dieu correspond l'œuvre recréatrice de la rédemption, puisque entre elles le péché s'est introduit. Le cosmos créé par Dieu retourne nécessairement à Dieu. Prendre contact avec la nature, c'est entrer dans une économie de salut.

1. *Nature et histoire.*

Il serait possible d'établir une distinction entre les symboles considérés dans la nature et ceux étudiés dans l'histoire (2). L'intelligence spirituelle des Écritures pénètre le sens de l'histoire sacrée. Les études doctrinales de l'allégorie concernant la typologie biblique tentent de dégager les signifi-

(1) *Adnotationes elucidatoriœ in Pentateuchon, In Genesim*, IV ; P. L. 175, c. 33-34.
(2) Voir M.-D. CHENU, « Nature ou histoire ? Une controverse exégétique sur la création au XIIe siècle », dans *Archives d'Histoire doctrinale et littéraire du Moyen Age*, t. XX, Paris, 1953, pp. 25-30.

cations les plus évidentes de la parole de Dieu et les démar-
ches successives d'un peuple attentif à sa recherche. Le
symbole dans l'histoire est le symbole situé à l'intérieur du
colloque entre Dieu et son peuple.

Selon Guillaume de Saint-Thierry, la connaissance de Dieu
par la raison naturelle — connaissance de Dieu comme cause
première intelligente — n'est pas plus que la foi une vision
directe. Elle aussi se présente par intermédiaire, par miroir.
C'est en regardant les créatures et, pour autant qu'elles offrent
en elles une certaine similitude de Dieu, que l'homme entrevoit
quelque chose de la déité. Celle-ci se révèle dans sa surémi-
nence de nature créatrice, par le miroir de tout ce qu'elle a
créé : *Per visibilia ad invisibilia.* Le texte célèbre de saint Paul
(*Rom.,* I, 20), montrant que l'on peut s'élever à la connaissance des propriétés invisibles de Dieu en partant de la considération de l'univers créé, a été interprété de différentes façons.
Selon saint Augustin, les *invisibilia Dei* sont les Idées de
Dieu, d'où connaître Dieu à partir du sensible, c'est remonter
des choses à leurs Idées (3). Hugues de Saint-Victor écrira que
les réalités invisibles qui demeuraient secrètes ont été connues
au-dehors en devenant visibles aux yeux de tous (4).

2. *Le rythme dans la nature.*

La nature sera pour Hugues de Saint-Victor un champ d'investigation. La pensée de Dieu se découvre dans l'ordre naturel. Tous les grands symboles cosmiques sont à la base d'une
telle connaissance de la nature : ils sont inhérents à l'humanité. L'homme roman saisit le rapport entre le rythme de l'âme
de l'univers (Ame du monde) et le rythme de son âme. Il
possède le sens de l'analogie entre la structure du cosmos et sa
propre structure. Il se trouve face à face avec ce que R.A.
Schwaller de Lubicz nomme : « La magie des analogues » (5).

Ce rythme dont il a conscience lui apparaît d'autant plus
réel qu'il peut saisir la périodicité de la nature avec les saisons
et l'alternative du jour et de la nuit. La considération de la
nature lui apprend que tout est rapport et proportion. La théorie du macrocosme et du microcosme repose évidemment sur

---

(3) Cf. E. GILSON, *Introduction à l'étude de saint Augustin, id.,* p. 22.
(4) *De Sacramentis,* I, III, 3 ; P. L. 176, c. 217 C. A ce propos, voir M.-M.
DAVY, *Théologie et mystique de Guillaume de Saint-Thierry,* I. *La connaissance de Dieu,* Paris, 1954, p. 11.
(5) Cf. *Le miracle égyptien,* p. 16.

le nombre, et celui-ci est rapport de proportions. Le XIIe siècle détient éminemment ce « sens du rapport », sans lequel rien ne peut être déterminé.

Ce rythme, nous le retrouvons dans la phrase latine chez les théologiens, les prosateurs et les poètes qui, les uns et les autres, recourent à des procédés variés pour créer le langage du rythme. Celui-ci peut donc se saisir aussi bien par les yeux que par les oreilles ou le toucher. Le traité de Bède, *De schematibus et tropis Sacrae Scripturae liber,* donnait une synthèse de la tradition antique. Il rappelait que c'est avant tout l'oreille qui discerne la composition harmonieuse des paroles.

3. *L'observation de la nature.*

La corrélation et l'interdépendance des différentes parties du cosmos se présentent dans de nombreux thèmes. Ainsi nos auteurs médiévaux pouvaient admirer les miniatures d'un manuscrit d'Isidore de Séville (6), où l'on voyait la position des sept planètes errantes. Dès le XIe siècle, des miniatures représentaient le soleil étoilé de rayons à l'intérieur d'un cercle, avec autour de lui les signes du zodiaque, leurs noms et ceux des parties du corps qu'ils gouvernent.

Dans l'univers, les hommes observaient les planètes, les arbres, les fleurs, et surtout ils avaient conscience d'un rythme auquel on ne pouvait échapper qu'en se retranchant de l'univers. Déjà, au Ier siècle, Dion Chrysostome exprimait un sens identique en montrant comment la nature constitue pour celui qui la contemple une initiation. Si on envoyait, dit-il, un Grec ou un barbare dans un temple affecté aux mystères, dans un sanctuaire merveilleux de beauté et de grandeur, il éprouverait un mouvement semblable à celui perçu au sein de la nature. Dans le temple parviennent les visions et les voix qu'on entend dans les mystères ; il y a des alternances de ténèbres et de lumière. Et même s'il n'y a aucun interprète pour lui expliquer ces mystères, l'homme ne peut pas rester insensible. Ainsi le genre humain est initié au mystère, non point dans un édifice élevé par les Athéniens, mais dans la création aux aspects variés. Là où la lumière du soleil et des astres danse autour des hommes, le coryphée est celui qui mène le chœur de toutes choses, qui gouverne le ciel, le cosmos tout entier, comme un sage pilote dirige une nef bien construite.

(6) Ms. 423 de la Bibliothèque de Laon. Cf. E. FLEURY, *Les manuscrits à miniatures de la Bibliothèque de Laon,* Laon, 1863.

Selon Adam Scot, moine prémontré devenu chartreux, ce ne sont pas seulement les livres qui décrivent la présence de Dieu, mais tout l'univers révèle Dieu : les étoiles du ciel, le sable des mers, les gouttes de pluie, les herbes des champs, les feuilles des arbres, le pelage des animaux, les écailles des poissons, le plumage des oiseaux (7). Saint Bernard dira qu'il a plus appris dans les bois que dans les livres, car les arbres et les rochers enseignent toutes choses, et il ajoutera, faisant allusion à un texte biblique : « On peut tirer du miel des pierres et de l'huile des rochers (8). » C'est encore dans la nature que l'homme trouve les plantes nécessaires pour conserver sa santé et assurer sa guérison lors de la maladie. Adam Scot a vu le mire cueillir les fleurs quand le soir tombe et traverser la plaine avec sa charge de plantes, il l'a entendu broyer ses remèdes dans un mortier à l'aide du pilon (9). La nature apparaît chargée de forces mystérieuses à la fois bénéfiques et inquiétantes. Abélard, dans son *Éthique,* évoque les démons eux-mêmes connaissant les secrets des herbes, des semences, des arbres et des pierres.

L'oreille du cœur permet de percevoir la brise légère annonçant le passage de Dieu, et l'homme attentif, tel Élie, reconnaît la présence divine. Peut-être comme Anne, fille de Phanuel, devra-t-il attendre pendant quatre-vingts ans... Pour Adam Scot, la première vision de Dieu consiste dans la connaissance de son œuvre ; ainsi la contemplation de la nature devient le seuil d'une révélation intérieure.

L'homme roman perméable au sens de l'univers distingue à travers lui la voix de Dieu, et parce qu'il lui est attentif, il reçoit un enseignement. Il comprend que l'univers est essentiellement un lieu de théophanies.

Ce terme de théophanie que nos auteurs médiévaux connaissent et que certains emploient grâce à Jean Scot Érigène, trouve ici sa pleine application. La nature ne permet pas de savoir ce qu'est Dieu, mais elle affirme son existence. Le Christ, en se faisant homme, assume le monde sensible et intelligible et son incarnation est la plus excellente des théophanies. Puisque les théophanies sont des apparitions divines, toute la nature devient une théophanie. « *Theophania id est*

---

(7) Cf. *De triplici genere contemplationis,* I, VII ; P. L. 198, c. 800 B.

(8) *Epistola* CVI, 1-2 ; P. L. 182, c. 242 B.

(9) *Praefatio in homilias seu sermones,* XI ; P. L. 198, c. 96 B C et *De tripartito tabernaculo, proemia,* I, 1 ; P. L. 198, c. 610 B. Voir F. PETIT, *Ad viros religiosos,* Tongerloo, Anvers, 1934, p. 88.

divina apparitio », dira Honorius Augustodunensis (10). Le Verbe créateur maintient le mouvement du monde. Saint Jean n'a-t-il pas dit dans le *Prologue* de son Évangile : « En lui était la vie et la vie était la lumière des hommes » *(In ipso vita erat, et vita erat lux hominum)* ? Ces différents symboles dans lesquels nous reconnaissons Denys à travers Jean Scot Érigène manifestent l'influence des Pères qui ont tenté d'interpréter l'Écriture Sainte.

4. *L'amour de la nature.*

La voie de l'amour est toujours le plus court chemin. C'est en aimant la nature que l'homme roman pénètre dans son secret. La tendresse qu'un saint François d'Assise exprimera joyeusement au XIIIᵉ siècle se trouve déjà incluse à l'époque que nous étudions. Elle est plus discrète, moins fraternelle dans le jeu de ses expressions, moins colorée sans doute que chez le poète franciscain, mais elle semble profondément vivante dans ses manifestations. Quand le maître d'œuvre trace les symboles des divers éléments dans la Maison de Dieu, il ne fait que prolonger sur la pierre les méditations quotidiennes du contemplatif.

Cet amour de la nature, les hommes du Moyen Age le découvraient dans la Bible. Un psaume (CIII, 1-4) leur montrait que Yahweh est revêtu de majesté et de splendeur, qu'il s'enveloppe de lumière comme d'un manteau, déploie les cieux, bâtit sa demeure sur les eaux, fait son char des nuées et s'avance sur les ailes du vent. Et ils reprenaient les paroles du Psalmiste :

> Quand je contemple les cieux, ouvrage de tes doigts,
> La lune et les étoiles que tu as créées, je m'écrie :
> Qu'est-ce que l'homme ?
>
> (Ps. VIII, 4.)

Les Psaumes que les moines récitaient quotidiennement au chœur les invitaient à s'unir à l'univers pour rendre grâces à Dieu. Mais ce n'était pas seulement dans la Bible que l'homme cherchait la connaissance de l'univers, il la retrouvait à la fois chez les Pères et encore dans les œuvres des auteurs clas-

---

(10) *Clavis Physicae*, fᵒ 7 v ; cf. M. T. d'ALVERNY, « Le cosmos symbolique du XIIᵉ siècle », dans *Archives d'Histoire doctrinale et littéraire du Moyen Age*, t. XX, Paris, 1953, p. 45.

siques. Sénèque enseignait l'union religieuse avec l'univers. Saint Augustin décrivait dans ses *Confessions* le sens de la révélation dans l'ordre de la nature. « Qu'est-ce que j'aime quand je vous aime ? » disait-il en s'adressant à Dieu, et il décrivait l'éclat de la lumière, l'odeur des fleurs, la manne et le miel.

La nature apprenait aussi le sens de l'amour. Baudri de Bourgueil dira : Si on accuse l'amour, on accuse Dieu, puisque l'amour est l'expression de la nature. C'est en partant de ce principe que les poètes chanteront l'amour de la femme. On sait combien le XII\ :superscript:`e` siècle possède le culte de la Dame, de la Vierge, de la mère du Christ. Chez les poètes, la figure de la femme est toujours baignée de lumière. Ses yeux sont semblables à des étoiles, son teint est de lis et de rose, ses dents rappellent l'ivoire et ses lèvres légèrement gonflées évoquent le feu qui les colore.

5. *Le secret de la nature.*

Tout peut être appris dans l'univers, les secrets les plus cachés s'y découvrent. Quand les moines cisterciens et cartusiens construisent leurs monastères dans les lieux déserts, c'est moins pour fuir les endroits habités que pour être entourés d'une nature qui sert de support à leur pensée contemplative. Les éléments, le vent, les insectes, les arbres, les fleurs, deviennent matière d'enseignement.

Le papillon est couramment assimilé à un ange ; comme lui il se nourrit de lumière. Ses ailes lui permettent de capter les énergies cosmiques, et de traverser les océans en se nourrissant de la lumière solaire. L'oiseau est aussi comparé à l'ange, grâce à lui le ciel descend tandis que la terre se dresse avec le serpent. Les fleurs semblent muettes, cependant leur beauté, leur couleur et leur parfum traduisent leur langage ! Les mystiques demanderont aux fleurs des prés comment il convient de glorifier Dieu.

Quand l'homme méditatif regarde la terre, il comprend pourquoi elle est à la fois toujours vierge et toujours mère : vierge, car elle attend constamment la semence divine ; mère, parce qu'elle enfante successivement de nombreuses récoltes. La terre se tient face au ciel dont elle reçoit la rosée, les pluies et le soleil qui vont provoquer l'éclatement du germe et sa croissance. L'homme roman sait qu'il existe des mystères qu'il ne peut percevoir que dans la mesure où l'inspiration le visite et qu'en tous cas il ne saurait communiquer. Certains secrets doivent demeurer secrets, ou tout au moins il serait préjudiciable de les dévoiler. Le texte de l'Évangile (*Matth.*, VII, 6) disant qu'il ne sied pas de jeter des perles aux pourceaux, possède une très grande résonance. Il justifie la réserve qu'il convient d'observer, car ce qui est une vérité en soi n'a pas à être dévoilé devant ceux qui sont indignes ou non préparés à la recevoir. Cette vérité bonne pour les uns pourrait ainsi être préjudiciable pour les autres (11).

La légende d'Alexandre chantait dans toutes les mémoires ; elle faisait mesurer l'importance des lois de la connaissance qui est un don divin et ne saurait provenir de la seule volonté de l'homme. Cet Alexandre qui peuplait les rêves n'était pas celui de Plutarque, mais le héros d'une histoire orientale importée par un Grec d'Égypte. Les traductions de Julius Valérius transmettaient l'histoire du héros. A la cathédrale d'Otrante se trouvait représenté le mythe fameux. Alexandre avait fait jeûner durant trois jours deux énormes griffons, puis il les avait réunis par un joug attaché à des harnais auxquels il avait suspendu un siège. Porteur d'une immense hampe pourvue à son extrémité d'un foie d'animal, le roi s'était assis. Les griffons affamés voulurent dévorer l'appât qu'Alexandre tendait au-dessus de leur tête, c'est ainsi qu'ils s'envolèrent. Pendant sept jours ils montèrent sans cesse plus haut ; Alexandre tenait toujours la hampe soulevée. Il rencontra un génie qui lui dit : « Pourquoi vouloir connaître les choses du ciel alors que tu ignores les choses de la terre ? »

A Otrante, près de la figure d'Alexandre, on voyait le roi Artus, le héros de la Table Ronde. Jongleurs, troubadours, imagiers célébraient les deux mythes royaux. Alexandre, tel Pythagore, était dit comprendre la voix des animaux et parler aux arbres qui lui annoncèrent sa mort prochaine. C'est toujours le même symbole. Celui qui pénètre dans la connaissance voit aussitôt s'abolir les cloisons qui séparent les différents règnes. Il perçoit le langage de l'animal comme celui des fleurs et des arbres.

(11) Les « pourceaux » désignent communément ceux qui cherchent dans le sens horizontal, et fouillent ici et là dans les débris divers sans s'attacher à étudier sur un plan que l'on pourrait appeler vertical pour l'opposer à l'autre et indiquer une profondeur. On entend souvent par ce terme les intellectuels ou les savants qui d'ailleurs bénéficient rarement de leurs propres découvertes. Quand le porc trouve une truffe, une baguette frappe son museau et l'empêche de la saisir.

6. *Le rôle sotériologique de l'homme à l'égard de la nature.*

La nature parle de Dieu, et l'homme possède un rôle sotériologique vis-à-vis de la nature. Il s'opère par lui une sorte de délivrance. Un tel sentiment se présente maintes fois dans les œuvres des auteurs du XIIe siècle. Il est rarement concrétisé de façon précise, mais il est possible de le découvrir. Si la nature ordonnée par Dieu est suspendue à l'homme, c'est parce que l'homme exerce à son égard un pouvoir, il est intermédiaire entre le Créateur et la création qui lui est soumise. Cette notion sera affirmée plus tard par Angelus Silesius d'une façon saisissante quand il écrit :

Homme, tout éprouve de l'amour pour toi, autour de toi, c'est grande
[hâte ;
Tout s'élance vers toi pour aller jusqu'à Dieu (12).

Ainsi la nature s'avance vers l'homme. Mais elle s'avance vers l'homme dans la mesure où l'homme est porteur de la divinité. Dès que celui-ci est devenu christophore, la nature qui n'est pas déformée reconnaît la présence divine et se précipite vers celui qui la renferme. Dans ce même sens, Angelus Silesius précise :

Si tu possèdes le Créateur, alors tout court après toi,
Homme, ange, soleil et lune, air, feu, terre et ruisseau.

Nous citons ce poète du XVIIe siècle parce qu'en termes poétiques il exprime une idée qui traverse toute l'époque chrétienne et que le XIIe siècle devait plus que tout autre contenir. Ce thème n'appartient pas seulement au christianisme, il est d'origine universelle. Vers l'homme solaire, c'est-à-dire vers celui qui possède la lumière, la nature accourt, car elle reconnaît son principe. Les hommes qui préfèrent l'ombre se détournent et jettent de la poussière sur la flamme dont ils ne peuvent supporter la vue et la brûlure.

L'homme a donc une mission à accomplir à l'égard de la nature : celle de délivrer l'univers entier des chaînes qui l'asservissent. Il exerce un rôle comparable au soleil, dans l'ordre de la naissance et de la croissance. Petit soleil, nécessaire

---

(12) *Cherubinischer Wandersmann*, I, 275. Voir sur cette idée de la délivrance de la nature chez saint Jean et saint Paul, J. BARUZI, *Création religieuse et pensée contemplative*, Paris, 1951, pp. 99 sv.

cependant à l'ordonnance de l'univers, en délivrant la terre, il
l'assume et il capte les énergies cosmiques comme les fleurs et
les papillons. Intégré dans les différents règnes, il en saisit
nécessairement le langage.

Né de nouveau, c'est-à-dire « éveillé », l'homme découvre la
« pierre philosophale » qui lui permet de tout changer en or.
Vis-à-vis de l'univers, il remplit un rôle sotériologique : il
change le monde ; il sauve le monde. Selon Guillaume de
Saint-Thierry, c'est quand l'homme se tient dans le septième
degré de la contemplation de la vérité, qu'il peut exercer cette
œuvre salvifique. Suivant la doctrine chrétienne, le Christ est
le rédempteur de l'homme ; en sauvant l'homme, il sauve le
monde. Pour la pensée romane qui est ici nettement traditionnelle, le salut cosmique opéré par l'homme exige que l'homme, selon la phrase de saint Paul (cf. *Phil.*, I, 20), offre au
Christ une humanité de surcroît. C'est donc par le Christ et
avec le Christ que l'homme roman devient le rédempteur du
monde.

7. *Le visage de la nature.*

Quand Alain de Lille présente la Nature, il lui confère un
visage. Dresse-t-il son portrait, il le cisèle à la façon d'un
sculpteur donnant à la pierre les qualités qu'il convient d'exprimer. Ce procédé est d'ailleurs courant. On le trouve par
exemple chez un Chrétien de Troyes qui, pour indiquer la
science d'Érec, dessine sur sa robe les arts du quadrivium ; sur
les cathédrales, on reconnaîtra les arts à leurs différents attributs.

Alain de Lille a composé un *De planctu naturae*. Si Dieu
crée, la Nature a pour mission de recopier les idées divines,
c'est-à-dire qu'elle procrée et ainsi renouvelle les vivants.
D'où encore l'emploi d'analogies entre le macrocosme et le
microcosme. Les semblables naissent des semblables par
semence ou par germe. Ainsi la Nature a pour rôle de perpétuer la vie. D'après Alain de Lille, elle assume la qualité de
« vicaire », et toutes les vertus ont leur fondement dans la
Nature, y compris la religion.

Dans son traité, Alain de Lille étudie la Nature depuis son
front jusqu'à ses pieds. Elle porte un diadème, les étoiles en
forment les pierreries ; 12 gemmes signifient les 12 signes du
zodiaque et 7 pierres symbolisent le soleil et les planètes. Sur
la couronne planétaire de la Nature, les 7 pierres se présentent
ainsi : la pierre supérieure ou diamant symbolise Saturne ; la
deuxième l'agate, Jupiter ; la troisième l'astroïte, Mars ; la
quatrième l'escarboucle, le soleil ; la cinquième le saphir,

Mercure ; la sixième l'hyacinthe, Vénus. L'ultime pierre margarita est la perle qui mendie les suffrages de l'escarboucle, elle symbolise la lune. Sur les vêtements de la Nature se trouvent les animaux répartis en trois groupes ; les oiseaux, les poissons, les différentes espèces terrestres. Celles-ci correspondent à l'ordre de leur création. C'est une sorte d'arche de Noé groupant les exemplaires les plus divers des animaux. La seconde partie du *De planctu naturae* présente un dialogue entre la Nature et Alain ; dans un hymne qui ressemble à une liturgie en l'honneur de la Vierge, Alain compose des strophes qui sont en grande partie des invocations. Il écrit :

« Fille de Dieu et mère des choses, lien du monde et son nœud ferme, beauté de la terre, miroir de ce qui passe, flambeau du globe. »

« Toi qui soumets à tes rênes l'allure du monde, noues d'un nœud d'harmonie tout ce que tu affermis dans l'être, et, du ciment de la paix, unis le ciel à la terre. »

« Sur un signe de qui le monde rajeunit, la forêt voit boucler sa chevelure de feuilles et, s'enveloppant de ton manteau de fleurs, la terre s'enorgueillit (13). »

8. *Les éléments de la nature.*

C'est dans la contemplation de la nature que l'homme saisit le sens de la lumière. Il en trouve le symbole dans les mythologies et cosmologies orientales de la Perse et de l'Égypte. Toute l'antiquité rend ce même témoignage : Platon, les stoïciens, les alexandrins et aussi les gnostiques. Saint Augustin devait transmettre les influences néoplatoniciennes concernant la beauté de la lumière. La Bible déjà signalait la grandeur de la lumière. Le Verbe n'est-il pas dit aussi *Lumen de lumine.*

Les hommes du Moyen Age étudient la structure lumineuse de l'univers. La beauté des couleurs est extraordinaire dans les miniatures et les vitraux. Elle apparaît brillante sur les fresques de Tournus et mate à Saint-Savin. Étudiant les fresques de Berzé-la-Ville, Fernand Mercier, dans son ouvrage sur la peinture clunisienne, a pu dénombrer huit couleurs simples (bleu, jaune, brun, vert, noir, blanc, rouge, vermillon) et deux couleurs composées (violets). L'interprétation des couleurs se rattache aux normes de l'antiquité, elle évoque les

(13) G. Raynaud de Lage, *Alain de Lille, poète du XIIᵉ siècle,* Paris, 1951, pp. 106-107.

peintures égyptiennes archaïques. La couleur symbolise une force ascensionnelle dans ce jeu d'ombre et de lumière si prenant dans les églises romanes, où l'ombre n'est pas l'envers de la lumière, mais l'accompagne pour mieux la mettre en valeur et collaborer à son épanouissement.

Chez les mystiques, tel un saint Bernard, la nuit est comparée au diable, elle est l'image satanique. Au contraire, l'éternité est essentiellement lumineuse. « Que se passera-t-il — questionne saint Bernard — quand les âmes seront séparées de leur corps ? Nous croyons — répond-il — qu'elles seront plongées dans un océan immense de lumière éternelle et d'éternité lumineuse *(pelago œterni luminis, et luminosae œternitatis)* » (14). Dans la description de la Jérusalem céleste de la *Queste du Graal*, Galaad, Perceval et Bohort se trouvent à l'aurore sous les murs de Sarras. « Au plus haut de la cité sainte se dresse un temple prodigieux qu'on appelle le Palais Irréel. Nul vivant n'habite ces hautes tours si brillantes qu'elles paraissent faites des rayons d'or du soleil. Seuls les esprits bienheureux y conversent » (15).

A l'intérieur de l'église romane, la lumière du soleil est captée par le vitrail, elle caresse les baies. Nous verrons en parlant de la Maison de Dieu ce rôle qu'elle assume. Il y a une présence solaire magnifiée, non seulement dans l'église, mais dans la liturgie qui célèbre l'enchantement du jour. L'importance de la lumière à l'époque romane formerait le sujet d'un grand livre.

Dans la *Chanson de Roland*, le soleil ruisselle sur l'armée ; Durandal, l'épée de Roland, flamboie comme le soleil. Les jeunes filles ont des cheveux dorés, des boucles de soie flambante semblable à l'or ; leurs tresses blondes imitent les rayons solaires. Les chevaliers apparaissent beaux comme le soleil. De cet amour de la lumière découle une passion pour la clarté (16). Dans la littérature romane, le mot clair *(cler)* est fréquemment employé. De nombreuses comparaisons mettent en évidence la blancheur. Les cheveux ou la barbe sont blancs comme « fleurs en avril ou fleurs en épines » (17).

Les éléments de la nature apparaissent représentés dans les

(14) *De diligendo Deo*, XI ; P. L. 182, c. 993 A ; éd. M.-M. Davy, *id.*, t. I, p. 248.

(15) *La Queste du Saint-Graal*, éd. Pauphilet, Paris, 1923, p. 188.

(16) D'où le titre de l'ouvrage de G. Cohen, *La Grande clarté du Moyen Age,* Paris, 1945.

(17) Voir E. de Bruyne, *Etudes d'esthétique médiévale,* Bruges, 1946, t. III, p. 13.

miniatures et sur la pierre. Un souci d'observation rend plus vivant le thème antique qui s'éloigne souvent de son sens primitif. Il importe de faire figurer l'homme dans la pierre, de l'insérer dans une immense décoration et par conséquent d'avoir des modèles, parce que l'imagination ne peut suffire à tout. D'où le besoin de copier des objets les plus divers : bois, terre, étoffe ; d'imiter les thèmes orientaux d'une vaste iconographie. La terre est représentée par une femme nourrissant des animaux ou des enfants, allaitant des crapauds ou des serpents ; elle prend parfois le visage de la femme bourguignonne ou picarde. Sur un chapiteau de Cluny, la terre est personnifiée par un semeur. Quant à l'eau, suivant l'usage, deux traits ondulés la symbolisent. Elle est figurée aussi par Neptune assis généralement sur un monstre marin, et se retrouve encore dans la représentation du baptême du Christ. Le Jourdain indique l'élément eau. Le feu est naturellement représenté par des flammes. Les vents soufflent dans les miniatures ou sur les chapiteaux. Dans un manuscrit des visions de sainte Hildegarde (18) à la bibliothèque de Heidelberg, on distingue au centre l'année qui tient deux têtes : le soleil et la lune. Elle est ornée par les signes de la lumière et des ténèbres, et la zone qui l'encercle contient quatre vents allégorisés par des têtes, dont trois soufflent et la quatrième sourit. Dans une autre miniature du XIIe siècle appartenant au monastère de Saint-Hubert dans les Ardennes, les attributs du feu sont le soleil et la lune, ceux de l'air une boule et une corne, l'eau est représentée par une rame et une urne et la terre par une bêche et une fleur.

L'Abbesse alsacienne Herrade de Landsberg, dans son ouvrage nommé *Jardin des délices (Hortus deliciarum)*, expose une théorie du macrocosme et du microcosme illustrée par des miniatures. Dans l'une d'elles apparaît un homme nu, appelé *microcosmus,* la tête auréolée d'un cercle dans lequel sept rayons symbolisent les sept planètes ; il est entouré des quatre éléments. A gauche, l'air est présenté sous la forme d'un visage qui souffle, à droite des flammes symbolisent le feu ; un texte en commente le sens : le feu donne la ferveur, la vision, la mobilité. A ses pieds se trouvent le symbole de l'eau signifié par deux poissons, et celui de la terre désigné par deux rochers sur lesquels une chèvre est grimpée pour manger les fleurs d'un arbuste.

De nombreux thèmes décrits dans les textes ou sculptés dans les églises romanes montrent chez l'homme roman une

(18) Voir pp. 104 sv.

extraordinaire observation de la nature. Un chapiteau bour-
guignon, provenant de l'abbaye de Moutiers-Saint-Jean,
représente la scène des vendanges avec tout ce qu'elle
comporte comme détails : cueillette des raisins et foulage des
grains. Les travaux des mois offrent maints exemples de cet
ordre.

9. *La révélation de la nature.*

Il nous faut reprendre ici un thème dont nous avons déjà
signalé l'importance : celui du macrocosme et du microcosme. Nous avons tenté de préciser les différents points qu'une
telle question comporte. Leur examen nous permet maintenant de saisir le rôle de l'univers en tant que miroir des symboles. Un texte de Grégoire de Nysse exprime une synthèse parfaite de la correspondance entre l'univers et l'homme.
« O homme, quand vous considérez l'univers, vous comprenez
votre propre nature (19). »

Les analogies qui relient le macrocosme au microcosme
forment le fondement du symbolisme médiéval et expliquent
l'importance donnée à l'univers, puisque la nature apparaît le
miroir dans lequel l'homme peut contempler l'image de Dieu.
Cet univers manifeste la bonté de Dieu. Suivant saint Augustin, cette bonté *(bonitas)* est la cause de la création. C'est là
d'ailleurs une notion fréquemment trouvée chez les Pères de
l'Église. Saint Augustin, s'opposant au dualisme manichéen,
montre comment Platon, dans le *Timée,* eut l'intuition du rôle
de la bonté divine (20).

Au XIIe siècle, de nombreux textes sont évocateurs de cet
aspect de l'univers ; ils transmettent les idées pythagoricien-
nes. La lecture du *Timée,* du moins ce que les auteurs médiévaux pouvaient en connaître à travers la version de Chalcidius, indiquait les correspondances entre le macrocosme et le
microcosme.

Parmi ces traités, un choix est nécessaire. A cet égard, nous
retiendrons seulement quelques ouvrages dont l'originalité
nous apparaît pertinente.

1. Les ouvrages de sainte Hildegarde de Bingen : *Scivias* et
Liber divinorum operum simplicis hominis.

---

(19) Grégoire de Nysse, *In Ecclesiasten ;* P. G. 44, c. 625 B.
(20) Cf. saint Augustin, *De Civitate Dei,* XI, 21-22 ; P. L. 41, c. 333-
335.

2. Le *De mundi universitate* de Bernard Silvestre, dont nous avons déjà eu plusieurs fois l'occasion de parler.

3. Le *Didascalion* et le *Commentarium in Hierarchiam cælestem* d'Hugues de Saint-Victor.

1. HILDEGARDE DE BINGEN.

Sainte Hildegarde de Bingen, abbesse de Rupertsberg, a composé deux principaux ouvrages nommés : *Scivias* et *Liber divinorum operum simplicis hominis* (21). Le premier titre est l'abrégé du texte *Sci vias Domini* (Sache les voies du Seigneur). Elle écrivit à la suite d'une vision qu'elle raconte en disant qu'un trait de feu parti du ciel entrouvert pénétra son cerveau et son cœur. « A l'instant, écrit-elle, je reçus l'intelligence du sens des Livres saints. » Une voix lui ordonna : « Dis et écris ce que tu vois et entends. » Durant longtemps, Hildegarde n'osa pas transcrire les paroles qu'elle percevait mystérieusement. Mais la maladie ne la quitta point tant qu'elle refusa par humilité d'obéir. Elle s'y contraignit. Hildegarde savait seulement lire et écrire, elle connaissait aussi quelques rudiments de latin. Désormais, elle compose dans une lumière qu'elle nomme « l'ombre de la lumière vivante ». Dans cette lumière, elle aperçoit des images qui sont autant de symboles. Ce peut être une montagne, une tour, un abîme. Elle entend une voix qui lui révèle le sens des symboles aperçus.

Ainsi une vision de beauté l'entoure. Dieu a créé un univers magnifique et a fait l'homme à l'image de sa propre beauté. A la beauté extérieure correspond la beauté intérieure. Hildegarde reprend ici le thème augustinien (22). Sa description des analogies entre le macrocosme et le microcosme est chargée de symboles. Trois sphères représentent la Trinité et désignent le firmament, l'air subtil et la terre. Chaque sphère possède une épaisseur égale. La terre occupe le centre de l'univers et le firmament et l'air subtil comprennent ensemble six cercles concentriques.

Examinons d'abord le firmament et ses trois zones d'égale épaisseur : le feu, l'éther et l'air lourd. La zone du feu est séparable en feu brillant *(lucidus ignis)* et en feu noir *(niger ignis)*.

---

(21) Cf. P. L. 197. — Sur Hildegarde de Bingen, voir l'excellent ouvrage de H. LIEBESCHUTZ, *Das allegorische Weltbild der Heiligen Hildegard von Bingen*, Leipzig-Berlin, 1930. Voir aussi Dom L. BAILLET, *Les miniatures du « Scivias » de sainte Hildegarde, conservé à la Bibliothèque de Wiesbaden*, Monuments Piot, t. XIX, Paris, 1912.

(22) Voir *De Trinitate*, XII, 1 sv ; P. L. 42, c. 997 sv.

Le feu brillant évoque la puissance vivifiante de Dieu. Le feu noir s'oppose à l'autre en ce qu'il est obscur et ne brille pas. Il se tient sous le pouvoir du premier et désigne le feu du jugement et de la géhenne *(judicalis et gehennalis ignis)* qui consume le mal. Honorius Augustodunensis, dans l'*Elucidarium,* parle de ce feu matériel qui, tout en étant privé de lumière, l'emporte autant sur le feu matériel que le feu réel sur l'image peinte du feu. Déjà saint Grégoire, dans ses *Moralia* (23), a parlé du feu de l'enfer qui n'éclaire pas. Le cercle du feu brillant surpasse deux fois par sa densité le cercle du feu noir, afin que la force du feu noir ne pénètre point dans le feu brillant.

Au-dessous de cette zone de feu se trouve le pur éther *(purus æter);* il procède des deux feux précédents et signifie le « pur regret » des pécheurs. Celui-ci est provoqué par la grâce issue du feu brillant et aussi par la crainte qu'engendre le feu noir.

Au pur éther succède la zone de l'air lourd qui comprend l'air aqueux *(aquosus aer)* et l'air fort et blanc *(fortis et albus aer).* Le cercle de l'air aqueux symbolise les œuvres des justes qui sont transparentes comme l'eau et purifient les œuvres impures. Par sa force et sa ténacité, le cinquième cercle de l'air fort et blanc empêche les inondations et les dangers provenant des eaux supérieures. Il signifie la juste mesure dans les œuvres.

Au-dessous de ces trois zones du firmament est placé le cercle de l'air subtil *(tenuis aer)* qui permet à tout ce qui est sur la terre de pousser.

Au centre de ces six cercles concentriques est situé le globe de la terre qui ne peut glisser çà et là du fait des éléments qui l'entourent. Cette comparaison de l'univers à une boule ou à un œuf se retrouve dans la *philosophia mundi* de Guillaume de Conches. Celui-ci dira que la terre est au milieu comme le jaune dans l'œuf. Autour d'elle se trouve l'eau semblable au blanc, et autour de l'eau est placé l'air représenté par l'enveloppe qui entoure le blanc.

Hildegarde distingue sept planètes réparties dans les différents cercles de feux et situées à égale distance les unes des autres : dans le feu brillant règnent Saturne, Jupiter et Mars ; dans le feu noir le soleil ; puis viennent sous le soleil Mercure et Vénus ; la lune occupe le dernier rang.

Si l'on coupe longitudinalement et transversalement le cercle formé par l'univers, on obtient les quatre points des

(23) *Moralia in Job,* IX, 65-66 ; P. L. 75, c. 912-914.

vents principaux. Hildegarde, s'inspirant de la vision de Daniel (VII, 1-8), symbolise ces quatre vents par des têtes d'animaux. L'ours représente le vent du Nord qui prend son origine dans le feu noir ; le lion le vent du Sud qui provient du feu brillant ; le léopard le vent d'Est émanant du pur éther et le loup le vent d'Ouest procédant de l'air aqueux. Ces quatre vents principaux comprennent chacun deux autres vents, ce qui donne un total de douze vents déterminant douze zones différentes.

Dans ces six cercles qui entourent la terre, trois sont bénéfiques à l'homme et trois lui sont hostiles. Le premier cercle du feu fait tomber sur la terre des étincelles qui, trop violentes pour les hommes, les plantes et les animaux, leur sont nuisibles ; le deuxième cercle envoie un nuage qui dessèche la végétation terrestre. Au-dessous, le cercle de l'éther adoucit ces fléaux qui traversent le monde. Le cercle de l'air fort envoie des maladies aux hommes et aux animaux. Mais cette pestilence est modérée par le cercle de l'air aqueux. Enfin, l'air subtil est bienfaisant, il fait germer tous les fruits (cf. Fig. 1 et 2).

L'air engendre un perpétuel mouvement. La force d'expansion de l'eau dépasse celle de la terre, celle de l'air est plus grande encore, le feu est plus expansif que l'air et l'éther plus que l'air.

La création de l'homme ayant été faite de la même façon que celle du monde selon Hildegarde, il existe une ressemblance entre les fonctions accomplies par les sphères et le rôle physiologique et anatomique des différentes parties du corps. Ainsi la tête correspond au feu, la poitrine à l'air, le ventre à la terre molle et féconde et les pieds à l'eau ; ceux-ci désignent les fleuves qui se divisent à travers toute la terre.

De même que la terre est affermie par les pierres et les arbres, l'homme est fait à sa ressemblance, parce que sa chair est comme la terre ; ses os privés de moelle sont semblables aux pierres, mais les os contenant de la moelle sont analogues aux arbres.

Hildegarde poursuit ses analogies entre le macrocosme et le microcosme. Une telle nomenclature peut sembler fastidieuse, mais son originalité mérite de retenir notre attention.

Tout d'abord le visage, y compris le cou, se divise en trois parties égales qui correspondent aux éléments du cosmos. Ainsi la partie allant du sommet du crâne jusqu'à la base du front est sous l'influence du feu brillant et du feu noir ; celle allant du front jusqu'à l'extrémité du nez correspond à l'éther pur ; enfin la troisième partie allant de la base du nez jusqu'à

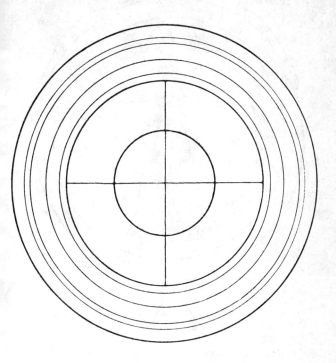

Fig. 1. — *Le cercle du monde d'après les données de sainte Hildegarde de Bingen.*

L'univers se partage en trois grands cercles concentriques (indiqués par un trait plus épais). Le plus grand cercle est le firmament, le deuxième l'air subtil, le troisième la terre. Le grand cercle du firmament se subdivise lui-même en plusieurs cercles. Ce sont, en allant de l'extérieur vers l'intérieur, le cercle du feu brillant et celui du feu noir formant la zone du feu ; puis le cercle du pur éther ; enfin, le cercle de l'air aqueux et de l'air fort constituant la zone de l'air lourd.

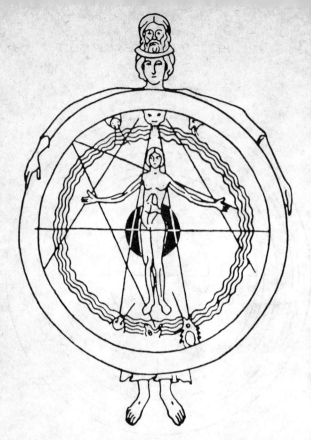

FIG. 2 — *Macrocosme et microcosme d'après une miniature de sainte Hildegarde de Bingen.* (Lucques, Bibl. municipale, cod. 1942, f° 9, r°.)

Le macrocosme est figuré par le cercle extérieur. Celui-ci est maintenu par un personnage qui représente le Christ ; ses bras immenses entourent le macrocosme et son visage solaire ressemble à Apollon ; sur son front s'appuie le visage du Père ; ses pieds percés de stigmates apparaissent à la base du cosmos. A l'intérieur du cercle, une circonférence formée par des traits ondulés évoque les eaux originelles. Les divers éléments sont représentés. (Voir Fig. 1.) Des têtes d'animaux figurent les différents vents. Au centre de la miniature, un personnage, les pieds joints et les bras étendus, désigne le microcosme. Le disque noir de la terre apparaît derrière lui.

MACROCOSME

					MICROCOSME
Firmament	feu { feu brillant	1er cercle	cerveau	} front	} du sommet de la tête
	feu noir	2e cercle	centre de vie		au cou
	pur éther	3e cercle	yeux - nez		
	air lourd { air aqueux	4e cercle	bouche - menton		
	air fort	5e cercle	cou		
Air subtil		6e cercle			} du cou au nombril
Terre					} du nombril au sexe

bras gauche
bras droit
jambe droite
jambe gauche

VENTS PRINCIPAUX :

Vent du Nord = feu noir = tête d'ours ....
Vent du Sud = feu brillant = tête de lion ....
Vent de l'Est = pur éther = tête de léopard ....
Vent de l'Ouest = air aqueux = tête de loup ....

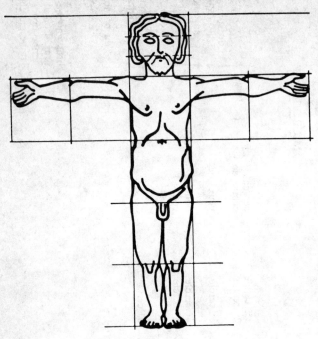

Fig. 3. — *Représentation de « l'homme carré » d'après les dimensions données par sainte Hildegarde de Bingen dans le* Liber divinorum operum simplicis hominis.

L'homme s'inscrit dans sa longueur dans cinq carrés égaux. Le premier carré comprend la tête depuis le front jusqu'à la base du cou ; le deuxième la poitrine depuis la base du cou jusqu'au nombril ; le troisième le bassin ; le quatrième les cuisses jusqu'aux genoux ; le cinquième les jambes. Dans sa largeur, les bras étendus, l'homme s'inscrit également dans cinq carrés de même dimension : le carré central est celui de la poitrine ; deux carrés renferment les bras depuis l'épaule jusqu'aux coudes ; deux autres carrés contiennent l'extrémité des bras et les mains dont les doigts sont largement ouverts. La tête se subdivise en trois parties égales : la première va du sommet de la tête jusqu'à la base du front ; la deuxième de la base du front jusqu'à celle du nez et la troisième de la base du nez à la fin du cou.

la fin du cou correspond à l'air aqueux et à l'air fort, blanc et lumineux.

Hildegarde compare la rotondité de la tête à celle du firmament. Dieu en faisant l'homme à son image a inclus en lui toutes les créatures, le firmament, le soleil, la lune, les étoiles. Ainsi les yeux se trouvent dans la région qui symbolise l'éther et rappellent la lumière solaire. Les extrémités du monde représentent les bras, les créatures dans le monde le ventre et l'abîme les pieds. Les fleuves qui irriguent la terre sont semblables aux veines.

Du sommet de la tête jusqu'à la fin du cou, puis de la fin du cou au nombril et du nombril au sexe, il y a une mesure égale de même que du sommet du firmament jusqu'à la partie inférieure des nuages, puis de cette partie inférieure des nuages jusqu'au sommet de la terre, et du sommet de la terre jusqu'à sa partie la plus basse, il existe une égale mesure. Le corps de l'homme répond au nombre 3, si on le considère privé de ses membres ; il est exprimé par le chiffre 5, si on tient compte de ses bras et de ses jambes. Aux trois parties égales qui divisent le tronc et la tête, s'ajoutent deux autres parties d'égale longueur constituées l'une par la cuisse, l'autre par la distance entre le genou et le talon. De même le bras se divise en deux parties égales, la première va de l'épaule au coude, la seconde du coude à l'extrémité de la main. Chaque membre comporte trois articulations, d'où les douze articulations qui correspondent aux douze vents.

Ainsi l'homme se divise dans la longueur du sommet de la tête aux pieds en 5 parties égales ; dans la largeur formée par les bras étendus d'une extrémité d'une main à l'autre en 5 parties égales. En tenant compte de ces 5 mesures égales dans sa longueur et de ces 5 mesures égales dans sa largeur, l'homme peut s'inscrire dans un carré parfait (cinq carrés dans la longueur et cinq carrés dans la largeur). (Cf. Fig. 3.)

Le carré dans lequel s'insère le bassin forme le carré central dans le sens de la hauteur. Le carré de la poitrine constitue le carré central dans le sens de la largeur.

Nous avons insisté sur la théorie d'Hildegarde relative au macrocosme et au microcosme, car de tels symboles valent d'être retenus. Nous verrons le rapport qu'il convient d'établir entre la description de l'homme donnée par Hildegarde et la construction d'une église cistercienne (24). Les analogies entre la terre, le ciel et l'homme sont riches de signification. E.

(24) Voir p. 182.

de Bruyne a très justement souligné la relation entre les traités de Vitruve et la doctrine d'Hildegarde.

L'homme, selon Hildegarde, est donc régi par le nombre 5. Les raisons du choix de ce chiffre sont claires. L'homme possède 5 parties égales dans sa longueur et 5 parties égales dans sa largeur, 5 sens, 5 extrémités (tête, jambes, bras). Plutarque utilise ce nombre pour désigner la succession de l'espèce. Un tel chiffre exprime le monde sensible, car il est dit dans la *Genèse* que les poissons et les volatiles furent créés le cinquième jour de la création. Le chiffre 5 résulte de la combinaison du premier nombre pair et du premier nombre impair. Le nombre pair signifie la matrice, il est féminin ; le nombre impair est mâle ; l'association de l'un avec l'autre est androgyne, de même que la divinité est androgyne. Ainsi, le pentagramme est l'emblème du microcosme. Dans les miniatures médiévales, l'homme microcosme est souvent représenté, bras et jambes écartés, afin de mieux indiquer les 5 pointes du pentagramme. Les symboles proposés par Hildegarde reflètent, bien entendu, les conceptions cosmiques de son milieu.

A la même époque, Guillaume de Saint-Thierry, dans le *De natura corporis et animae,* rapporte l'opinion des physiciens à propos de la figure géométrique de l'homme. Si un homme est étendu, les bras et les jambes allongés, un compas placé au centre du nombril peut en tracer la circonférence : l'homme est trouvé égal à lui-même dans toutes ses parties.

2. Bernard Silvestre.

Professeur à la cathédrale de Tours, Bernard Silvestre a rédigé un traité sur l'univers (*De mundi universitate sive Megacosmus* et *microcosmus*). E. Gilson a précisé d'une façon définitive le sens de son œuvre (25). Une analyse objective s'imposait en raison des jugements erronés dont Bernard avait été plusieurs fois l'objet. Le *De mundi universitate* se divise en deux parties. L'auteur considère d'abord le grand univers *(Megacosmus),* puis la réduction de cet univers : *le microcosmus.* Il s'agit moins de décrire la création par Dieu que l'organisation de la matière et son ornement. Bernard Silvestre suit fidèlement la doctrine du *Timée.* Les idées sont faciles à saisir. Cependant, un guide précède l'œuvre dans lequel Bernard Silvestre résume l'essentiel de son traité.

(25) E. Gilson, « La cosmogonie de Bernardus Silvestris » dans *Archives d'Histoire doctrinale et littéraire du Moyen Age,* t. III, Paris, 1928, pp. 5-24.

Trois cercles lumineux symbolisent la Trinité (*Trinitas majestas*) (26). La divinité est nommée le Bien suprême *(Tugaton)*; une infinie splendeur, rayonnante comme le soleil, émane d'elle; à l'intérieur de cette lumière jaillit un rayonnement plus dense encore. La Trinité est semblable en lumière. Le premier cercle signifie l'essence ou l'Un, le second désigne le Noys (le Noys est le *Nous* du néoplatonisme) ou l'Intelligence engendrée de toute éternité; l'Esprit Saint est le troisième.

La Nature se plaint et souffre de sa confusion, elle souhaite la beauté. Noys a pitié d'elle; il exauce sa demande. Une telle conception de l'univers peut justement sembler plus païenne que chrétienne (27). Quand les éléments sont ordonnés, Dieu crée les anges, la sphère planétaire et les vents. Placée au centre, la terre est aussitôt peuplée. Le créateur Noys achève son œuvre en formant l'homme, ou plutôt il charge Nature de réclamer l'aide d'Urania et de Physis. Urania est la déesse du ciel, elle symbolise l'astronomie et l'astrologie; Physis occupe un rôle dans le monde sublunaire, elle possède la science physique universelle (28). Physis a deux filles nommées Theorica et Pratica; l'une symbolise la vie contemplative, l'autre s'attribue le savoir pratique aussi bien moral que mécanique. Devant ce groupe composé de Nature, d'Urania, de Physis et de ses filles, Noys dira:

« Le terme heureux de l'œuvre sera l'Homme. »

A la Trinité divine correspond une autre trinité, celle de l'homme. Pour la décrire, Bernard Silvestre utilise des mots grecs qu'il transcrit à sa façon. Dans cette triple division : Endelecheia — Natura — Imarméné, le premier terme désigne l'âme, le deuxième la matière qui reçoit l'empreinte des images, le troisième le Fatum antique (29).

Ce monde ordonné est suspendu à la naissance du Christ. Les événements les plus infimes sont prévus dans cette harmonie. Bernard Silvestre loue la beauté de l'univers créé, il décrit sa « parure », c'est-à-dire son ornementation, montagnes et fleuves, fleuves et arbres, oiseaux et poissons, animaux divers. Ainsi apparaît l'œuvre de Dieu, tels le Sinaï, la fontaine de

(26) Dante dans le *Paradis* présentera la même image.

(27) Cf. E. FARAL, « Le Roman de la Rose et la pensée française au XIIIᵉ siècle », dans *Revue des Deux-Mondes,* 15 septembre 1916, p. 430.

(28) E. Gilson et P. Duhem signalent l'influence de Chalcidius dont notre auteur suit étroitement la traduction du *Timée.* Cf. E. GILSON, *id.,* p. 10, et P. DUHEM, *Le Système du monde,* Paris, 1915, t. III, p. 68.

(29) Pour toute cette partie, voir E. de BRUYNE, *Études d'esthétique médiévale, id.,* t. II, p. 284.

Siloé, le Nil, la Loire, les forêts. Tout a été préparé pour l'avènement de l'homme.

Quand Dieu crée l'âme humaine, Noys est appelé afin de préparer l'Idée de l'âme humaine, image de la divinité, et Noys présentera à Dieu la forme parfaite que celui-ci réclame. Un sceau *(sigillum)* est apposé ; sorte de miroir, il réfléchit un idéal et l'âme répond à l'empreinte qui est imprimée sur sa face.

Alain de Lille reprendra le thème de Bernard Silvestre que Dante à son tour exploitera. Il faudrait rappeler ici l'importance de l'art du nombre et de la proportion ; l'un et l'autre exercent des rôles majeurs. Notons seulement l'étonnement, voire la stupeur de la Nature, quand elle aperçoit l'homme qui s'éveille à la vie ! Celui-ci apparaît d'une extraordinaire beauté. Déjà, Jean Scot Erigène et Rémi d'Auxerre ont décrit la perfection de l'homme créé à l'image de Dieu et possédant tout le savoir et toutes les vertus. Jaloux en apprenant la création de la splendeur humaine, les enfers délèguent leurs vices ; d'où la lutte tragique entre les vices et les vertus. Les vertus l'emporteront sur les vices. Le symbole de cette lutte épique se retrouve dans l'art aux chapiteaux de Notre-Dame-du-Port à Clermont, dans de nombreuses églises romanes de la région de l'Ouest, Argenton-Château, Notre-Dame-de-la-Coudre de Parthenay, dans la Gironde et la Charente-Maritime. Un tel combat apparaît encore sur les fresques de Tavant, de Vic, de Brioude, de Montoire ou de Saint-Jacques-des-Guérets. La présentation est parfois d'une extrême originalité. Ainsi une femme, symbolisant la luxure, a les seins transpercés d'une lance sur une fresque de l'église de Tavant. Ce ne sont pas seulement les manuscrits illustrés de la *Psychomachie* de Prudence qui inspirent poètes et imagiers ; durant le XIIᵉ siècle, ce thème d'origine diverse fut largement utilisé. Cependant, quand les vertus sont couvertes d'armures, elles gardent l'aspect du soldat romain décrit par le poète latin.

3. Hugues de Saint-Victor.

Dans le *Didascalion*, Hugues de Saint-Victor considère les différents aspects de la nature. Prend-il conscience de la position, du mouvement, de l'espèce et de la qualité des créatures, il rend grâces à Dieu de son œuvre admirable et s'écrie avec le psalmiste : « Je tressaille devant l'ouvrage de tes mains » (Ps. XCI, 5). La disposition des parties dans le tout manifeste cette harmonie et l'unité au sein de la multiplicité. Et cette harmonie qui est essentiellement amour suppose une amitié entre les différentes parties. Il existe une concorde qui lie entre eux les divers éléments, les compose et les dispose. Par la composition s'affirme la cohérence de ces éléments. Quant à la disposition, elle concerne l'adaptation, tels les oiseaux à l'air, les poissons à l'eau. L'accord lie non seulement les semblables, mais les éléments différenciés, voire opposés.

L'univers sensible est comparable à un livre composé par le doigt de Dieu *(scriptus digito Dei)*, et chaque créature magnifie sa sagesse. Si un illettré regarde un livre, il voit des signes, mais ne saurait reconnaître des lettres qu'il ignore. De même un homme qui n'est pas encore spirituel est retenu par la beauté extérieure des créatures, sans voir ce qui est de Dieu. Il est semblable à celui qui admire la couleur et la forme des images d'un livre, mais qui est incapable d'en saisir la signification.

Quiconque éprouve le sens de Dieu ne s'arrête pas à la beauté de la forme, mais découvre au-delà de celle-ci la sagesse qui l'anime. Hugues expose comment la beauté de la création devient un chemin vers la vérité pour celui qui sait la contempler. Il dira en platonisant : « Cherchons ce beau qui est le plus beau de tous les beaux » *(Quæramus pulchrum illud, pulchrorum omnium pulcherrimum)* (30).

Des longues pages consacrées à la nature par Hugues de Saint-Victor, il semble possible de retenir cette idée fondamentale : le monde visible est le reflet du monde invisible. Dans ce monde visible, l'homme doit chercher les symboles divins. Certes, c'est là une idée déjà exprimée maintes fois. Il serait facile de retrouver chez Hugues des emprunts faits à la tradition néoplatonicienne (à travers Scot Erigène) et aussi à saint Augustin (31). Mais au XIIᵉ siècle une telle conception prend un relief extraordinaire, du fait de la qualité de la foi et de la notion de l'homme pèlerin qui confèrent à l'existence un caractère de voyage. L'homme part et il revient *(exitus — reditus)* à son lieu d'origine. La forme, si belle soit-elle, ne saurait attacher à elle-même. Elle constitue un symbole, celui de la perfection.

La beauté de la nature révèle l'invisible. Et sur cette nature peuvent se porter tour à tour la pensée, la méditation et la contemplation. La joie issue de la beauté de l'œuvre de Dieu

(30) *Didascalion*, VII, IV ; P. L. 176, c. 815 A.
(31) E. de Bruyne a rapproché les textes d'Hugues de Saint-Victor de ceux de Scot Erigène. Voir *Études d'esthétique médiévale*, id., t. II : « L'époque romane », p. 212. Les pages de cet auteur sont très suggestives et nous ont servi dans ce chapitre.

apparaît le symbole de la jubilation qui provient dans l'âme du recouvrement de la ressemblance. L'esprit est illuminé par la splendeur divine, tel l'œil par le soleil *(dulce lumen et delectabile oculis videre solem)* (32). Hugues de Saint-Victor possède le sens de la beauté de la nature : elle est un chemin. Selon lui, trois différentes étapes peuvent conduire à la sagesse : la philosophie, la théologie et la mystique ; deux voies acheminent vers la révélation suprême : l'ordre de la nature et l'ordre de la grâce.

4. Honorius Augustodunensis.

Il conviendrait encore de parler d'Honorius Augustodunensis. Dans une excellente étude, M.-T. d'Alverny a étudié un ouvrage d'Honorius Augustodunensis, la *Clavis Physicae*, d'après un des plus anciens manuscrits de ce traité (33). L'influence de Jean Scot Erigène, et à travers lui de Denys corrigé par Maxime, est prégnante d'une théorie de la nature créée et créatrice. Le rôle créateur des Causes primordiales préformées par le Père dans le Logos est d'ordonner ce monde visible et invisible (34). Les thèmes platoniciens et plotiniens, plus ou moins intégrés à la doctrine des Pères sont utilisés par Honorius Augustodunensis dans le texte de Jean Scot Erigène. Honorius Augustodunensis divisera l'univers en cinq catégories : corporelle, vitale, sensitive, raisonnable et intellectuelle (35). Dans cette œuvre, les symboles abondent et servent de truchements pour retrouver le Créateur dans le miroir de l'univers.

Une miniature de la *Clavis Physicae* présente des figurations symboliques originales. La miniature est divisée en quatre plans. Dans le premier, un personnage royal est entouré de sept femmes ; au-dessus de lui se trouve inscrit le nom *bonitas*. De même, en haut de chaque visage est indiqué un nom. Ces différents noms correspondent aux sept noms divins : *justitia, virtus, ratio, veritas, essentia, vita, sapienta*. Le thème n'est pas neuf : on rencontre souvent les sept arts libéraux, la Sagesse et ses sept filles (36).

Dans le deuxième plan, un monstre se situe à l'intérieur

(32) *Commentariorum in Hierarchiam caelestem*, VII ; P. L. 175, c. 1063.
(33) Cf. M. Th. d'Alverny, *id.*, pp. 31-81, voir p. 28.
(34) *Id.*, p. 44.
(35) Cf. *Clavis Physicae*, f⁰ 97. Cf. M.-Th. d'Alverny, *id.*, p. 53.
(36) Cf. M.-Th. d'Alverny, « La Sagesse et ses sept filles », dans *Mélanges F. Grat*, Paris, 1946, t. I, pp. 245-278.

d'un médaillon encerclé par ces mots : *materia informis*. Il symbolise la terre « informe et vide » de la *Genèse*. A sa gauche, une femme tient une banderole sur laquelle est inscrit le mot *locus;* à sa droite, un vieillard porte l'inscription : *tempus*. Ainsi, dans ce deuxième plan, l'espace et le temps sont signifiés.

Le troisième plan est occupé par un ensemble de quatre miniatures figurant la création. La première représente les anges ; la deuxième les oiseaux ; la troisième les poissons et la quatrième les plantes, les animaux et le couple humain.

Au dernier plan se trouve le visage du Christ auréolé supportant le cosmos entier et l'attirant vers lui par un ensemble de liens symboliques.

Un autre ouvrage d'Honorius Augustodunensis, l'*Elucidarium*, présente de nombreux éléments de comparaison avec la doctrine d'Hildegarde. Là encore, nous retrouvons les thèses médiévales en faveur à l'époque romane. Honorius Augustodunensis distingue trois cieux : le ciel corporel visible, le ciel spirituel habité par les anges et le ciel intellectuel où la Trinité demeure et se montre aux bienheureux. Une telle division s'appuie d'ailleurs sur un texte de saint Paul faisant allusion au troisième ciel (II *Cor.*, XII, 2). L'homme reproduit l'univers. La tête, par sa rondeur, est à l'image de la sphère céleste. Les sens tirent leur origine des éléments : ainsi la vue provient du feu céleste, l'ouïe et l'odorat de l'air, le goût de l'eau, le toucher de la terre. Comme nous l'avons déjà dit, l'homme détient sa chair de la terre et participe à la dureté des pierres par ses os. Son ventre reçoit toutes les humeurs, telle la mer accueillant les divers fleuves. Ses pieds soutiennent le poids du corps, de même que la terre supporte tout ce qui est sur elle (37).

Honorius Augustodunensis expose une doctrine fidèle aux Pères de l'Église, et notamment à saint Augustin. L'influence de saint Anselme de Cantorbéry s'avère constamment évidente.

Ainsi l'univers remplit la fonction non seulement d'un miroir, mais aussi d'une échelle. Le mystique roman peut contempler la continuelle manifestation de Dieu. Dans l'art du XIIᵉ siècle, chaque coup de pinceau ou de marteau exprime la vie. Quand le peintre ou le sculpteur est en harmonie avec la nature et le Créateur de la nature, l'inspiration le traverse et le meut.

(37) Voir p. 41.

En reprenant les symboles bibliques et profanes, l'homme roman ne les répète pas. Il participe à travers eux aux symboles éternels de l'humanité. Ceux-là se trouvent à l'intérieur de l'être et le contact avec la nature permet de les expliciter.

QUATRIÈME PARTIE

LA MAISON DE DIEU

I. LE TEMPLE — II. ATELIERS ET CONSTRUCTION. — III. ORNE-
MENTATION.

CHAPITRE PREMIER

LE TEMPLE

Comment édifier la maison de Dieu ? « Le temple est comme le ciel dans toutes ses proportions », disait jadis une inscription sur un fragment du temple de Ramsès II. Or, comment savoir les proportions du ciel ? En regardant le corps de l'homme, puisque celui-ci présente des proportions exactes. Il s'agira donc de copier les mesures du corps humain. L'homme étant le temple de Dieu, le temple sera élevé à l'image de l'homme.

Deux textes de la Bible pouvaient servir de base à l'archi-tecture : la *Sagesse* (XI, 20) apprenait que tout a été réglé avec mesure, nombre et poids et saint Paul disait aux Corinthiens : « Ne savez-vous pas que vous êtes le temple de Dieu ? » (*I Cor.*, III, 16) ; « Ignorez-vous que votre corps est le temple du Saint-Esprit qui est en vous ? » (*I Cor.*, VI, 19.)

Dieu révéla à Noé les dimensions de l'arche, à Moïse celles du tabernacle, à Salomon celles du Temple. Dans un songe, Ezéchiel, nous le verrons, reçut les dimensions du nouveau Temple (XLII).

1. *L'arche.*

Le thème de l'arche est d'une importance majeure. On le retrouve sur des plans très différents, tels ceux de l'exégèse, du nombre, de la mystique et de l'art.

L'arche de Noé est le sujet de nombreuses spéculations, en particulier dans la tradition rabbinique. Philon commente

l'image du tétragone de l'arche (1); Clément d'Alexandrie
parle dans les *Stromates* (VI, XI) de sa construction « faite
suivant les intentions divines », d'après des « significations
chargées de sens ». L'arche mesure 300 coudées de longueur,
50 de largeur et 30 de hauteur. Elle se termine par une seule
coudée qui s'affine de plus en plus dans sa hauteur. D'où sa
forme de pyramide ; celle-ci a le sens de feu, de flamme. (Nous
reviendrons sur l'énergie phallique qu'elle possède.) L'arche a
été construite en bois incorruptible et imputrescible. Il existe
un rapport étroit entre les dimensions données par Yahweh à
Noé pour édifier l'arche lors du déluge et à Moïse pour
construire l'arche d'alliance. Cette dernière prend d'ailleurs
les mêmes proportions que l'arche de Noé, à une échelle très
réduite. L'arche de Noé comprend trois étages (2) ; l'importance de ce chiffre ne saurait échapper.

Dans l'*Architecture naturelle* (3), nous lisons une remarque
suggestive. Elle concerne le rapport de la longueur et de la
largeur de l'arche à l'égard de l'homme. « Le rapport de la
longueur à la largeur de l'arche vaut 6, et celui de sa longueur
à sa hauteur vaut 10... Or, le premier de ces nombres caracté-
rise le rapport de la hauteur de l'homme à la longueur de son
pied ; le second nombre est celui des orteils, et il mesure
symboliquement la longueur du pied. Ainsi, les proportions
de l'arche portée sur les eaux, entre le ciel et la terre, sont
analogues à celles de l'homme. »

Origène explique les dimensions de l'arche. Il commente sa
longueur de 300 coudées qui exprime à la fois le nombre 100
et le nombre 3 ; le premier signifie la plénitude (l'unité), le
second la Trinité. La largeur est de 50 coudées, elle est interprétée comme le symbole de la rédemption (4). Le rapport
entre 30 et 300 est évident. Quant au sommet, il symbolise le
chiffre 1, en raison de l'unité de Dieu. Origène présente encore
des analogies entre la longueur, la largeur, la hauteur de
l'arche et la longueur, la largeur et la profondeur du mystère
de l'amour de Dieu dont parle saint Paul (cf. *Ephes.*, III, 18).
L'arche figure aussi le corps avec ses dimensions et ses quali-

(1) PHILON, *De vita Moysis*, II, 128.
(2) Elle figure ainsi sur la peinture murale de la voûte de la nef à l'église de
Saint-Savin.
(3) *De l'Architecture naturelle*, éd. A. Rouhier, Paris, 1949, p. 237, note.
(4) Voir J. DANIÉLOU, *Sacramentum futuri, études sur les origines de la
typologie biblique*, Paris, 1950, p. 87. Voir en particulier la note 1 où l'auteur
en citant les textes du pseudo-Barnabé présente le rapport entre le nombre
300 et la lettre grecque T. Cette dernière offre une ressemblance avec la croix
qu'elle symbolise.

tés chez saint Ambroise. Isidore de Séville (5) dira que les
300 coudées égalent 6 fois 50 ; la longueur égale donc 6 fois la
largeur ; elle symbolise les six âges du monde. Saint Augustin
commente ce thème de l'arche qui préfigure la cité de Dieu,
l'Église, le corps du Christ (6).

Saint Ambroise a composé un traité *De Noe et arca* que
devaient interpréter les auteurs du Moyen Age. Il s'agit d'un
ouvrage d'anthropologie allégorique, de source philonienne.
Dans son traité *De arca Noe morali* et *De arca mystica*,
Hugues de Saint-Victor s'en inspire et reprend les grandes
notions d'Origène auxquelles il se réfère. L'arche mystérieuse
est figurée par le cœur de l'homme. Hugues la compare aussi
à un navire. Il étudie successivement les différents éléments de
l'arche pour en donner une triple interprétation littérale,
morale et mystique.

L'arche du cœur trouve son analogue dans le lieu le plus
secret du temple où s'offre le sacrifice, c'est-à-dire le Saint des
Saints qui figure le centre du monde. L'arche conserve
toujours un caractère mystérieux. Jung découvre très justement en elle l'image du sein maternel, de la mer dans laquelle
le soleil est englouti pour renaître (7).

Dans ses *Étymologies*, Isidore de Séville rappelle la
comparaison de l'arche avec le thorax. *Arca* évoque encore un
sens secret et constitue un appui pour la partie supérieure et
inférieure du corps (8). Nous avons déjà vu Hildegarde de
Bingen désigner la poitrine comme le carré parfait. Par
ailleurs, l'expression l'arche du cœur *(arca cordis)* est souvent
retenue par les mystiques, notamment par saint Bernard qui,
dans le *De laude novae militae* (9), parle de la terre bonne et
excellente qui reçoit dans son sein le grain céleste contenu
dans l'arche du cœur du Père.

L'arche est censée conserver la connaissance. Noé a gardé
la connaissance antédiluvienne, c'est-à-dire toute la connaissance des anciens âges et l'arche d'alliance toute la connaissance de la Thora. Ce symbole sera constamment repris et
élargi de plus en plus. Ainsi Noé est comparé au Christ et
l'arche identifiée avec la croix. Mais c'est le thème du cœur
qui aura le plus de succès. Sainte Lutgarde, au XIIe siècle,
parlera du côté ouvert du Christ donnant accès à son cœur

(5) *Quaestiones in vetus Testamentum, In Genesim,* VII, 5-7 ; P. L. 83,
c. 230.
(6) Saint AUGUSTIN, *De civitate Dei,* lib. XV, XXVI, 1 ; P. L. 41, c. 472.
(7) C. G. JUNG, *Métamorphoses de l'âme et ses symboles, id.,* p. 356.
(8) Isidore de SÉVILLE, *Etymologiarum,* lib. XI, 1, 73, éd. Lindsay, *id.*
(9) *De Laude novae militae ad milites Templi,* V, P. L. 182, c. 929.

devenu une arche. Un cistercien, Guerric d'Igny, fait allusion
à la porte de l'arche ouverte par la blessure de la lance dans le
flanc du Christ. Guillaume de Saint-Thierry nommera aussi
l'ouverture faite dans la paroi de l'arche, qui trouve un paral-
lèle dans la blessure du Christ. Il écrit, en s'inspirant des
textes bibliques : « Que j'entre tout entier dans le cœur de
Jésus, dans le Saint des Saints, dans l'arche du Testament,
dans l'urne d'or (10)... » Commentant un texte de l'*Apocalypse* (XI, 19), « l'arche d'alliance apparut dans le ciel », Guillaume de Saint-Thierry explique le rôle de l'arche d'alliance,
en tant que dépôt des mystères ; elle est l'urne d'or qui conte-
nait la manne. La connaissance cachée dans « le ciel de votre
secret », dira Guillaume en s'adressant au Christ, sera dévoi-
lée à la fin des siècles, car à ce moment une porte sera ouverte
dans l'urne d'or (10)... » Commentant un texte de l'*Apocalypse* (XI, 19), « l'arche d'alliance apparut dans le ciel », Guillaume de Saint-Thierry explique le rôle de l'arche d'alliance,
en tant que dépôt des mystères ; elle est l'urne d'or qui conte-
nait la manne. La connaissance cachée dans « le ciel de votre
du Christ, se retrouve fréquemment dans la pensée romane.
C'est le vase alchimique où se fait la transmutation des
métaux. C'est encore le vase du Graal. Le thème du cœur en
tant qu'arche et vase est un symbole constant dans la
mystique romane. Le cœur de l'homme est le lieu où s'opère la
transfiguration.

2. *Le Temple de Salomon.*

Le Temple que le roi Salomon bâtit à Yahweh mesurait
60 coudées de longueur, 20 de largeur et 30 de hauteur. Le
portique devant le Temple avait 20 coudées de longueur dans
le sens de la largeur du Temple et 10 coudées de largeur sur le
devant (*I Rois*, VI, 3). Le Sanctuaire fut désigné pour y placer
l'arche d'alliance. L'intérieur du Sanctuaire comportait
20 coudées de longueur, 20 coudées de largeur et 20 coudées
de hauteur (*I Rois,* VI, 20), d'où sa forme cubique sur laquelle
nous aurons l'occasion de revenir. Dans le Sanctuaire, deux
chérubins en olivier sauvage comptaient 10 coudées de haut,
et les ailes des chérubins mesuraient chacune 5 coudées. Il

(10) *De contemplando Deo*, I, 3 ; P. L. 184, c. 368 ; éd. M.-M. Davy,
Paris, 1953, nº 3, p. 51.
(11) *Meditativae orationes*, P. L. 180, c. 226. *Med.* VI, éd. M.-M. Davy,
Paris, 1934, pp. 151 sv.

existait donc 10 coudées de l'extrémité d'une aile à l'autre. La hauteur de chaque chérubin était également de 10 coudées, et ils se trouvaient aile contre aile (*I Rois*, VI, 23).

Le Saint des Saints présente donc un volume cubique parfait ; l'autel en bois d'acacia doit avoir 5 coudées de long, 5 coudées de large, il est carré (*Exode*, XXVII, 1). Les dimensions carrées et doubles carrées chères à la Bible se retrouvent dans de nombreuses églises romanes, telle par exemple à Saint-Benoît-sur-Loire. Notons que nous parlons uniquement des églises romanes et n'étudions pas l'architecture profane, où l'on pourrait relever ici et là des proportions parfaites. Dans les manuscrits concernant les corporations médiévales, le Temple de Salomon est cité souvent comme modèle.

Le symbolisme cosmique du Temple est évident. Josèphe et Philon s'accordent pour montrer que le Temple figure le cosmos et que chaque objet contenu dans le Temple s'y trouve ordonné. Philon dira encore que l'autel des parfums symbolise l'action de grâces pour magnifier la parfaite bonté de Dieu dans le ciel. Le chandelier à sept branches désigne les sept planètes ; la Table figure l'action de grâces pour tout ce qui s'accomplit dans l'ordre terrestre. Sur la Table, douze pains symbolisent les mois de l'année : ce sont les pains de proposition (pains des faces divines). L'arche d'alliance est posée sous les ailes des chérubins ; elle représente le symbole des intelligibles.

La pierre fondamentale du temple possédait une valeur cosmique ; elle sera identifiée à la pierre de Béthel, d'où Jacob put contempler les cieux ouverts (*Gen.*, XXXV, 9). Cette pierre est centre du monde, point où communiquent le terrestre et le céleste.

Dans sa vision, Ézéchiel nous rapporte les mesures du nouveau Temple. Placé sur une montagne élevée où se trouvait une ville construite au Midi, il vit un homme dont l'aspect était « comme l'aspect de l'airain ». Dans sa main se trouvait un cordeau de lin et une canne à mesurer. Cet homme lui dit de « regarder de ses yeux », « d'écouter de ses oreilles » et « d'appliquer son cœur ». Et Ézéchiel vit que la maison était entourée par un mur. L'homme portait un roseau de six coudées pour le mesurer et chaque coudée comptait une coudée et un palme. La largeur et la hauteur étaient d'un roseau. Le seuil du portique avait la même dimension. Tous ces nombres nous sont donnés dans de très nombreux versets du texte d'Ézéchiel (XL, 5-49 ; XLI, 1-26 ; XLII, 1-20).

Ce symbolisme du Temple doit être retenu pour montrer son rapport avec celui de l'église romane. Ne croyons pas que le Temple de Salomon soit le seul Temple à être cosmique. Tous les temples authentiques le sont, les ouvrages de Schwaller de Lubicz l'ont encore récemment confirmé. La tradition égyptienne du temple s'est transmise jusqu'à l'église romane en passant par le Temple de Yahweh construit par Salomon. L'église romane, dans la mesure où elle est fidèle à cet ordre traditionnel, est nettement cosmique. Pierre Damien dira que l'église représente la figure du monde (12). L'église de pierres offre l'image de l'immense cité de Dieu *(civitas Dei)*, dont a parlé saint Augustin, et qui est faite de tous les chrétiens de la même manière que l'édifice est composé de pierres.

Telles les pierres du temple, les pierres de l'église romane devaient avoir des dimensions précises. Des directives concernant les pierres se trouvent plusieurs fois répétées dans la Bible. « Si tu m'élèves un autel de pierre, tu ne le construiras pas en pierres taillées, car en levant ton ciseau sur la pierre, tu la rendrais profane. » *(Exode,* xx, 25.) Dans le *Deutéronome*, il est recommandé de prendre des pierres brutes pour l'autel de Yahweh *(Deut.,* xxvii, 5) et dans les livres des *Rois* la prescription se fait plus incisive encore : Lorsqu'on bâtit la maison, on la bâtit de pierres toutes préparées dans la carrière, et ainsi ni marteau ni hache ni aucun instrument de fer ne furent entendus pendant qu'on la construisait *(I Rois,* vi, 7). Le maître d'œuvre et le maçon devaient tenir compte dans la construction de l'église romane de tous les conseils donnés à propos du Temple.

3. *La Jérusalem céleste.*

Le véritable architecte de cette église universelle n'est pas le théologien ou l'imagier, mais Dieu l'architecte suprême. Le maître d'œuvre imite l'Ordonnateur du monde. Saint Jean, dans l'*Apocalypse*, faisant écho à la vision d'Ézéchiel, avait indiqué les mesures de la Jérusalem céleste. L'ange, un roseau d'or à la main, « tenait une mesure »... pour mesurer la ville, ses portes et ses murailles. La ville était quadrangulaire et la longueur était égale à la largeur ; il mesura la ville avec son roseau jusqu'à 12 000 stades. La largeur, la longueur et la hauteur en étaient égales. Il en mesura aussi la muraille de 144 coudées, « mesure d'homme qui est aussi mesure d'ange » *(Apoc.,* xxi, 16-17).

---

(12) *Sermo* LXXI, *in dedicatione ecclesiae,* P. L. 144, c. 907.

L'*Apocalypse* fait mention de deux temples : l'un céleste et l'autre terrestre. Quand un ciel nouveau et une terre nouvelle apparaîtront, un changement se produira : une nouvelle Jérusalem descendant du ciel surgira. C'est pourquoi le visionnaire ne découvre plus de temple, car «le Seigneur, le Dieu Maître-de-Tout est son propre temple, ainsi que l'Agneau» (xxi, 22). La nouvelle Jérusalem est comparée à l'épouse parée pour ses noces (xix, 8). L'économie messianique du temple débouche sur l'eschatologie. Le temple eschatologique est entièrement cosmique. L'église romane devait prolonger le tabernacle et le Temple ; elle préfigure la Jérusalem céleste dont le Christ est la pierre angulaire (*Ephes.*, ii, 20).

4. *Le carré.*

Tous ces textes mettent en évidence l'importance du carré dans le Temple ; la pyramide de l'arche est elle-même composée de carrés et de triangles. L'ange qui mesure la cité céleste et représente le Christ possède une règle d'or. La ville elle-même est d'or pur, le fils de l'homme porte une ceinture d'or (*Apoc.*, i, 14), et dans les Psaumes la reine est parée de l'or pur (Ps. XLIV, 10). Cet or signifie l'achèvement parfait et la qualité des dimensions de la cité céleste. Il désigne aussi dans un sens figuré la charité liée à la justice. La ville, « aussi longue que large », est bâtie en carré ; le Temple, nous l'avons vu, est carré. Or le carré, en raison de sa forme égale des quatre côtés, symbolise le cosmos ; ses quatre piliers d'angle désignent les quatre éléments. Denys le Chartreux demande que le carré soit examiné sous son aspect allégorique. Les corps carrés — dira-t-il — ne sont pas destinés à la rotation comme les corps sphériques. Par ailleurs, le carré présente un caractère stable. La forme quadrangulaire est adoptée pour délimiter de nombreuses places, telle la place publique d'Athènes. Des villes carrées sont bâties au Moyen Age : Sainte-Foy, Montpazier, etc. Le temple du Graal est carré.

Selon Vitruve, que cite Hugues de Saint-Victor, l'expression « quadrati lapides » désigne la construction composée de pierres de taille dépourvues de mortier.

5. *L'église « ad quadratum ».*

Villard de Honnecourt, qui a groupé au xiiie siècle des dessins stylisés, nous donne le plan d'une église cistercienne du XIIe siècle, tracée *ad quadratum* (13). Celle-ci offre des analogies avec les mesures du microcosme selon sainte Hildegarde (14). L'homme hildegardien, les pieds joints et les bras étendus, comporte — nous l'avons vu — 5 mesures égales dans le sens de la longueur et dans le sens de la largeur ; les dimensions précisées dans le sens de la longueur et de la largeur sont présentées par des carrés.

L'église que nous étudions ici s'inscrit dans un rectangle, sa longueur comporte trois carrés d'égale mesure et sa largeur deux carrés d'égale mesure. Le carré principal dans le sens de la largeur correspond au carré majeur d'Hildegarde figuré par la poitrine. Le plan de l'église cistercienne comporte 12 mesures égales dans le sens de la longueur et 8 dans le sens de la largeur, soit le rapport

$$\frac{12}{8} \text{ ou } \frac{3}{2} \text{ (cf. Fig. 4)}$$

J.-B. Lassus, l'éditeur de l'*Album* de Villard de Honnecourt, nous rapporte tout un ensemble de lettres échangées entre Montalembert et J.M.H. Parker d'Oxford, à propos des églises carrées. La question est ainsi posée : l'architecture cistercienne de forme carrée a-t-elle introduit ses propres mesures en Grande-Bretagne ? Cîteaux est né en Angleterre dès 1128 avec la fondation de l'abbaye de Waverley. Or, dès 1092, on trouve une église à abside carrée (Old-Sarum). La cathédrale d'Ely présente des absides circulaires sur un plan du XIe siècle corrigé et construit en carré au XIIe siècle. Les églises carrées sont nombreuses, telles la cathédrale d'Oxford, l'église de Ramsey, St Cross (Hampshire). Il apparaît donc évident que les églises carrées d'Angleterre n'ont pas subi l'influence de Cîteaux. Toutefois, les églises cisterciennes en Grande-Bretagne sont toutes carrées. En Allemagne, la majorité des églises à abside carrée dérivent de l'église cistercienne de Morimond. En France, les églises carrées sont cisterciennes. Elles présentent des chevets plats, flanqués de quatre, six ou huit chapelles carrées (cf. Fig. 5). Les déambulatoires sont rectangulaires. Ainsi à Fontenay, seconde fille de Clairvaux, fondée par saint Bernard (1118), sur le transept s'ouvrent des

(13) *Album de Villard de Honnecourt*, architecte du XIIIe siècle, publié par J.-B. Lassus, Paris, 1859.
(14) Voir p. 168.

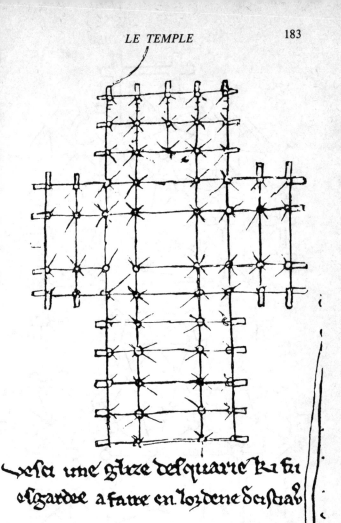

Ꝟeſui une gliɼe deſquarre ꝛi ſui
elɡardee a faꝛe en loꝛdene deʒiꜩiaꝟ

Fig. 4. — *Plan d'une église* ad quadratum *d'après l'*Album
de Villard de Honnecourt.

Cette église est représentée par douze carrés égaux dans le sens de
la longueur et par huit carrés de même dimension dans sa plus
grande largeur. Comme l'indique la légende, il s'agit d'une église
« desquarie » de l'Ordre de Cîteaux.

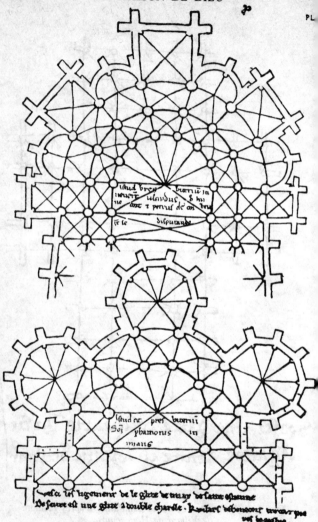

FIG. 5. — *Deux chevets d'églises tirés de l'*Album
de Villard de Honnecourt.

Le premier chevet présente des chapelles carrées alternées avec
des chapelles rondes. Le second comporte trois absidioles rondes.

chapelles carrées et rectangulaires (15). Il en est de même à Pontigny (1114), à Noirlac (1136), à Escale-Dieu (1142) qui copiera le plan de Fontenay. La cathédrale de Laon possède un chevet carré. Le chœur de l'église de Brinay est rectangulaire.

Dans toutes les églises primitives cisterciennes, le chevet est carré, mais dans les églises construites à la fin du XIIe et au XIIIe siècle, l'abside devient polygonale. Notons que l'église de Saints-Vincent-et-Anastase, près de Saint-Paul-aux-Trois-Fontaines à Rome, fut donnée à saint Bernard en 1140 et très probablement reconstruite alors avec un chevet carré.

6. *L'homme carré.*

Dans le *Guide des Pèlerins de Saint-Jacques-de-Compostelle* (attribué communément à Aimery-Picaud de Parthenay le Vieux), l'auteur compare l'église à un organisme humain (16), la grande nef est semblable à un corps dont les transepts forment les bras ; c'est en fonction des mesures humaines que les dimensions sont calculées.

L'homme carré, les bras étendus et les pieds joints, désigne les quatre points cardinaux. Nous rejoignons ici le sens de la croix et des quatre dimensions qu'elle implique. Les auteurs du Moyen Age, amoureux de comparaisons, rapprochent de l'homme carré les 4 Évangiles, les 4 fleuves du Paradis, et puisque le Christ assume l'humanité, lui aussi sera considéré comme l'homme carré par excellence. Thierry de Chartres dira que l'unité est à la base même du carré, car elle se trouve répétée quatre fois.

Il importe de retenir dans la composition architecturale la symétrie et la proportion. L'Église romane s'inspire du Temple, lequel — nous l'avons dit — suivant la tradition, représente dans ses proportions le temple de l'homme. Ses dimensions peuvent s'inscrire dans un carré. Mais l'église romane n'est pas seulement *ad quadratum*, suivant le plan de l'église cistercienne publié dans l'*Album* de Villard de Honnecourt, elle est parfois ronde. Ici, il nous faut entrer dans un autre symbole. Nous passons du temps à l'éternité.

---

(15) M. AUBERT avec la collaboration de la marquise de MAILLÉ, *L'architecture cistercienne en France,* Paris, 1943, t. I. Voir en particulier III, ch. I : « Les Plans », pp. 151 à 195.

(16) Cf. Edgar de BRUYNE, *Études d'esthétique médiévale,* t. II, Bruges, 1946, pp. 89-90.

7. Formes carrée et ronde.

La forme carrée n'est pas unique. Elle appartient au temps. Or l'éternité est représentée par le cercle. Celui-ci, après avoir évalué l'année, a mesuré le temps, puis l'éternité et signifié enfin l'infini. Le cercle et le carré symbolisent deux aspects fondamentaux de Dieu : l'unité et la manifestation divine. Le cercle exprime le céleste, le carré le terrestre, non pas en tant qu'opposé au céleste, mais en tant que créé. Dans les rapports du cercle et du carré, il existe une distinction et une conciliation. Le cercle sera donc au carré ce que le ciel est à la terre, mais le carré s'inscrit dans un cercle, c'est-à-dire que la terre est dépendante du ciel. Le quadrangulaire n'est pas autre chose que la perfection de la sphère sur un plan terrestre.

Le cercle ne se trouve pas dans les constructions bibliques ; il est byzantin d'origine. Sur le plan architectural, il a précédé la coupole. Des églises romanes reproduisant le Saint-Sépulcre de Jérusalem détiennent une forme arrondie, telles les églises construites par les Templiers ou les abbayes de Charroux et de Fontevrault. L'abside des églises romanes offre une demi-coupole.

Les architectes pouvaient encore imiter les monuments antiques et les formes byzantines. Le Saint-Sépulcre de Jérusalem tentait de rappeler la grande voûte de l'univers que l'homme symbolise par sa calotte crânienne. Honorius Augustodunensis reprend cette double division en parlant de l'église en croix (carrée) et de l'église ronde (17) ; il utilise la terminologie usuelle et le sens symbolique qu'elle comporte.

Le cercle exprime le souffle de la divinité sans commencement ni fin. Ce souffle se poursuit continuellement et dans tous les sens. Si le souffle s'arrêtait, il y aurait aussitôt une résorption du monde. Le cercle est figuré par un serpent arrondi et formant un anneau ; les deux extrémités (tête et queue) se touchent. Le soleil et l'or, image du soleil, sont désignés par un cercle. Dans l'antiquité, le plan circulaire est associé au culte du feu, des héros, de la divinité (18). Le rond possède un sens universel *(orbis)* que le globe symbolise. La spécificité de l'univers et de la tête de l'homme sont autant d'indices de perfection.

---

(17) Honorius AUGUSTODUNENSIS, *De gemma animae*, P. L. 172, c. 590 sv.
(18) L. HAUTECŒUR, *Mystique et architecture. Symbolisme du cercle et de la couronne*, Paris, 1954, pp. 3-4.

L'église romane présente l'image de l'homme, mais elle offre avant tout le symbole de l'homme parfait, c'est-à-dire du Christ-Jésus. Notons d'ailleurs que le mot Jésus, en lettres hébraïques, signifie l'homme. Le Verbe se faisant homme et assumant l'humanité, prend des proportions humaines. Par l'Incarnation, il unit sa divinité à l'humanité, lie le ciel à la terre, et jette dans le cercle une forme de carré qui correspond à la forme de l'homme, ou mieux il inscrit le carré dans le cercle de la divinité. Mais il y a plus encore, car le carré indique la puissance. Une telle évidence s'impose, par exemple, dans la vision de Daniel (VII, 1-28) avec les quatre bêtes et les quatre rois. Or par la Rédemption, le Christ fait éclater le carré et le brise, car il est un roi dépossédé. Il ne reste plus du carré que la croix ! Ainsi le Christ situe sa nature humaine au sein de la nature divine et l'homme carré, par le fait de l'Incarnation et de la Rédemption, s'insère lui-même dans le cercle. En d'autres termes, l'humanité est reliée à la divinité, tels le temps à l'éternité, le visible à l'invisible, le terrestre au céleste.

Les auteurs modernes parlent volontiers de l'église construite à l'imitation du Christ crucifié. Oui et non. Toute nature humaine est crucifiée, puisque l'effigie de l'homme symbolise la croix et signifie les axes cardinaux.

Ainsi le temple est toujours construit à l'image de l'homme. Le temple chrétien résulte de la « quadrature » selon les axes cardinaux introduits dans un cercle. Le plan du temple hindou présenté dans le Vâstu Parusha-mandala est aussi une figure carrée exprimant la division quaternaire d'un grand cercle qui symbolise le cycle solaire (19).

Les temples dédiés aux astres offrent encore des correspondances avec le temple céleste. Henry Corbin a décrit les temples des Sabéens construits à l'image des astres. Les temples en rotonde étaient consacrés aux principes cosmiques, et les différents temples voués aux planètes présentaient des formes diverses : hexagone pour Saturne, triangle pour Jupiter, rectangle pour Mars, carré pour le soleil. Le triangle est construit dans un carré pour Vénus, et pour Mercure le triangle est dans un rectangle. Le temple de la lune est un octogone (20).

Les correspondances harmoniques Univers-Temple sont très anciennes. Qu'il s'agisse des architectes égyptiens, des

---

(19) Voir T. BURCKHARDT, « La genèse du temple hindou », dans *Études traditionnelles*, déc. 1953, pp. 364 sv.

(20) Voir H. CORBIN, « Rituel sabéen et exégèse ismaélienne du rituel », dans *Eranos-Jahrbuch*, XIX, 1950, Zürich, p. 191.

kabbalistes, des néo-pythagoriciens et des architectes romans, nous retrouvons des données identiques. Le problème des proportions, de la section dorée, a été le sujet de maints travaux. Matila Ghyka a étudié à travers le *Timée* les correspondances Univers-Temple-Corps humain ; il désigne le dodécaèdre comme le symbole mathématique de l'harmonie cosmique. Le dodécaèdre comprend douze faces pentagonales.

Si le temple traditionnel correspond aux dimensions de l'homme, image de Dieu, l'église chrétienne romane trouve son modèle dans le Dieu fait homme, c'est-à-dire dans le Christ.

Ainsi l'homme n'est pas abandonné à lui-même. L'église de pierre n'est vraiment le temple de Dieu que par les divins mystères qui s'accomplissent dans son enceinte, de la même manière que l'homme n'est vraiment le fils de Dieu que dans la mesure où l'homme intérieur se développe. L'homme privé de Dieu est aussitôt exclu de sa véritable existence, puisque l'éternité baigne le temps et que l'homme se meut en Dieu. Rendu à lui-même, l'homme perd le sens de l'existence et le principe de vie le déserte aussitôt.

8. *Le temple roman et le macrocosme.*

Les hommes du Moyen Age possèdent une conscience très perspicace tant de leurs rapports avec Dieu que des rapports du temps avec l'éternité. Il existe un fait dont il faut toujours tenir compte ; le XIIᵉ siècle ne considère jamais l'humanité du Christ en faisant abstraction de sa divinité : d'où cet aspect royal du Christ dans l'église romane dont nous avons déjà parlé.

L'église romane figure l'image du microcosme, elle est aussi universelle. Si l'homme s'y retrouve lui-même, il entraîne avec lui toute la création, la parole de Dieu avec l'Ancien et le Nouveau Testament, et la nature avec ses plantes et ses animaux. Le temple roman n'est pas seulement à l'image de l'homme, il est encore à l'image de l'univers. Microcosme et macrocosme s'unissent. A la révélation de Dieu et à la création s'ajoutera la révélation intérieure de l'homme qu'il percevra par le regard et par l'oreille. L'homme roman, par la découverte des symboles dans lesquels il pénètre, est le représentant et le porte-parole du macrocosme et du microcosme à l'égard du Créateur. Dans l'église de pierres, il introduit l'action de grâces de la nature créée. Il assure sa soumission à l'Ordonnateur suprême, et le chant de son cœur, telle l'harmonie des sphères, devient un poème des pierres vivantes. Tout se situe dans le sacré, car tout est proportion, ordonnance, mesure et harmonie. L'homme roman transporte avec lui sa notion d'universalité. C'est l'univers entier qui, dans une parfaite unité, célèbre le mystère de la création, et l'homme reconnaît le sceau de la divinité sur son visage.

9. *L'art spirituel.*

Ayant décrit dans sa Règle les soixante-douze instruments des bonnes œuvres, saint Benoît les classe dans l'art spirituel *(ars spiritualis),* qui régit l'existence monastique. Cet art est le plus délicat de tous les arts ; semblable à un autre art ou à un autre métier, il s'exerce dans un atelier : cet atelier est celui de la vie religieuse.

L'architecture et la sculpture ne font pas partie des instruments des bonnes œuvres. Cependant, l'art de construire et d'orner peut, à l'époque romane, se ranger dans l'art spirituel.

Il s'opère dans l'église romane, et c'est là le propre du symbole, une transparence. Celle-ci ne peut s'effectuer que dans la mesure de la réalité, des proportions et de l'harmonieuse ordonnance. Une telle connaissance n'est pas innée, elle doit s'apprendre, et c'est pourquoi il faudra des ateliers dans lesquels la tradition pourra être transmise (21).

---

(21) Dans le *De natura et dignitate amoris* (P. L. 184, c. 381 A ; éd. M.-M. Davy, n. 3, p. 73), Guillaume de Saint-Thierry montre que Dieu a mis la loi dans l'âme de l'homme, mais celui-ci l'a oubliée, c'est pourquoi il doit la réapprendre.

CHAPITRE II

ATELIERS ET CONSTRUCTION

L'art de bâtir comprend un plan, une structure, une distribution. La *sectio aurea* déjà employée par les Égyptiens, reprise par Pythagore, Eudoxe de Cnide et Euclide, est à la base de la construction romane. Le maître d'œuvre doit avoir le sens de l'espace, du nombre et de la pesanteur. La forme correspond nécessairement à un but. Celui de l'église romane concerne l'enseignement, le recueillement et la prière.

1. *La pierre.*

Dans la tradition, la pierre occupe une place de choix. Il existe entre l'homme et la pierre un rapport étroit. Suivant la légende de Prométhée, procréateur du genre humain, des pierres ont conservé une odeur humaine. La pierre et l'homme présentent un double mouvement de montée et de descente. L'homme naît de Dieu et retourne à Dieu. La pierre brute descend du ciel ; transmuée, elle s'élève vers lui (1).

La pierre brute est considérée comme androgyne, l'androgynat constituant la perfection de l'état primordial. Est-elle taillée, les principes se séparent. Elle peut être conique ou cubique. La pierre conique représente l'élément masculin et la pierre cubique l'élément féminin. Le cône est-il posé sur un socle, les principes masculins et féminins se trouvent de ce fait

(1) Voir T. BASILIDE, « Essai sur la pierre » dans *Le Voile d'Isis*, XXXIX, 1934, pp. 93 sv. Cet article est très précieux pour l'étude de la pierre. Voir aussi Gougenot des MOUSSEAUX, *Dieu et les dieux*, Paris, 1854.

réunis. Il est souvent fait allusion à la pierre levée des Celtes que l'on retrouve sous la forme de clocher dans les églises. Quand le culte avait lieu sur la pierre, il ne s'adressait pas à la pierre elle-même, mais au dieu dont elle était devenue le lieu de résidence. Notons qu'aujourd'hui encore la messe romaine est célébrée sur une pierre (placée dans une cavité sur l'autel) dans laquelle se trouvent insérées des reliques de saints martyrs.

Les pierres ne sont pas des masses inertes ; ainsi les *béthyles* apparaissent des pierres vivantes tombées du ciel ; elles demeurent animées après leur chute. On pourrait trouver dans le Zohar, dans les commentaires du Talmud et dans les Midrachim des textes sur les pierres du plus haut intérêt. De telles explications seraient précieuses pour comprendre le sens de la pierre à l'époque romane.

En raison de son caractère immuable, la pierre symbolise la sagesse. Elle est souvent associée à l'eau. Ainsi Moïse, à l'entrée et à la sortie du désert, fait jaillir une source en frappant sur une pierre (*Exo.*, XVII, 6). Or l'eau symbolise aussi la sagesse. La pierre se rapporte encore à l'idée de miel et d'huile (cf. *Deut.*, XXXII, 13 ; Ps. LXXX, 17 ; *Gen.*, XXVIII, 18). Il est possible aussi de rapprocher la pierre du pain. Saint Matthieu parle du Christ conduit par l'Esprit dans le désert, et le diable lui suggère de changer les pierres en pain.

Le terme « béthyle », dont nous verrons l'emploi à propos de la vision de Jacob, a le sens en hébreu de « maison de Dieu » (Beth-el). Le sens de Bethléem (Beth-lehem), qui signifie maison de pain, est étroitement apparenté à Beth-el. Guillaume de Saint-Thierry, commentant un texte du *Cantique des Cantiques* d'après la Vulgate (II, 17), dira que Bethel signifie la maison de Dieu, c'est-à-dire la maison des « veilles », de la vigilance ; ceux qui séjournent dans un tel lieu sont les fils de Dieu, visités par l'Esprit Saint. Cette maison est appelée la maison des veilles, parce que ceux qui y demeurent attendent la visite de l'Époux (2). Dans son traité sur les *Degrés de l'humilité et de l'orgueil*, saint Bernard fait allusion à l'âme qui s'endort dans la suavité de l'union divine. La vigilance de son cœur lui permet de scruter le secret de la vérité qui remplira ensuite sa mémoire.

Dans le Temple, la pierre est dite sainte, non seulement parce qu'elle a été sanctifiée par l'usage de la dédicace, mais parce qu'elle correspond à sa fonction, et répond à sa situation de pierre. Elle est à sa place, dans son ordre propre.

(2) Cf. *Expositio super Cantica Canticorum*, P. L. 180, c. 538.

Hildegarde de Bingen décrit les vertus de la pierre qui sont au nombre de trois : l'humidité, la palpabilité et la force ignée. La vertu d'humidité l'empêche de se dissoudre ; grâce à son caractère de palpabilité, elle peut être touchée ; le feu qui est dans ses entrailles la rend chaude et lui permet d'affermir sa dureté. Hugues de Saint-Victor étudie aussi la triple propriété de la pierre, et dans un sermon sur la dédicace, il dira que les pierres représentent les fidèles « carrés et fermes » par la stabilité de la foi et la vertu de fidélité.

2. *Les tailleurs de pierre.*

Le maître d'œuvre joue un rôle important, il est l'architecte qui préside à la construction de l'église. Mais c'est là un terme assez générique qui ne concerne pas uniquement celui qui dresse les plans. L'architecte, au sens où nous l'entendons habituellement, est souvent indiqué au Moyen Age sous le nom de maître maçon (3).

Selon Boèce, le manœuvre doit être soumis à l'architecte. Et c'est l'architecte qui utilise le compas. Les outils d'approximation correspondent aux cinq sens et les instruments de précision à la raison. N'est-ce pas le *logos* qui, durant l'époque romane, possède la juste perception des rapports ? La truelle, par son aspect, présente encore un symbole trinitaire.

Les monastères bénédictins et d'origine bénédictine sont — nous l'avons déjà dit — extrêmement nombreux, qu'il s'agisse de réformes, tel Cîteaux, ou encore de Cluny. Constituant de véritables villages, ils se suffisent entièrement à eux-mêmes et comprennent des artisans, depuis le boulanger jusqu'à l'enlumineur. Il est donc normal de voir autour de ces monastères des ateliers de copistes de manuscrits et de sculpteurs. Les chanoines réguliers de Saint-Ruf avaient un atelier renommé, et le Chapitre de Notre-Dame-des-Doms à Avignon lui gardera longtemps rancune de ne pas vouloir lui prêter quelques-uns de ses artistes.

Durant l'époque romane, l'architecture connaît un immense essor ; autour des différentes abbayes se groupent des ateliers de maçons et de tailleurs de pierre. Les moines bénédictins exercent à cet égard une influence incomparable ; plus

(3) L. LEFRANCOIS-PILLION, *Maîtres d'œuvre et tailleurs de pierre des cathédrales,* Paris, 1949, p. 14.

encore, ils tiennent une place décisive dans l'histoire : ils transmettent la tradition.

Fidèles aux anciens usages, les tailleurs de pierre voyagent. Matila Ghyka a très justement parlé des déplacements de bâtisseurs et des échanges effectués avec les architectes arabes (4). Tolède crée un contact avec la tradition grecque et byzantine. Nous avons déjà parlé des apports, à travers l'Espagne, de l'Iran, de la Grèce et de l'Égypte.

C'est le moment où se forment les sociétés laïques. Les membres des confréries se réunissent, circulent et possèdent de véritables corporations. Il ne faut point les confondre avec les écoles d'architecture dépendant des abbayes. Franz Rziha (5), en étudiant un document de la *Deutsche Bauhütte*, a pu nommer les différents groupes d'architectes. Parmi un relevé important de sigles, il examine plusieurs signes lapidaires de l'époque romane, tel le carré croisé d'un quatrefeuille. Nous savons, par ailleurs, que le genou découvert du Christ assis est à la fois un signe d'initiation et la signature d'une corporation. Le labyrinthe et le pentagone étoilé constituent aussi une signature d'atelier.

Lors de sa réception, chaque tailleur de pierre recevait un « signe » qui devenait sa signature. Ce « signe » ne correspondait pas à son nom, mais à sa corporation. Celle-ci comprenait trois degrés successifs : apprentis, compagnons, maîtres.

Si les corporations ou guildes possèdent des sceaux régulièrement transmis, il reste que parmi les moines l'anonymat le plus absolu est généralement observé. Les moines signent rarement quand ils sont maîtres d'œuvre et tailleurs de pierre par une figure indiquant une corporation. Cependant, on connaît quelques noms : tels ceux d'Adam, moine de Saint-Benoît-sur-Loire et maître d'œuvre de son propre monastère ; d'Achard, maître des novices et architecte ; de Geoffroy d'Ainai, qui non seulement s'occupe de la construction d'abbayes en France, mais est envoyé en Angleterre pour diriger les fondations cisterciennes. Sur les chantiers, ces moines président aux travaux. En général, ils travaillaient à la fondation de leur propre monastère. La coutume cistercienne n'autorisait pas les moines à aider d'autres ordres religieux ; ils devaient veiller à la construction de leurs couvents, et ceux-ci

---

(4) *Le Nombre d'Or ;* t. II, *Les Rites*, Paris, 1931, pp. 48-49.
(5) Fr. Rziha, *Studien über Steimetz-Zeichen*, Wien, 1883. Voir aussi l'ouvrage de l'abbé Grandidier, *Essais historiques et topographiques sur l'église cathédrale de Strasbourg*, Strasbourg, 1893.

furent nombreux au XIIᵉ siècle. D'autres moines collaboraient volontiers à des fondations différentes. Ainsi, on voit un Jean de Vendôme, architecte et moine, offrir gracieusement son talent. Par ses conceptions esthétiques, Rupert, abbé de Deutz, exerça une très grande influence sur les artistes de son temps ; il dirigea les travaux de décoration de l'église abbatiale. Grâce à lui, l'art des miniatures jouit d'un grand succès dans les monastères. Ses ouvrages théologiques très répandus au XIIᵉ siècle inspirèrent des motifs sculpturaux. Il est peut-être le premier à représenter la Trinité comme un *Gnadenstuhl* (6). Le Père tient la croix du Christ et l'Esprit est entre les deux ou encore sur la tête du Père.

« Quand l'iconographie se transforme, quand l'art adopte des thèmes nouveaux, c'est qu'un penseur a collaboré avec les artistes. » Ce propos d'Émile Mâle dans *L'Art religieux du XIIᵉ siècle* (7) est d'une importance fondamentale, car il précise la collaboration étroite des écrivains et des artistes, influence provenant non seulement de novateurs, tel Suger, mais de mystiques qui, détachés des formes, les engendrent cependant par la description des images dont ils illustrent leurs pensées. A cet égard, saint Bernard a joué ici encore un rôle important, en raison de l'influence exercée par ses ouvrages (8).

3. *Collèges de bâtisseurs.*

Il serait difficile d'écrire l'histoire des collèges de bâtisseurs de l'époque romane. Les documents sur un pareil sujet sont restreints, surtout quand il s'agit de chantiers monastiques. La tradition conservée longtemps secrète se transmettait d'une façon verbale à l'intérieur des corporations. L'aperçu que nous pouvons en avoir nous permet cependant de reconstituer les grandes lignes de ces écoles de bâtisseurs, qui sont autant d'écoles d'études du symbole.

(6) Cf. F. Beitz, *Rupert von Deutz, Seine Werke und die Bildende Kunst,* 1930. Notons que c'est là un motif qui sera surtout copié dans l'art gothique.

(7) Paris, 1940, p. 151.

(8) Anne-Marie Armand a consacré à ce thème un diplôme de l'École du Louvre sous le titre : *Saint Bernard et le renouveau de l'iconographie au XIIᵉ siècle,* Paris, 1944, 107 pp.

4. Orientation de l'église.

Parmi les symboles, l'orientation joue un rôle majeur. L'Église romane suit les lois qui régissaient déjà les églises primitives. Celles-ci étaient tournées *ad orientem*. Dans les cimetières, les tombes elles-mêmes les imitent. La prière aussi est faite dans le sens du soleil levant. L'abside de l'église romane donne sur le soleil levant, symbolisant le soleil du salut *(sol salutis)* ; lieu béni d'où viendra, à la fin des temps, le soleil de justice *(sol justitiae)* pour juger tous les hommes.

Ce thème évoque toute une tradition. Les mots Orient-Occident se trouvent employés dans la Bible, chez les Pères et déjà dans l'ère pré-chrétienne où le monde païen demeurait soumis au culte solaire. Orient désigne l'aurore, l'éclatement de la lumière ; à l'Occident la lumière disparaît, la remontée s'opère et le mythe du retour s'accomplit. L'Orient possède toujours son sens de source et d'origine. Ainsi la connaissance cosmique, dans la lumière de l'Orient, est une connaissance solaire. La lumière de l'aurore qui se lève correspond pour l'âme à son éveil sur le plan de la réalité. Dans l'ordre mystique, le terme « Orient » signifie l'illumination. C'est pourquoi Guillaume de Saint-Thierry, parlant de la vie spirituelle des chartreux du Mont-Dieu, s'écrie : « *O lumen orientale !* » D'après la Bible, le Paradis terrestre se trouve en Orient *(Gen.,* II, 8), et suivant la légende, les portes de l'Hadès étaient situées en Occident (9) ; Adam, renvoyé du Paradis terrestre par la porte occidentale, est chassé d'Orient en Occident. L'ascension du Christ se place à l'Est (Ps. LXVII, 34) et le retour du Christ, nous l'avons dit, se situe dans cette même direction (cf. *Matth.* XXIV, 27). Le soleil étant considéré comme le cœur du cosmos, Clément d'Alexandrie reprendra ce thème pour affirmer que Dieu est le cœur de l'univers.

Selon le témoignage d'Eusèbe d'Alexandrie, les chrétiens pratiquèrent jusqu'au Vᵉ siècle la prière devant le soleil levant (10). Cette orientation était en usage chez les Égyptiens et les Perses (11). Saint Augustin mentionne la coutume liturgique suivant laquelle, dans la chrétienté primitive, on se tenait debout et tourné vers l'Est pour prier. Si nous nous

---

(9) Fr. CUMONT, *Recherches sur le symbolisme funéraire des Romains*, Paris, 1942, p. 39.

(10) Fr. CUMONT, *Textes et mouvements*, Paris, 1899, t. I, p. 356.

(11) Cf. J. JEPSON, *Saint Augustine, The Lord's sermon on the Mount*, Westminster, 1948, note 29, p. 198.

tournons vers l'Orient pour prier, dira-t-il, ce n'est pas que nous pensions que Dieu habite un lieu précis comme s'il avait abandonné les autres parties du monde, alors qu'il est présent partout. Mais l'esprit est averti de se mouvoir vers ce qui est le plus excellent (12). Les païens se tournaient vers l'Orient pour prier et les chrétiens les imitèrent ; les Juifs n'observaient pas ce rite, car c'est vers le Temple qu'ils devaient diriger leur visage. Les auteurs du Moyen Age commentèrent souvent ce thème de l'Orient, en particulier Richard de Saint-Victor qui écrira : « En Orient, nous recevons la connaissance (13). » Quand Yseult prie, elle se tourne vers l'Orient. L'hymne des Laudes du jour de Noël fait allusion « au point où le soleil se lève ».

L'église orientale possédait jadis une ouverture au-dessus de l'autel. Il fallait que le soleil levant éclairât le sanctuaire. Dans l'église romane, le jour tombe par une verrière sur l'autel.

5. *Triangles et carrés.*

Selon Boèce, qui reprend les conceptions géométriques platoniciennes et que les auteurs romans étudient, la première surface est le triangle, la deuxième le carré et la troisième le pentagone, etc. Toute figure, si des lignes partent de son centre jusqu'aux angles, peut être partagée en plusieurs triangles. Or, le triangle n'est divisible qu'en lui-même. C'est-à-dire que tout triangle divisé ne peut qu'engendrer des triangles. Le triangle est à la base de la formation de la pyramide (14).

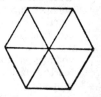

(12) *De Sermone Domini in monte,* lib. II, cap. V, 18 ; P. L. 34, c. 1277.
(13) *Benjamin major,* III, VII ; P. L. 196, c. 117.
(14) *De Arithmetica,* II, VI ; P. L. 63, c. 1121 et II, XXII, c. 1129.

Le triangle équilatéral

symbolise la divinité, l'harmonie, la proportion. Toute génération se faisant par division, l'homme correspond à un triangle équilatéral coupé en deux,

c'est-à-dire à un triangle rectangle. Celui-ci, selon l'opinion de Platon dans le *Timée*, est aussi représentatif de la terre. Cette transformation du triangle équilatéral en triangle rectangle se traduit par une perte d'équilibre.

Parmi les différentes figures géométriques, viennent après le triangle équilatéral le carré dont nous avons déjà parlé et le pentagone. Le pentagone étoilé devient un pentagramme désignant l'harmonie universelle. On le retrouve souvent, car il est employé comme talisman contre les mauvaises influences. Il est la clef de la géométrie et à la base de la *sectio aurea* (15) nommée encore *proportio divina*. Le docteur J.-E. Emerit a montré, à propos du pentagone et du dodécaèdre (16), comment s'effectue la transition du pentagone désignant le monde des plans au dodécaèdre représentant le monde des volumes et correspondant aux douze signes zodiacaux. Il reprend un texte de Davisson, disant : « Chacun des solides primaires (hexaèdre, tétraèdre, dodécaèdre) a son plan propre : le cube, le carré ; la pyramide, le triangle ; le dodécaè-

---

(15) Voir F.-M. LUND, *Ad quadratum. Étude des bases géométriques de l'architecture religieuse dans l'antiquité et au Moyen Age découvertes dans la cathédrale de Nidaros,* Paris, 1922, pp. 2 sv., 139 sv.

(16) J.-E. EMERIT, *Acupuncture et astrologie,* Embats (Gers), 1955, pp. 124 sv.

dre, le pentagone. » Les correspondances entre les nombres et les figures géométriques sont absolues. Tant que l'homme est le jeu des contraires, il ne peut avoir aucun sens du cercle qui symbolise l'unité et la perfection. Tout lui échappe : le triangle, le carré, l'étoile à cinq branches et le sceau de Salomon à six raies. Si l'homme n'est pas né spirituellement, ces figures géométriques conservent secrets leurs symboles qui correspondent aux nombres 3, 4, 5, 6. Le décaèdre ne devient accessible que dans l'ordre de la perfection (17).

Les affinités du carré et du rectangle dans la construction ont longuement été traitées par Matila Ghyka. Les triangles et rectangles jouent un rôle important ; d'où le sens de l'équerre dans l'art de la construction. Thomas Walter, dans sa critique des travaux de Mœssel, cite les vers du livret des tailleurs de pierre concernant les angles et les rectangles. L'essentiel est de trouver le centre, de définir le point (18). Ch. Funck-Hellet a tenté une restitution proportionnelle qui nous permet d'avoir un sens exact du donné primitif (19). La symétrie est toujours fondamentale. Si nous examinons par exemple la cathédrale d'Angoulême, il apparaît indéniable que la disposition architecturale de la façade est le reflet d'une disposition intérieure. Il en est de même pour toute construction d'église romane fidèle à la tradition ; mais cette réalisation est plus ou moins évidente. A Cunault ou à Cande par exemple, elle s'impose au regard du plus ignorant des touristes. De tels exemples montrent comment, au XIIᵉ siècle, la sculpture et la peinture ne sont pas distinctes des autres aspects de la vie spirituelle.

6. *Le cœur et le centre.*

Nous n'insisterons pas sur l'architecture même de l'église, les travaux de Mâle et de Focillon répondent entièrement à un tel sujet. Il importe seulement de retenir le symbole de l'autel. Celui-ci correspond à la croix de bois posée lors de la dédicace et qui symbolise le cœur même de l'homme ou mieux du Christ, du Dieu incarné, dont la tête constitue le chevet, les bras le transept et le corps la nef. On sait que le chevet ou l'abside termine l'église. Sa forme courbe en demi-cercle imite

(17) Voir sur la transmission des symboles, P.-D. Ouspensky, *Fragments d'un enseignement inconnu*, Paris, 1950, pp. 396 sv.

(18) Voir Ch. Funck-Hellet, *De la proportion. L'équerre des maîtres d'œuvre*, Paris, 1951, p. 114.

(19) *Id.*, p. 61.

la boîte crânienne. C'est par lui que la construction de l'église romane était commencée. Parfois l'abside présente des absidioles, tel le chevet de Saint-Benoît-sur-Loire.

Dans l'église romane symbolisant le corps d'un homme étendu, ce n'est pas le nombril en tant que milieu du corps qui joue un rôle majeur, mais la poitrine dans laquelle est placée l'arche du cœur ; celle-ci est encore signifiée par le point d'intersection des bras de la croix. Là se trouve le germe du monde, le centre, le milieu. Nous verrons à la fin de cet ouvrage comment le cœur peut, en raison de sa forme, être figuré par un vase. En outre, sa fonction dans la circulation du sang le situe à la base même de la vie de l'homme. Dans les traditions antiques, l'importance du cœur est primordiale et la dévotion au Sacré-Cœur, pour dévote qu'elle puisse apparaître dans ses manifestations, n'est que la reprise d'un thème traditionnel. Ainsi dans la Préface de la fête du Sacré-Cœur appartenant au rituel romain, il est fait allusion au cœur transpercé par la lance d'un soldat qui devient un cœur ouvert et constitue un sanctuaire. De lui s'écoulent des torrents de miséricorde ; il est encore une arche de repos pour les âmes.

Le vase peut être remplacé par une fleur de lotus ou par la rose, selon qu'il s'agit de l'Orient ou de l'Occident. La rose est associée à la coupe, et parfois s'y substitue. Reprenant ce thème traditionnel, René Guénon a montré que le croissant lunaire pouvait encore figurer la coupe (20).

7. *La porte.*

En ce qui concerne la construction de l'église, nous retiendrons un seul symbole, celui de la porte. Les correspondances symboliques de l'église romane sont liées à la multiplicité des aspects qui se réfèrent à l'unité transcendantale tant de fois signalée au cours de cet ouvrage. On peut distinguer trois aspects différents : cosmologique, théologique et mystique. L'importance de la porte est immense, puisque c'est elle qui donne accès à la révélation ; sur elles viennent se refléter les harmonies de l'univers. Des thèmes de l'Ancien Testament et de l'Apocalypse, tels le Christ en majesté et le Jugement dernier, accueillent le pèlerin et les fidèles. Suger disait aux visiteurs de Saint-Denis qu'il convenait d'admirer la beauté de l'œuvre accomplie, et non la matière dont a été faite la porte. Il ajoutait que la beauté qui illumine les âmes doit les diriger

(20) R. GUÉNON, *Aperçus sur l'ésotérisme chrétien*, Paris, 1954, p. 107.

vers la lumière dont le Christ est la véritable porte *(Christus janua vera).*

Le symbole de la porte est souvent repris par les auteurs romans. Jérusalem a des portes, écrit Hugues de Fouilloy, par lesquelles nous entrons dans l'église et pénétrons dans la vie éternelle. On raconte — dit-il — que les portes de Jérusalem s'attachent inconsidérément à la terre quand les prélats de l'Église se délectent dans l'amour des choses terrestres, et elles se dressent vers le ciel quand ils recherchent les choses célestes (21). La porte du temple conduit à la vie éternelle. Le Christ a dit : « Je suis la porte, et celui qui entre par moi sera sauvé. » Ainsi, Guillaume de Saint-Thierry pourra écrire : « O vous qui avez dit " Je suis la porte... ", montrez-nous avec quelle évidence de quelle demeure vous êtes la porte, à quel moment et quels sont ceux auxquels vous l'ouvrez. La maison dont vous êtes la porte... le ciel que votre Père habite (22). » La Vierge est dite aussi « porte du ciel ».

Dans l'architecture romane, le portail joue un rôle prépondérant. Il présente une sorte de synthèse suffisante à elle seule pour offrir un enseignement. T. Burckhardt a insisté sur l'importance de la combinaison de la porte et de la niche. Dans la niche, il croit découvrir l'image réduite de la « caverne du monde » (23). Celle-ci correspond, selon lui, au chœur de l'église et devient le lieu de l'épiphanie divine, car elle coïncide avec le symbolisme de la porte céleste qui désigne un double mouvement : celui d'introduire les âmes dans le royaume de Dieu qui préfigure un mouvement ascensionnel et celui de laisser descendre sur elles les messages divins.

Les trois grands portails situés au Nord, au Sud et à l'Est sont divisés chacun en trois portes. Les moines clunisiens devaient innover le portail imagé, tel qu'on le voit par exemple à Charlieu, Vézelay, à la cathédrale d'Autun. Les constructeurs des premières églises clunisiennes héritaient d'une tradition décorative. Ils voulaient moins créer quelque chose de nouveau que perpétuer les souvenirs de la Gaule romaine et carolingienne. Or, parmi les réminiscences classiques, celle des chapiteaux corinthiens était la plus vivan-

(21) Hugues de Fouilloy, *De claustro animae,* IV, IX ; P. L. 176, c. 1145-1146.

(22) *Meditativae orationes, Med.* VI, P. L. 180, c. 223 ; éd. M.-M. Davy, Paris, 1934, p. 141.

(23) T. Burckhardt, « Je suis la porte. Considérations sur l'iconographie du portail d'église roman », dans *Études traditionnelles,* juin 1953, n° 308, pp. 168 sv. et juillet 1953, n° 309, pp. 233 sv.

te (24). Ce principal courant de la tradition s'inspirait souvent de l'enluminure.

8. *La dédicace.*

La consécration des églises possède un rituel qui, dès le xᵉ siècle, fait partie de la liturgie. Une des hymnes est significative pour montrer les rapports entre la cité terrestre et la cité céleste : « Bienheureuse ville de Jérusalem, semblable à une vision de paix qui est construite dans les cieux avec des pierres vivantes. » (Cf. *I Pierre,* II, 5.) Notons que la première pierre de l'église qui est à la base des fondations, doit être de forme cubique. L'évêque chante en la bénissant : « La pierre qu'ont rejetée ceux qui bâtissaient est devenue le sommet de l'angle. » (Ps. CXVII, 22 ; *Matth.,* XXI, 42.) Trois parties se distinguent dans l'autel : la base *(stipes),* la table *(mensa)* et le reliquaire *(sepulcrum).* Yves de Chartres remarque les affinités entre le rite de la dédicace et celui du baptême. La ville de Jérusalem, cette ville avec ses douze portes, dispersées trois par trois aux quatre points cardinaux, devait léguer une représentation carrée du monde futur. Nous savons que cette vision de la Jérusalem céleste inspira un grand nombre de liturgistes et d'architectes.

La pierre d'angle peut être envisagée comme un lieu de théophanie, elle sert d'intermédiaire entre le ciel et la terre. Le récit de Jacob dans la *Genèse* (XXVIII) accuse un tel rôle. Le soleil s'étant couché, Jacob ne poursuit pas sa marche, il prend une pierre pour y poser sa tête ; un songe le visite. Il voit une échelle appuyée sur la terre dont l'extrémité touche le ciel ; sur elle des anges montent et descendent. En haut de celle-ci se tient Yahweh qui se fait reconnaître comme le Dieu d'Isaac. Quand Jacob s'éveille, il s'écrie : « Yahweh est en ce lieu, et moi je ne le savais pas. » Et il ajoute : « C'est ici la maison de Dieu, c'est ici la porte du ciel. » Il saisit la pierre dont il avait fait son chevet, verse de l'huile sur son sommet et il nomme ce lieu Bethel, c'est-à-dire la « maison de Dieu ». Les rites de la dédicace reposent sur cette notion de pierre d'angle devenant la maison de Dieu. Théologiens et liturgistes reprennent ces thèmes qu'ils envisagent le plus souvent sur le plan moral et mystique.

Dans la Préface de la dédicace, l'église est considérée

(24) Cf. J. Evans, *Cluniac art of the Romanesque Period,* Cambridge, 1950, pp. 40-41.

comme une véritable maison de prière représentée par des édifices visibles. Elle est le temple où réside la gloire de Dieu et le sanctuaire de l'éternelle charité. L'église est encore comparée à l'arche qui arrache au déluge du monde et conduit aux portes du salut. Elle est aussi l'épouse du Christ qu'il s'est conciliée par son sang.

Sur le symbolisme de la dédicace, il convient de retenir les textes de saint Bernard (25). Celui-ci aborde constamment dans ses six *Sermons sur la dédicace* l'unité parfaite réalisée entre le temple formé par le corps de l'homme et le temple de pierre. « Comment ces pierres, écrit-il, possèdent-elles une sainteté, qui nous permette de célébrer leur solennité ? » A cette question, il répond : « Elles sont saintes à cause de nos corps ! » Reprenant le texte de saint Paul (*I Thess.*, IV, 4), il compare chaque corps à un vase de sanctification. Et tout ce qui s'accomplit entre les murailles de l'église lors d'une dédicace devra se reproduire dans l'homme.

Bernard fait allusion à l'âme qui habite la maison du corps. Cette maison a été façonnée par Dieu ; il l'a assemblée, ornée et ordonnée. Pour le corps, il a construit une maison plus élevée qui est le monde sensible, et c'est à l'homme de construire lui-même une maison pour Dieu. Certes, Dieu ne saurait habiter un édifice élevé de main d'homme, lui qui remplit la terre et les cieux (*Jérém.*, XXIII, 24). En réalité, le véritable temple est au-dedans de soi-même, et chaque temple particulier sera comme cimenté par la charité, les hommes devenant semblables à des pierres vivantes (cf. *I Pierre*, II, 5). Par la mort, l'homme — selon saint Bernard — quitte sa maison d'exil et pénètre dans la maison éternelle des cieux.

A propos de la maison de Dieu, saint Bernard établit donc un parallélisme entre le corps de l'homme et le temple de pierre. Il indique le symbolisme des différentes parties en les adaptant aux vertus. Ainsi le mur signifie la continence. Bernard loue l'homme intérieur, dont la construction rappelle celle de l'église. Dans son *V^e sermon sur la dédicace,* il affirme la nécessité de la considération de soi-même pour entrer dans la vie spirituelle ; il ne s'agit pas de célébrer la mémoire d'un saint ou d'un martyr, mais d'honorer la maison de Dieu et, citant le Psaume, il s'écrie : « Qui saurait douter.de la sainteté de Dieu, puisqu'il est dit : La sainteté convient à votre maison. » Se référant à un texte de l'*Apocalypse* : « J'ai vu la cité sainte, la nouvelle Jérusalem descendre auprès de

(25) Voir les *Sermons pour la dédicace*, P. L. 183, c. 517-36 ; cf. les Sermons II, III et V, dans l'éd. M.-M. Davy, *id.*, t. II, pp. 326-341.

Dieu parée comme une épouse qui se fait belle pour son époux » (*Apoc.*, XXI, 2), saint Bernard célèbre l'unité de l'Époux, de la cité sainte, du temple et de la maison de Dieu (26). Guillaume de Saint-Thierry, commentant ce même thème, montrera que si le temple est le sanctuaire de Dieu, la cellule est le sanctuaire de son serviteur, et dans le temple comme dans la cellule s'accomplissent les mêmes divins mystères (27).

(26) Cf. *Sermon V pour la dédicace,* 1 ; P. L. 183, c. 530.

(27) *Lettre aux Frères du Mont-Dieu,* P. L. 184, c. 314 ; éd. M.-M. Davy, Paris, 1946, n° 22, p. 208.

Chapitre III

ORNEMENTATION
(Préliminaires et thèmes ornementaux)

I. Préliminaires

Dans sa Règle, saint Benoît déclare « organiser une école au service divin du Seigneur ». Mais rien n'est dit à propos de l'architecture de l'église. Ainsi les moines romans qui observaient cette Règle ne trouvaient point dans celle-ci des directives concernant la construction de l'église romane et son ornementation. Cependant, un texte de la Règle « d'Or » posait le problème d'une façon indirecte, laissant une grande liberté à l'intérieur des limites précises qu'il indiquait. Selon « le douzième instrument des bonnes œuvres », il convenait de ne pas rechercher la satisfaction sensible (*delicias non amplecti*). L'esprit de pauvreté et de simplicité était recommandé. Quant au superflu, il devait être rigoureusement banni.

1. *Le principe de la décoration.*

Chaque lieu doit exactement répondre à sa propre destination. Le respect de l'ordonnance intérieure l'exige. Ainsi, le réfectoire n'est pas un endroit de conversation, aucune parole ne peut y être échangée ; les repas se prennent en silence. Quant à l'oratoire, il tire son nom de la prière et correspond, lui aussi, à sa fin. Reprenant la Règle de saint Augustin, saint Benoît dira (1) : « Que l'oratoire réponde à son nom et que

---

(1) Voir M.-Anselme Dimier, « La Règle de saint Benoît et le dépouillement architectural des Cisterciens », dans *Bulletin des relations artistiques France-Allemagne*, Mainz, mai 1951.

rien d'autre n'y soit accompli ou exécuté » (cap. 52). Il importe donc de savoir si l'ornementation aide à la prière ou si elle lui nuit.

2. *L'opinion des contemplatifs.*

La décoration de l'église romane pose au XII⁰ siècle de nombreux et âpres débats. Les uns la conseillent, les autres la blâment. Hugues de Fouilloy (de l'ordre de saint Augustin) rejette le faste des constructions monastiques (2). Dans le *De claustro animae*, il écrit : « La pierre dans l'architecture est utile, mais pourquoi sculpter la pierre ? Cela fut autrefois nécessaire dans la construction du temple ; c'était là une forme d'enseignement et de leçon ; qu'on lise la *Genèse* dans les livres et non sur les murailles. Ève est vêtue sur les murs, près d'eux le pauvre est couché nu. Adam porte une tunique de peau, mais la plupart des hommes endurent la rigueur de l'hiver (3). » Il ajoute encore avec humour : si un cheval ou un bœuf sont utiles dans un champ, ils deviennent l'un et l'autre totalement vains quand ils sont sculptés ou peints sur les murs ! Un texte de saint Bernard fait écho à une telle diatribe. L'Abbé de Cîteaux s'écrie : « Que signifient dans nos cloîtres... ces monstres ridicules, ces horribles beautés et ces belles horreurs... (4). » Et Bernard continue ce plaidoyer en s'attaquant aux singes, aux lions, aux centaures, aux tigres qui retiennent le regard et empêchent de méditer sur la parole de Dieu. Il dira encore que cette ornementation convient aux charnels et que les moines — parce que spirituels — doivent considérer comme du fumier tout ce qui peut capter leur regard. Quand Bernard ironise à propos de Cluny, on pense à Vitruve raillant le baroque de l'époque hellénistique et disant : « Qu'un peintre s'avise d'ajouter une tête humaine sur un cou de cheval, de bigarrer de plumes disparates un assemblage de membres différents, de terminer en monstre marin le buste d'une femme, à l'aspect d'une telle vision pourriez-vous retenir votre rire ? »

---

(2) Voir V. Mortet, « Hugues de Fouilloy, Pierre le Chantre, Alexandre Neckham et les critiques dirigées au XII⁰ siècle contre le luxe des constructions », dans *Mélanges d'histoire offerts à M. Charles Bémont,* Paris, 1913, pp. 105-135.

(3) « Utilis est lapis in structura, sed quid prodest in lapide caelatura ?... » (*De claustro animae*, P. L. 176, c. 1053).

(4) *Apologia*, XII, 29 ; P. L. 182, c. 914-916 ; éd. M.-M. Davy, t. I, p. 64. Nous utilisons dans ce passage une partie de notre documentation concernant l'art cistercien, *id.*, pp. 61 sv.

Toutefois, la production artistique de Cîteaux a été considérable lors de sa fondation et durant le premier quart du xiie siècle. Des manuscrits conservés à la bibliothèque de Dijon présentent de très belles miniatures. Elles illustrent la Bible d'Étienne Harding (quatre tomes), le psautier de Robert de Molesme, l'ouvrage de saint Grégoire le Grand, *Moralia in Job*, etc. C'est seulement à partir de 1125 qu'un statut du Chapitre condamnera l'ornementation des lettres et exigera qu'elles soient d'une seule couleur et non fleuries (5).

Saint Bernard distingue les moines dont toute l'existence est ordonnée à Dieu, du peuple qui a besoin d'images évocatrices, non seulement de Dieu, de la Vierge et des saints, mais des visions de l'enfer que son imagination réclame. Le cloître et les églises ne sauraient présenter un enseignement identique. Les adversaires de l'art ne comportent pas seulement des moines contemplatifs ; Pierre Lombard et Pierre le Chantre s'élèvent aussi contre le déploiement artistique.

3. *Les esthéticiens.*

A l'encontre du parti érigé par saint Bernard, un groupe dont Suger paraît l'émule favorise l'ornementation de l'église. A cet égard, l'exemple des vitraux est original. Tandis que saint Bernard recommande la grisaille, Suger fait construire des fenêtres à griffons, qui rappellent les tapis d'Orient, et si la lumière reste feutrée, une couleur vive orne la bordure des vitraux (6). Suger avoue avoir broyé des saphirs pour obtenir la coloration bleue de ses verrières. Lors de la fameuse *Apologie* écrite par saint Bernard, à laquelle nous venons de faire allusion, Suger était Abbé de Saint-Denis. Or, cette critique de saint Bernard ne s'adressait pas seulement à Cluny, mais encore à Saint-Denis. Pendant quelque temps, Suger écouta les remarques de saint Bernard et lui écrivit des lettres fort courtoises ; ensuite, il semble n'avoir tenu aucun compte de son illustre ami. Au contraire, il s'oppose vivement aux conceptions de saint Bernard.

En réalité, c'est moins deux états économiques d'abbayes qui s'affrontent que deux personnalités. Certes, Cîteaux était pauvre et Saint-Denis jouissait d'un statut féodal qui lui

---

(5) Voir l'importante étude de C. Oursel, *Les miniatures du XIIe siècle à l'abbaye de Cîteaux,* Dijon, 1926.

(6) Voir L. Grodecki, « Suger et l'architecture monastique », dans *Bulletin des relations artistiques France-Allemagne,* Mainz, mai 1951.

conférait de nombreux bénéfices, mais Bernard a le goût du dépouillement et Suger celui du faste. Ce dernier aime l'iconographie hermétique. Il a d'ailleurs subi l'influence d'Origène et du Pseudo-Denys. On le voit bien quand il s'agit de thèmes comme celui de la lumière. N'oublions pas à ce propos que l'esthétique de Suger a été justement comparée à celle de Gilbert de la Porée (7). Toutefois, Suger ne chercha jamais à imposer à autrui ses théories ; il importe de louer sa parfaite tolérance. Que chacun, aimait-il à répéter, pense sur ce point ce que bon lui semble. Plus les choses ont de prix, plus elles doivent être consacrées au Christ. On verra aussi Maurice de Sully, le bâtisseur de Notre-Dame, goûter la magnificence quand elle sert de cadre au culte.

C'est donc à propos de l'ornementation de la maison de Dieu que nous voyons surgir des antinomies issues de deux formes d'esprit opposées. Les uns veulent garder une église dépouillée et privée d'ornementation, les autres pensent utile, voire nécessaire, de glorifier Dieu par la beauté de la sculpture.

4. *Théorie de saint Bernard et de ses émules.*

L'austérité n'est pas forcément le lot de la vie monastique en tant que telle. Elle convient plutôt à des esprits contemplatifs qui n'ont pas besoin de support pour la prière et qui trouvent dans leur propre cœur les modes d'ascension que la vision des symboles pourrait provoquer. Ce sont les Chartreux et les Cisterciens qui seront les représentants les plus affirmatifs d'un art très pur, dont la beauté est incontestable. Les Chartreux ont choisi le désert. Que viendrait faire le symbole dans l'existence érémitique, puisque cette vie conduit vers une présence de Dieu qui n'a pas besoin d'être suscitée par un objet extérieur ? C'est le regard intérieur qui saisit, et non les yeux du corps ; la transfiguration s'opère déjà. Si nous tenons compte de leur vocation, nous comprenons leur rigueur, concernant le rejet des peintures et des sculptures qui peuvent sembler nourrir la curiosité et non l'âme. Les statuts cisterciens soutiendront des préceptes identiques. L'ornementation des cloîtres est interdite. Les abbayes cisterciennes du XIIe siècle sont fidèles dans leurs constructions aux décisions

---

(7) Voir R. GRINNELL, « Iconography and Philosophy in the Crucifixion Window at Poitiers », dans *The Art Bulletin*, 1946, pp. 171-196.

de saint Bernard. Le faste oriental est banni, ainsi que le raffinement de la sculpture clunisienne. Bernard dépouille le roman, et peu à peu l'architecture cistercienne adoptera l'ogive. Bernard parle volontiers de « l'ivresse sobre » à propos de la vie mystique. Cette *sobria ebrietas* se rencontre dans l'art cistercien. Pas d'effet plastique de lumière et d'ombre, aucune présentation de symboles dans la pierre, l'*excessus* est ici un dépassement de pureté et de nudité qui révèle un mystère et qui est à lui seul un symbole. Symbole d'un rejet du monde extérieur et de sa vanité, signifiant l'entrée plénière dans une cellule secrète qui est le Saint des Saints et qui n'a pas besoin d'être ornée, car Dieu s'y trouve lui-même dans sa splendeur. L'église cistercienne est l'expression d'une pensée doctrinale, le transept est large, le pignon ajouré d'*oculi*. La lumière traverse les vitraux incolores. Aucun élément étranger n'apparaît. Ainsi, dans l'architecture cistercienne, il n'y a pas d'antagonisme entre l'esprit et la forme. Toute hiérarchie est respectée. De la même manière, il n'existe pas de division entre le corps et l'âme, mais seulement une différence de valeur. L'artiste cistercien, moine et guide du sculpteur, n'a pas à s'abstraire de la nature et de l'espace. Il les épouse sans heurt, en s'y mouvant. Il conserve dans ce domaine une sorte d'innocence, car pour lui le mystère est souverainement intelligible.

Bernard s'élève contre les images, car il voit en elles une beauté qui prend sa source dans la déformation, et une déformation qui aspire à la beauté ; il blâme la végétation luxuriante dessinée dans la pierre. De la même manière, il se prononcera contre les excès de la dialectique des théologiens et des philosophes.

La réforme de saint Bernard concernant la construction des églises et leur ornementation provient d'une doctrine monastique qui se manifeste en réaction de l'art clunisien. Bernard écrira avec ironie en s'adressant aux moines de Cluny : « Dites-moi, pauvres — si toutefois vous êtes des pauvres — que fait l'or dans vos sanctuaires... On expose la statue d'un saint ou d'une sainte et on la croit d'autant plus sainte qu'elle est chargée de couleurs... O vanité plus insensée que vaine ! Les murs de l'église sont étincelants de richesses et les pauvres sont dans le dénuement ; ses pierres sont couvertes de dorures et ses enfants sont privés de vêtements ; on fait servir le bien des pauvres à des embellissements qui charment le regard des riches... pourquoi du moins ne pas respecter les images mêmes des saints et les prodiguer jusque dans le pavé que nous foulons aux pieds ? Souvent, on crache à la figure d'un ange, et le pied des passants se pose sur la tête d'un saint (8)... »

Alexandre Neckham tiendra un langage identique. Dans son *De naturis rerum,* il s'écriera : « O vanité, ô curiosité, ô superfluité (*O vanitas, o curiositas, o superfluitas*). » Il montrera que l'homme fait des dépenses insensées pour sculpter et peindre la pierre, inventant des parures superflues. Pierre le Chantre, regrettant la simplicité des anciens, dira que l'architecture somptueuse allèche seulement la curiosité.

En réalité, cette sévérité ne nie pas l'intérêt de la sculpture en tant que telle, mais elle refuse son utilité pour des moines contemplatifs. Il ne se présente aucune négation du symbole ; nous ne saurions trop insister sur ce fait, d'autant plus que la pensée d'un saint Bernard se sert constamment d'images dans ses sermons. Mais l'église, tout particulièrement celle des moines, est un lieu de prière et ne peut en aucune manière alimenter la curiosité, l'âme possédant en elle-même une connaissance suffisante pour n'avoir pas à recourir à des symboles vus par les yeux. Si le cosmos n'est pas figuré sur la pierre, il est entièrement présent dans le cœur du sage ou du contemplatif.

II. Thèmes ornementaux.

Parlant de la cohérence des symboles, Mircea Éliade a précisé comment « le terme de symbole devait être réservé aux symboles qui prolongent une hiérophanie ou constituent eux-mêmes une « révélation » inexprimable par une autre forme magico-religieuse (rite, mythe, forme divine, etc.). Au sens large du mot pourtant, *tout* peut être symbole ou peut jouer le rôle d'un symbole, depuis la kratophanie la plus rudimentaire... jusqu'à Jésus-Christ qui, d'un certain point de vue, peut être considéré comme un « symbole » du miracle de l'incarnation de la divinité dans l'homme (9). »

Nous envisagerons quelques thèmes, dans le but de montrer ce qu'une étude des motifs d'ordre sculptural et pictural exigerait. Les symboles n'étant pas proprement romans, nous n'avons pas à nous y attarder, mais à en souligner seulement le sens.

(8) *Apologia*, XII, 28, c. 914-916 ; éd. M.-M. Davy, *id.*, t. I, p. 64.

(9) M. Eliade, *Traité d'histoire des religions*, Paris, 1949, p. 382. *Kratophanie* désigne la manifestation de la puissance.

1. *Les thèmes symboliques de l'ornementation.*

L'ornementation de la maison de Dieu n'est pas distribuée au hasard ; à part quelques exceptions, la sculpture se masse à l'extérieur sur le portail et à l'intérieur sur les chapiteaux. La peinture occupe une place considérable sur les murs et le berceau des voûtes. Il est généralement admis que les tympans sculptés des portails romans étaient couverts de peinture et de dorure.

Le terme d'ornementation est employé par les auteurs médiévaux pour désigner la sortie du chaos lors de la création, et l'organisation de la matière en éléments déterminés. L'ornementation de l'église romane est aussi une sortie du chaos. L'homme reproduit un ordre et lui donne la beauté.

Il existe des éléments traditionnels mélangés à des représentations d'ordre historique tirées de l'Ancien et du Nouveau Testament, à des événements contemporains (chevaliers, combats, etc.), à des scènes de la vie économique quotidienne, telles les vendanges, le pressoir, la mouture du blé, les travaux des mois (10) (cf. Pl. 9). Les personnages de l'Ancien et du Nouveau Testament ont une portée symbolique qui n'est pas inhérente au XIIᵉ siècle. Ainsi Salomon représente la Sagesse, et la reine de Saba (ou la reine Pédauque) au pied d'oie signifie le monde païen. Sur les fresques, il convient de remarquer le dessin des figures en usage dans certaines écoles. Les traits du nez, les arcades sourcilières nous mettent en présence d'une facture que l'on pourrait croire moderne. Le détail le plus original consiste dans la largeur de la pupille que les peintres avaient l'habitude de fixer, leur travail achevé. C'est pourquoi celle-ci semble superposée quand elle demeure ; malheureusement elle est souvent tombée et nous nous trouvons aujourd'hui devant des visages dont les yeux sont aveugles et grandement ouverts ! L'importance du regard et son symbole répondent à une préoccupation dominante des imagiers. Qu'on se souvienne du fameux texte de Prudence dans lequel le poète évoque le regard perçant des pupilles dilatées qui, semblable à un feu, traverse les nues ! Cette large pupille se voit sur le Christ et la Vierge de l'église de Tavant

---

(10) Sur les différents motifs d'ornementation, les magnifiques travaux de J. Baltrusaitis sont les plus suggestifs. Voir notamment *Étude sur l'art médiéval en Géorgie et en Arménie*, Paris, 1929 ; *La Stylistique ornementale dans la sculpture romane*, Paris, 1931 ; *Les chapiteaux de Saint-Cugat del Vallès*, Paris, 1931. Voir Henri Focillon, *Peintures romanes*, Paris, 1950.

et dans le visage de la Sagesse figurée sous les traits d'une femme nimbée. De nombreuses fresques témoignent de ce regard qui dépasse le visible. Le Dieu veillant est souvent symbolisé par un œil placé parfois dans un triangle. Dans la sculpture ou la peinture, le mouvement des personnages répond à la tradition ; il se perçoit avec aisance. L'élan est indiqué par une inclinaison du corps ; les jambes distantes signifient la marche ; les personnages assis ont les genoux écartés et les pieds joints.

L'étude des symboles dans l'ornementation de l'église romane doit se diviser en plusieurs thèmes : cosmique, biblique et sacré, moral, fabuleux, figuratif, animal, végétal. Chaque symbole pourrait être étudié dans ses différentes correspondances symboliques à la fois dans la sculpture, la peinture et la pensée des auteurs médiévaux.

La perspective est elle-même symbolique, les personnages ne se présentent pas suivant une perspective classique ; l'important concerne une hiérarchie d'ordre spirituel, le Christ et la Vierge par exemple, les saints eux-mêmes sont plus grands indépendamment de la place où ils se trouvent, ils peuvent ainsi dépasser les murs dans lesquels ils devraient normalement se tenir. (Le Christ à Saint-Pierre-Colamine dépasse les tours de Jérusalem.) La reproduction spatiale n'est pas seulement liée à la qualité hiérarchique. L. Brion-Guerry, dans son ouvrage consacré aux *Fresques romanes de France* (11), analyse avec finesse le point de vue de l'artiste, dont la vision « s'ordonne en partant de l'objet contemplé » (12). Cette remarque est importante. La perspective tient compte du spectateur en tant qu'il participe à la création et se trouve dans le lieu même de l'objet qu'il contemple : « Le phénomène visuel s'accomplit *au lieu qu'occupe la chose contemplée,* et non dans l'organe physique du contemplant ». C'était déjà la conception qu'impliquaient les Εινωλα de Démocrite et qui, transmise sous une forme assez voisine par les Arabes, notamment Alhazen — « les rayons émanent de la chose vue et transportent à l'œil les qualités des corps » — eut une influence marquante sur les conceptions spatiales de l'esthétique romane (13). » Ainsi l'objet contemplé est centre, tout part de lui, il est à sa manière le « milieu » qui fait communiquer le ciel avec la terre.

(11) Paris, 1958.
(12) *Id.,* p. 17.
(13) *Id.,* p. 18.

2. *Le soleil et l'arbre.*

Les motifs cosmiques les plus importants, dont l'explication suffirait pour déterminer le sens de tous les symboles, se réduisent à deux : le soleil et l'arbre cosmique qui s'identifie avec l'arbre de vie et la croix ; les autres s'y réfèrent.

Nous n'avons pas dans ces pages le dessein d'en fixer l'origine et la portée. Tel n'est point le sujet de ce livre, puisque nous nous trouvons en face de symboles qui ne se présentent pas avec une originalité particulière durant l'époque romane. Nous en avons déjà précisé certains et les retrouverons dans la liturgie, l'alchimie, l'art littéraire.

Le soleil et l'arbre régissent l'univers. On les rencontre constamment dans la pensée et l'art romans. Tous les grands mythes solaires sont repris pour le Christ, et l'association feu-soleil est constante. Le soleil est considéré comme l'ordonnateur du cosmos et l'inspirateur de la lumière. Philon voyait déjà dans le soleil l'image du Logos (14). Le Christ est comparé au soleil. Il est à la fois le soleil du salut (*sol salutis*) et le soleil invaincu (*sol invictus*). Tout ce qui s'apparente au soleil, la couronne monastique, l'auréole, l'aura, le symbole de la royauté, emprunte au soleil et à la lumière de l'or son éclat et sa grandeur.

Autour de ces deux symboles fondamentaux, le soleil et l'arbre, se groupent les symboles qui en dépendent : le Zodiaque, l'or, la rosace, la roue, les flèches, le glaive pour le soleil ; la croix, la colonne pour l'arbre, etc.

La roue d'origine solaire se trouve dans nombre d'églises, par exemple à Amiens, à Saint-Étienne de Beauvais, à Bâle. La roue peut être envisagée aussi comme un supplice. Ainsi dans un vitrail de Chartres du XIIᵉ siècle, le Christ apparaît au centre d'une roue. Il y semble cloué. Dans cette même cathédrale, on verra le martyre de saint Georges qui subit le supplice de la roue. Comment ne pas évoquer ici la légende grecque d'Ixion qui fut attaché à une roue solaire et crucifié aux quatre rayons.

Le glaive symbolise la force solaire. Il possède aussi un sens phallique. (N'oublions pas qu'un symbole phallique n'est pas forcément sexuel, il indique une énergie génératrice. La coutume antique associait à ce terme le « Mana » créateur « extraordinairement efficace », selon une expression de Lehmann que rapporte Jung. On retrouve ce « Mana » dans le

(14) *De Somniis*, I, 83.

taureau, l'âne, l'éclair, etc.) Quand Yahweh chasse Adam et
Ève de l'Éden, il place à l'Orient du jardin des chérubins dont
la flamme de l'épée tournoyante gardait le chemin de l'arbre
de vie (*Gen.*, III, 24). La terre bienheureuse devint la terre
interdite. Le glaive tournoyant faisait surgir des éclairs
semblables à ceux de la foudre ; il rejetait les profanes du lieu
sacré. La flamme de l'épée traçait une ceinture, telle une
muraille de feu.

Le Christ de l'*Apocalypse,* au visage brillant comme le
soleil (*Apoc.*, I, 16), tient dans sa bouche une épée à deux
tranchants. On le voit dans nombre d'églises et de miniatures,
au portail de Bourges, par exemple. Il est parfois accompagné
de saint Jean et des sept chandeliers. Les miniatures du
Commentaire de Beatus devaient exercer à cet égard une
influence étendue non seulement dans l'Aquitaine, mais sur la
rive nord de la Loire. Nous donnons ici la miniature d'un
manuscrit de la Bibliothèque Nationale de Berlin (cf. Pl. 10)
qui nous apparaît très complète. Le Christ est vêtu d'une robe
longue. Il porte une ceinture d'or ; un glaive aigu sort de sa
bouche. Il est entouré de sept chandeliers d'or : quatre à sa
droite et trois à sa gauche. Sept étoiles s'échappent de sa main
droite. Un homme (saint Jean) est à ses pieds, illustrant le
texte de l'*Apocalypse* (I, 17) : « Quand je le vis, je tombai à
ses pieds comme mort, et il posa sur moi sa main droite en
disant : Ne crains point ; Je suis le Premier et le Dernier et le
Vivant. »

La flèche arrive à un but déterminé et indique un aboutissement. Elle est semblable à un rayon solaire et représente
l'arme taillée dans le bois. A ce propos, C. G. Jung remarque
que les pères des héros divins sont des ouvriers sur bois, des
sculpteurs, des bûcherons, des charpentiers, tels par exemple
le père d'Abraham, le père d'Adonis, Joseph, le père nourri-
cier de Jésus (15). Ce symbole est employé en tant qu'élément
fécondant, ou comme rayon solaire. Il est fait allusion au
carquois des dieux et à l'arc des centaures (cf. Pl. 11). Une
homélie d'Origène qualifie Dieu d'archer. Dans un manuscrit
de miniatures italiennes du XIIᵉ siècle, dieu chasse Adam et
Ève à coups de flèches, tel Apollon dans l'Iliade poursuivant
les Grecs. D'autres miniatures du XIIᵉ siècle représentent Dieu
portant dans ses mains un arc et des flèches (16).

(15) C. G. JUNG, *Métamorphoses et symboles de la libido,* trad. Y. Le
Lay, Genève, 1927, p. 314. Voir aussi du même auteur, *Psychologie und
Alchemie,* Zürich, 1944.

(16) M. DIDRON, *Iconographie chrétienne,* Paris, 1843, p. 191.

Le soleil n'est pas seulement bienfaisant ; son feu excessif peut détruire. La figure zodiacale de la chaleur d'août est le lion qui ravage les troupeaux et que tue le héros solaire juif nommé Simon. Le thème est illustré au tympan de l'église Sainte-Gertrude de Nivelles (Belgique), où l'on voit Simon écrasant avec ses mains les yeux d'un lion. En le détruisant, il veut s'approprier la force solaire de l'animal. (N'oublions pas que la vue est d'une nature ignée.) Le soleil n'opère pas de discrimination, il éclaire le juste et l'injuste et fait aussi bien grandir les animaux et végétaux utiles que nuisibles. C'est de lui que provient la source de l'énergie et de la vie. A ce sujet, Jung dira que le soleil semble bien signifier le dieu visible de ce monde, c'est-à-dire « la force active de notre âme... dont l'essence est de produire l'utile et le nuisible, le bien et le mal ».

Aux symboles solaires, il conviendrait de rattacher les Vierges noires et d'étudier leur origine et leur rôle ; les pierres noires tiennent aussi une place importante. Qu'on se souvienne de l'empereur Héliogabale qui, ayant introduit à Rome le culte du dieu Soleil, fait venir d'Émèse une pierre noire symbolisant le soleil invaincu (*sol invictus*). La tradition de la Vierge et de la pierre noire d'origine antique sera conservée par le christianisme, tout en revêtant un sens historique nouveau. Le XIIᵉ siècle lui rend hommage dans ses sanctuaires dédiés aux Vierges noires.

Les étoiles, qui sont autant de petits soleils, ressemblent parfois à des fleurs épanouies. L'étoile indique un sens de naissance et de postérité, elle sert souvent de guide. Quand l'étoile n'est pas solitaire, elle se présente toujours en un groupe de 7 ou de 12.

Certains animaux et végétaux sont dits solaires ; ceux-ci deviennent l'emblème du Christ, tels l'aigle, le pélican, le taureau, le cerf, le bélier, l'agneau, le coq. Ce dernier est un symbole de vigilance et de résurrection, puisque chaque matin il annonce le jour qui succède à la nuit ; son utilisation dans la symbolique est bien antérieure au christianisme. Il a joué d'ailleurs un rôle dans la magie. Le *Bestiaire du Christ* de Charbonneau-Lassay constitue à propos des différents animaux une mine inépuisable.

La pensée occidentale latine devait hériter du symbole concernant le phénix, oiseau fabuleux dont le prototype égyptien, l'oiseau Benou, jouissait d'un prestige extraordinaire en raison de ses caractéristiques : longue vie (il n'est pas immortel), mort à Héliopolis qu'il gagnait à tire-d'aile quand il sentait sa fin proche. Les Grecs ont confondu le Benou avec le

Phénix *asiatique* de la légende (17). Chez les chrétiens, il sera, à partir d'Origène, considéré comme un oiseau sacré.

Parmi les végétaux solaires, retenons l'héliotrope, dont le nom indique un mouvement tournant. Dans un vitrail de Saint-Rémi de Reims, deux tiges d'héliotrope sortent du nimbe qui entoure le visage de la Vierge et de saint Jean qui assistent, éplorés, à la mort du Christ.

Chaque astre comporte un métal qui le symbolise. L'or répond au soleil, d'où sa valeur astrologique et alchimique ; il correspond aux sciences du quadrivium et désigne la sagesse (18) dans son point ultime. La ceinture d'or, les candélabres auxquels nous avons fait allusion en parlant du Christ de l'Apocalypse, désignent la perfection. Qu'il s'agisse d'un métal ou d'un être, la présence de l'or concerne le divin, et par conséquent le parfait (19).

Le rapport entre l'or et le soleil est longuement décrit dans les civilisations antiques, en particulier dans les traditions égyptiennes. A ce propos, François Daumas écrira dans la conclusion d'un article consacré à *La valeur de l'or dans la pensée égyptienne :* « Nous avons constaté que la vieille pensée égyptienne qui voyait dans l'or le corps même du soleil... a trouvé bien plus tard un écho chez les alchimistes grecs... Et il ne paraît pas trop hardi de prétendre que l'usage de l'or dans la liturgie catholique peut devoir à ces lointaines conceptions quelque chose de son origine (20). »

Quant à l'arbre, les auteurs romans, en dehors des écrits patristiques, trouvaient dans la Bible deux textes fondamentaux. Les *Proverbes* (III, 18) comparent la Sagesse à un arbre de vie ; celui qui s'y attache est heureux. Dans un songe que rapporte Daniel (IV, 7 sv), le roi Nabuchodonosor vit au milieu de la terre un arbre dont la hauteur était immense. « L'arbre grandit et devint fort ; sa cime atteignait le ciel et on le voyait des extrémités de toute la terre. Son feuillage était beau et ses fruits abondants, et il y avait sur lui de la nourriture pour tous. Sous son ombre, les bêtes des champs s'abritaient ; dans ses branches demeuraient les oiseaux du ciel, et de lui toute chair se nourrissait. » Le Christ est à la fois soleil

(17) Cf. J. Sainte FARE GARNOT, « Bibliographie analytique des Religions de l'Égypte (1939-1943) », dans *Revue d'Histoire des religions,* CXXIX, nos 1 et 2-3, 1945, p. 115. L'auteur précise le rôle du phénix en Égypte et en Grèce.

(18) Voir Guillaume de SAINT-THIERRY, *Commentaire du Cantique des Cantiques,* éd. M.-M. Davy, *id.,* no 61, p. 89. Voir les notes.

(19) Voir *supra,* pp. 238 sv.

(20) Dans *Revue d'Histoire des religions,* t. CXLIX, 1956, p. 17.

et arbre. Son rôle solaire est souvent commenté. Origène le
compare aussi à un arbre. L'arbre est échelle, arbre, montagne. Arbre et croix se dressent au centre de la terre, soutenant
l'univers (21). H. de Lubac accepte l'idée de l'antique arbre
cosmique devenant avec l'image de la croix l'arbre du monde
(22). L'un et l'autre désignent le centre du monde.

L'image de l'arbre renversé qui se retrouve dans la pensée
médiévale et que Dante exploitera (*Paradis,* xviii, 28), a des
antécédents, puisque dans les *Upanishads* l'univers est indiqué par un arbre renversé. Ses racines plongent dans le ciel, et
ses branches surmontent toute la terre. Ce thème de l'arbre
renversé se trouve également dans le Zohar.

Nous reviendrons sur le symbole de l'arbre dans la dernière
partie de cet ouvrage, à propos de l'arbre de l'Éden. L'arbre
de vie est l'arbre de croix et inversement, c'est-à-dire que la
croix est l'arbre de mort, mais elle devient l'arbre de vie du
fait de la rédemption. Encore une fois, nous n'avons pas à
examiner ici ce thème de la croix qui dépasse par son histoire
et ses illustrations le seul xiie siècle. Notons que le bois est un
symbole féminin et que de nombreux textes médiévaux appartenant à la poésie le présentent sous un aspect maternel.

L'image de l'arbre sacré est extrêmement fréquente dans
l'art ; on la retrouve sur les chapiteaux de Moissac, de La
Charité-sur-Loire ; elle est parfois gardée par des lions ou des
oiseaux (chapiteau de la nef de Paray-le-Monial, de Saint-
Aignan (Loir-et-Cher), de Brive, la frise de Marcillac (Gironde), l'archivolte d'un tombeau à Saint-Paul de Narbonne,
etc.).

Il faut encore nommer l'arbre de Jessé qui illustre le texte
d'Isaïe (xi, 1-3) : « Un rameau sortira de la tige de Jessé, et de
sa racine montera une fleur et l'esprit du Seigneur se reposera
sur lui : l'esprit de sagesse et d'intelligence, l'esprit de conseil
et de force, l'esprit de science et de piété ; l'esprit de la crainte
de Dieu le remplira. » Un arbre émerge du nombril ou de la
bouche de Jessé. Le tronc porte parfois des branches dans
lesquelles apparaissent les rois de Juda, ancêtres du Christ.
Suger a fait exécuter à Saint-Denis un vitrail consacré à
l'arbre de Jessé. Restauré, il existe encore aujourd'hui. Une
verrière de la cathédrale de Chartres en donne une copie
parfaite dès 1150. Un arbre sort de Jessé et les rois forment la

---

(21) Voir à ce sujet R. Bauerreiss, *Arbor vitae, Der « Lebensbaum » und
seine Verwendung in Liturgie. Kunst und Brauchtum des Abendlandes,*
München, 1938 ; cf. aussi M. Eliade, *Images et Symboles,* Paris, 1952, p. 213.

(22) H. de Lubac, *Aspects du bouddhisme,* Paris, 1951, p. 75.

tige de l'arbre. Des deux côtés de celui-ci se tiennent les prophètes ; d'âge en âge, le rejeton de Jessé a été annoncé. Jessé dort et une lampe suspendue au-dessus de sa couche indique qu'il aperçoit l'avenir dans un songe.

L'arbre de Jessé qui connaîtra au XIIIe siècle un très grand succès chez les miniaturistes et verriers est un des motifs les plus chers de l'ordre cistercien, en raison de sa dévotion à la Vierge. Il suffit à cet égard de se reporter aux miniatures du XIIe siècle de l'abbaye de Cîteaux antérieures à 1125. Nous devons à C. Oursel les reproductions des miniatures illustrant les manuscrits de Cîteaux conservées à la bibliothèque de Dijon (23). Nous trouvons ce thème de l'arbre de Jessé dans le *Martyrologe obituaire*. Il comporte une série de médaillons superposés sortant du corps de Jessé (24). Dans le *Légendaire*, la Vierge se trouve dans un médaillon au-dessus de Jessé (25) (cf. Pl. 12).

Un autre arbre de Jessé qui, selon Oursel, constitue le chef-d'œuvre de la miniature cistercienne, se trouve dans le *Commentaire de saint Jérôme sur Isaïe* (26). Au-dessous de l'image se trouve le texte *Egredietur virga*. Jessé, le buste et la tête à demi soulevés, soutient de sa main gauche l'arbre jaillissant de son flanc. La Vierge immense plane. On pourrait même dire qu'elle bondit de la ramure surgissant du ventre de Jessé, comparable à un mont. Elle tient l'enfant sur son bras droit, et de sa main gauche lui offre une fleur ; deux anges entourent sa tête, à la base d'une auréole cerclée de pierres. L'ange de droite vers lequel la Vierge dirige son regard présente une église schématisée : celle de Cîteaux. L'ange de gauche soutient une couronne, celle-ci étant destinée à la Vierge. Au-dessus de cette auréole se trouve la colombe symbolisant l'Esprit Saint.

Dans un de ses sermons pour l'Avent (1er *Sermon*), saint Bernard, citant le texte d'Isaïe : « Il vient en bondissant au-dessus des montagnes et des collines », décrit le symbole de l'arbre de Jessé. Il compare les montagnes et les collines aux patriarches et aux prophètes. De ces montagnes sortit la souche de Jessé. A propos d'un autre verset d'Isaïe (VII, 14) : « Une vierge concevra et enfantera un Fils qui portera le nom

_____

(23) *Les miniatures du XIIe siècle de l'abbaye de Cîteaux*, d'après les manuscrits de la Bibliothèque de Dijon, Paris, 1927.

(24) Ms. 633, fol. 2. Cf. C. Oursel, Pl. LII.

(25) Ms. 641, fol. 4 V°. Cf. C. Oursel, Pl. XXXIII.

(26) Ms. 129. Cf. C. Oursel, Pl. XLIX. Voir son commentaire pp. 44-45.

d'Emmanuel », saint Bernard ajoute : «... Ce qui n'était qu'une fleur, il le nommera ensuite Emmanuel, et ce qui n'était qu'un rameau, il dira clairement que c'était une vierge (27). »

Il convient de remarquer à propos de cet arbre de Jessé, qu'au caractère féminin de l'arbre se joint le symbole phallique. Cet élément bisexué est étudié par Jung (28) à propos de l'arbre de vie dessiné sur un vase égyptien, dont le tronc forme le corps de la déesse. Dans *Psychologie et Alchimie,* Jung reproduit, d'après un manuscrit du Vatican, une image d'Adam où l'arbre n'est autre que le membre viril (29).

Le thème de l'échelle qui se rattache à l'arbre emprunte parfois un sens solaire, telle l'échelle des vertus dans l'*Hortus deliciarum* où l'on voit des barreaux blancs et noirs. Les pêcheurs tombent des échelons noirs, tandis que les démons les poursuivent de leurs flèches. L'échelle possède le sens de l'octave, du changement de clavier.

Le symbole du haut et du bas se retrouve constamment dans les ouvrages des auteurs romans ; le haut signifiant la valeur et le bas sa privation. D'où les termes d'ascension, d'échelle et de degrés. Le ciel désigne un lieu « élevé », tandis que la terre, et plus encore l'enfer, expriment le bas. L'échelle de Jacob sur laquelle les anges montent et descendent servait au Moyen Age de thème central. Adam de Saint-Victor nomme la croix l'échelle des *pécheurs (hæc est scala peccatorum).* Grâce à cette échelle, le Christ roi des cieux attire tout à lui *(ad se traxit omnia).* La croix est souvent nommée « la divine échelle ».

Parmi les textes présentant des symboles ascensionnels, le *Cantique des Cantiques* occupe une place de choix (30). Il suffit d'étudier par exemple les commentaires du XIIᵉ siècle pour découvrir l'importance du symbole ascensionnel qui joue le rôle d'échelle. Ainsi saint Bernard parle du « baiser des pieds, des mains et de la bouche du Christ » *(Sermon III).* Guillaume de Saint-Thierry, décrivant les sept degrés de l'âme, dira qu'elle fait son *anabathmon,* c'est-à-dire son ascension, et traverse les degrés de son cœur, afin de parvenir à la vie céleste (31). Notons que ces sept degrés ont un rapport avec les sept portes du ciel que l'on trouve dans l'initia-

(27) *Id.* Voir à ce propos A.-M. ARMAND, *Saint Bernard et le renouveau de l'iconographie au XIIᵉ siècle,* Paris, 1944, pp. 91-92.

(28) Cf. *Métamorphoses de l'âme et ses symboles, id.,* p. 387.

(29) Fig. 133.

(30) Cf. *infra,* p. 125.

(31) *De natura corporis et animae,* P. L. 180, c. 724 D.

tion du mithriacisme. Chacune d'elles est gardée par un ange et l'initié doit chaque fois se dépouiller, afin de parvenir à la résurrection de la chair. Souvent, comme nous l'avons déjà dit, les degrés du haut et du bas se correspondent. Dans ce sens, saint Bernard traitera des degrés de l'humilité et de l'orgueil. Il existe une similitude entre le bas et le haut, car « l'abîme appelle l'abîme » (cf. Ps. XLI, 8).

Ce thème de l'échelle est d'ailleurs extrabiblique. Qu'on se souvienne de l'échelle de Râ qui relie la terre au ciel. Le *Livre des Morts égyptiens* fait allusion à l'échelle qui permet de voir les dieux. L'idée de l'échelle est liée au mythe du « centre du monde », mais tout lieu sacré peut devenir centre, et de ce fait toucher le ciel.

Quant au cheval, ce thème se retrouve fréquemment dans l'ornementation de l'église romane ; il se présente en rapport avec l'arbre. Le cheval est « un arbre de mort » (32). Au Moyen Age, la civière s'appelait cheval de saint Michel. Le cheval est aussi solaire. Les chevaux tirent le char du soleil et lui sont consacrés. N'oublions pas que dans le folklore les chevaux voient et entendent. Dans une miniature de l'*Hortus deliciarum* d'Herrade de Landsberg, le char du soleil est tiré par deux ou quatre chevaux, et celui de la lune par des bœufs. Il s'agit de la reprise d'un thème antique. Dès les temps préhistoriques, le soleil est représenté sur un char pour signifier son déplacement. Ce char deviendra celui d'Apollon. De nombreux auteurs ont commenté le culte du soleil et son influence sur le christianisme. Élie, tel Mithra remontant au ciel dans le char du soleil, s'élève sur un char de feu traîné par des chevaux. Dans la Bible *(II Rois,* XXIII, 11), il est fait allusion au char du soleil. On voit aussi le char du Pharaon englouti par la mer Rouge sur une fresque de Saint-Savin.

Blanc, le cheval est le symbole de la majesté. Il est le plus souvent monté par celui qui est nommé « Fidèle et Véritable » *(Apoc.,* XIX, 11), c'est-à-dire par le Christ. Suivant le texte de l'*Apocalypse,* les armées célestes qui l'accompagnent chevauchent des coursiers blancs. C'est pourquoi l'on verra dans les miniatures des anges sur des chevaux. Dans la cathédrale d'Auxerre, une fresque partagée par une croix grecque présente dans son centre le Christ sur un cheval blanc. De la main droite, il tient un bâton noir qui figure le sceptre royal signifiant son pouvoir sur les nations. Dans les quatre angles, des anges, les ailes déployées et montés à cheval, lui font escorte. Un cheval blanc porte un nimbe croisé et remplace

---

(32) C. G. Jung, *Métamorphoses de l'âme et ses symboles, id.,* p. 468.

l'agneau à l'autel souterrain de Notre-Dame de Montmorillon. Est-il noir, le cheval peut désigner le deuil ou le fléau, ou bien encore la lumière obscure ; le roux dont il est parlé aussi dans l'*Apocalypse* symbolise la guerre et l'effusion de sang, et le cheval à la robe claire annonce la mort.

Certains motifs, tout en reprenant des faits bibliques, illustrent des symboles solaires, tel Jonas rejeté par la baleine (cf. Pl. 13). Cette image d'origine mythique solaire représente le héros englouti dans le dragon. Le monstre vaincu, le héros conquiert une éternelle jeunesse. Le voyage aux enfers accompli, il remonte du pays des morts et de la « prison nocturne de la mer ». Sur un chapiteau d'Orcival, on voit un homme luttant contre un monstre marin ; à Sainte-Marie d'Oloron, un monstre dévore un homme.

Il faut, pour comprendre ces illustrations, se souvenir du rôle du démon dans la doctrine sotériologique. Ainsi dans un sermon, saint Césaire d'Arles commente le rapport entre le Rédempteur et Satan. Le principal bienfait de la mort du Christ est d'arracher les hommes au démon : « Par le mystère de la croix, le genre humain a été délivré de la puissance du démon. »

Toute une tradition exige la nécessité d'un rachat au démon, basé sur une certaine justice. Celle-ci intervient dans les phases de l'économie rédemptrice. Il fallait le sacrifice de la croix, et par conséquent la mort du Christ, pour que l'homme devienne libéré des suites du péché. D'où l'usage fréquent du terme rançon (33). La croix apparaît une sorte d'hameçon qui enchaîne le démon et l'empêche de poursuivre son œuvre.

Herrade de Landsberg, dans une miniature de l'*Hortus deliciarum,* présente un léviathan (cf. Pl. 14) ; des traits ondulés indiquent que le dragon est dans la mer. Le Christ, la tête entourée d'un nimbe solaire, enfonce sa croix pourvue d'un hameçon dans la gueule immonde. Il n'est pas crucifié, mais se tient devant sa croix, glorieux, les mains levées. Ses pieds écartent la bouche de l'animal. En haut de la miniature, le Christ ressuscité tient de la main droite une canne à pêche dont la corde relie sept visages représentant, à la façon de l'arbre de Jessé, des ancêtres du Christ. Cette capture du léviathan concerne le texte d'Isaïe (xxvii, 1) : « En ce jour-là, Yaweh visitera de son épée dure, grande et forte, Léviathan, le serpent agile, Léviathan, le serpent tortueux, et il tuera le monstre qui est dans la mer. » Dans le *Liber Floridus,* on verra l'Antéchrist assis sur le léviathan.

---

(33) J. RIVIÈRE, *Le dogme de la rédemption,* Paris, 1948, pp. 231 sv.

Une miniature du XIIᵉ siècle (34) montre le Christ emporté par Satan au sommet d'une montagne. Le Christ porte la barbe et le nimbe croisé. Un démon cornu, pourvu d'ailes aux épaules et aux pieds, le tient par la taille. Un autre démon lui désigne le royaume du monde.

Sur les fresques romanes de Saint-Savin, on remarque un dragon apocalyptique d'influence byzantine. Sa tête principale porte une couronne et six autres têtes sont entourées de l'auréole qui indique la puissance. Au second tableau, le monstre est vaincu, la tête dépouillée. Notons que le nimbe est aussi bien employé pour les saints que pour les démons.

Quand l'imagier veut représenter l'esprit, qu'il s'agisse d'ange ou d'âme, il doit signifier leur légèreté et leur rapidité de déplacement. Alors, il le munit d'ailes : ailes aux épaules, doublées, triplées, surmontant la tête ou apparaissant soudées au cou. Le nombre d'ailes correspond souvent à la hiérarchie des anges. Les séraphins vus par Isaïe (VI, 2) portaient chacun six ailes. D'autres anges possèdent à la fois des ailes croisées et des ailes ouvertes, sur lesquelles s'étendent leurs bras (cf. Pl. 15). Les deux paires d'ailes peuvent symboliser le vent qui se départage en quatre points cardinaux. Les anges exercent un rôle d'annonciateurs, de messagers. Leurs apparitions sont toujours liées à l'annonce d'une bonne nouvelle. Certains ont un emploi déterminé ; ainsi l'ange saint Michel préside au jugement ; il tient la balance afin de peser le bien et le mal ; près de lui le diable attend le résultat, et souvent on le voit sur les portails chercher à donner un coup de pouce pour faire pencher le plateau en sa faveur ; l'ange aussi tente d'user de ce stratagème.

L'oiseau est toujours un signe d'ordre spirituel ; il désigne l'âme. C'est là un thème très ancien, puisqu'on voit dans l'enfer babylonien des âmes porteuses de vêtements de plumes. L'oiseau figure aussi l'Esprit Saint ; il prend alors la forme d'une colombe, les ailes étendues. Dans un manuscrit d'Herrade de Landsberg, l'*Hortus deliciarum,* la colombe qui figure l'Esprit Saint est pourvue d'ailes aux épaules, à la tête, aux pattes.

Par contre, à l'exception du Saint-Esprit, les deux autres personnes de la Trinité ne sont pas représentées sous la forme d'un oiseau. A l'époque romane, nous voyons quelquefois la Trinité avec les traits de trois personnes humaines ; Abélard les fait sculpter sur son abbaye du Paraclet. Dans un manus-

(34) Bibliothèque royale, *Psalterium cum figuris,* supplément français, 1132. Voir M. Didron, *Iconographie chrétienne, id.,* p. 283.

crit d'Herrade, trois personnages de forme et de visage identiques symbolisent la Trinité. On utilise aussi le triangle qui apparaît une des images les plus caractéristiques des trois personnes en un seul Dieu.

3. *L'Église.*

Le symbole de l'Eglise revêt des formes différentes. Celle-ci est parfois opposée à la synagogue dont les yeux, le plus souvent bandés, indiquent son aveuglement. L'hymne *Lætabundus* qui se récite à Noël en précise la raison : « Isaïe l'a chantée (la naissance du Christ), la Synagogue s'en souvient, et pourtant elle ne cesse point d'être aveugle (*numquam tamen desinit esse cæca*). » L'Église est aussi symbolisée par une vigne, une barque, une tour. Comparée souvent à la Vierge, elle est encore nommée l'épouse du Christ : elle remplace Israël dans les Commentaires du *Cantique des Cantiques*.

Dans ses visions, Hildegarde revient fréquemment sur l'Église. Elle dira par exemple : J'ai vu une image de femme immense et semblable à une cité. Elle portait sur la tête une merveilleuse couronne. De ses bras des rayons de gloire descendaient, allant du ciel à la terre ; son ventre ressemblait à un filet aux mille mailles, par où entrait et ressortait un grand nombre de personnes. Elle semblait vêtue de clarté, mais il apparaissait impossible de discerner ses vêtements. Près de sa poitrine, une sorte d'aurore brillante faisait jaillir des feux rouges, et des chants célébraient le cantique de l'aurore. Au moment où cette femme étendait sa gloire comme un vêtement, elle dit : « Je dois être mère. » Aussitôt des anges accoururent et ils se mirent à préparer des places pour les hommes ; des enfants noirs marchaient sur la terre, d'autres nageaient dans l'air comme des poissons. La femme les attirait en elle-même et ils sortaient par sa bouche. Soudain, un visage d'homme brillant comme une flamme apparut, il arracha la tunique noire des enfants et les vêtit de robes blanches.

Une autre vision présente l'Église sous les traits d'un buste de femme (cf. Pl. 16). Elle est adossée à une tour formée par une seule grande pierre blanche. Cette tour est percée de trois fenêtres, ornée de pierres précieuses et environnée de flammes d'or. Ces flammes symbolisent l'Esprit Saint que l'Église reçut le jour de la Pentecôte. Les dons du Saint-Esprit continuent à se déverser sur l'Église, et chaque chrétien en est le bénéficiaire. Le visage de l'Église est à la fois doux et grave. Elle porte un diadème sur la tête et ses mains levées sont ouvertes. Des groupes de deux ou trois petits personnages de couleurs foncées ou claires, dont les attitudes sont diverses, représentent les confirmés. On les voit près des oreilles de la femme, sur sa poitrine et sur son ventre. Les uns sont remplis d'une lumière éclatante, d'autres apparaissent plus sombres. Tous les hommes ne sont pas audibles à l'Esprit Saint ; ces personnages correspondent aux différents états spirituels.

Cette dernière vision de sainte Hildegarde illustre les pages suggestives de Jung consacrées au *Pasteur d'Hermas* (35), dans lequel figure la tour sans joint, indestructible et qui désigne l'Église. Ce rapprochement est significatif entre un document des premiers siècles chrétiens et cette vision d'une moniale romane. Le symbole de la tour que nous retrouvons dans les litanies de la Vierge (*turris Davidica, turris eburnea*) — et n'oublions pas que les termes Vierge et Église sont associés — rejoint un symbole très précis. Les tours, au Moyen Age, pouvaient servir à guetter d'éventuels ennemis, mais elles possédaient encore un sens d'échelle (rapport entre ciel et terre). Même la Tour de Babel — où Dieu confondit le langage des hommes — veut toucher le ciel. Ce thème, nous le retrouvons sur une fresque de Saint-Savin où nous voyons les compagnons s'avancer sur un rythme de danse, malgré les lourds blocs de pierre qu'ils portent sur leurs épaules. Fixée sur un centre (centre du monde), la tour est un mythe ascensionnel et, comme le clocher, elle traduit une énergie solaire génératrice.

4. *Le symbole roman au sein de la totalité symbolique.*

En étudiant brièvement ces quelques symboles, nous avons touché à un très grand problème : celui des archétypes. Il y a ici ce que Mircéa Eliade appelle une « *totalité* qui embrasse toutes les histoires sans pourtant les confondre ». Il faut se souvenir de cette affirmation en examinant les symboles de l'époque romane, sinon leur réalité risque d'échapper. Ce n'est pas pour autant méconnaître le christianisme et le rôle des symboles à travers l'histoire. Aucun symbole considéré à un moment précis ne peut être détaché de son origine. Il convient seulement de l'isoler momentanément dans l'espace et le temps, afin de saisir l'économie nouvelle qu'il inaugure.

(35) *Types psychologiques,* trad. Le Lay, Genève, 1950, p. 234. Nous connaissions le *Pasteur d'Hermas,* mais il a fallu cette lecture de l'ouvrage de Jung pour attirer notre attention.

Au XIIᵉ siècle, tout est religieux, non pas d'une religion juxtaposée, faite de rites et véhiculée dans le langage ; la foi pénètre l'existence, ou mieux elle est l'existence. Cet aspect religieux exige une ordonnance, et celle-ci a pour effet l'accomplissement d'un être ou d'une chose, de l'homme par exemple ou de la pierre. On peut parler d'une nature destinée à une fonction et les qualités de cette nature ne peuvent assurer leur rendement que dans la mesure où celle-ci se conforme à sa situation originelle. Il n'y a donc point quelque chose qui s'apprend comme un savoir et qui s'ajoute aux diverses conceptions de l'esprit.

La connaissance médiévale est un tout, chaque élément est rattaché à l'autre ; dès que l'un se laisse saisir, les autres sont aussitôt circonscrits. L'être en lui-même possède des puissances innombrables dont la valeur est telle que l'homme ne se réalise que par leur éveil. La perfection médiévale est liée à une conformité de l'être avec son destin, et c'est le symbole qui rappelle à l'homme ce qu'il est et ce qu'il peut devenir.

L'Église a-t-elle conscience au XIIᵉ siècle de l'importance des symboles qu'elle transmet et présente dans sa maison de prières ? Les moines savent-ils le sens des miniatures qu'ils copient dans les manuscrits ? Une réponse affirmative globale serait erronée. Depuis des siècles déjà, le sens traditionnel s'éclipse, et les temps sont proches où les images cesseront d'être des signes, sauf pour un petit groupe d'initiés. Plus encore, nous sommes à la veille d'une période de terrible confusion. Faute d'être reconnus, ces signes ne seront plus que des vases vidés de leur substance.

Au XIIᵉ siècle, il existe encore des moines qui conservent la connaissance des symboles. Certes, ils ignorent le plus souvent leurs sources ; ils méconnaissent l'origine des symboles qu'ils emploient ou contemplent quotidiennement, car ils les pensent uniquement chrétiens, sans toujours se rappeler que la Mésopotamie, l'Égypte, la Perse, la Chine, l'Inde, la Palestine sont autant de berceaux de ces images qu'ils croient enfantées par le seul christianisme. Ces symboles sont devenus tellement habituels pour eux qu'ils en usent, oubliant leurs diverses provenances.

Malgré les échanges, l'Occident est trop rigoureusement clos pour qu'on puisse apercevoir la commune destinée de l'humanité et l'unité parfaite qui préside à l'histoire. En réalité, le coupable ce n'est pas l'Occident, mais l'esprit occidental plongé dans la diversité et le morcellement.

Un petit nombre d'hommes romans possèdent la véritable connaissance ; s'étant abandonnés eux-mêmes, Dieu œuvre en eux. Nous n'avons peut-être pas à notre disposition les ouvrages des plus grands saints et des plus grands sages. Les rares textes qui ont pu être composés ont été l'objet de destructions ou écartés, car incompréhensibles et jugés dangereux. Mais ils ne furent pas toujours perdus ; très peu sans doute ont été transcrits. Les véritables initiés conservent le goût du silence ; or les moines que nous avons cités, à part quelques exceptions, apparaissent parfois assez bavards et pour le moins prolixes ! L'Occident est trop latinisé et soumis aux concepts rationnels de la théologie pour conférer le primat à l'audition secrète. Seuls les disciples de Denys et en général des Pères grecs dépasseront les limites de la pensée discursive. Cependant, à la même époque, l'Orient écrit avec des traits de feu ; privé de dialectique, il murmure l'essentiel. Plus tard, au XIIIe siècle, parmi les mystiques allemands, Maître Eckhart émerge ; il s'adresse au point le plus secret de l'être où s'opèrent ces transmutations étranges qu'on appelle dans l'ordre spirituel la naissance, la croissance et la mort.

Les moines romans qui gardent la connaissance de ces symboles se trouvent dans les cloîtres bénédictins, cisterciens, cartusiens. Ce sont aussi des clercs parfois vagants, des itinérants. Le clergé séculier est au XIIe siècle souvent ignare et de mœurs rudes. Au XIIIe siècle, les nouveaux Ordres religieux dominicains et franciscains ne seront pas à même de recueillir l'héritage traditionnel, du moins sur le plan de la collectivité. Ce n'est plus le groupe, mais l'individu qui s'ouvre à la connaissance. Saint François d'Assise en est l'exemple le plus typique, il sera d'ailleurs davantage un mystique qu'un « connaissant ». On verra au XIIIe siècle des savants, des encyclopédistes et des prédicateurs. Leur mission les jettera non seulement dans les écoles et les universités, mais dans les procès et les châtiments. Maître Eckhart figure un extraordinaire jaillissement dans une époque où la vogue d'Aristote crée le goût des systèmes. Le savoir est grand et les « Sommes » se multiplient. Mais le savoir n'est pas forcément relié à la connaissance.

Un seul Ordre peut-être gardera à travers l'histoire le sens du secret ; il est fils des anachorètes et s'exprime rarement, car il conserve mieux que les autres le sens du désert où Dieu parle. Nous voulons désigner ici l'Ordre des Chartreux.

CINQUIÈME PARTIE

PRÉSENCE DU SYMBOLE

I. CULTE DE DIEU ET TRANSMUTATION DE L'HOMME.
II. SCIENCE DU NOMBRE. — III. L'ART LITTÉRAIRE.

Au XIIe siècle, en raison de l'unité rappelée maintes fois et sur laquelle nous ne saurions trop insister, il existe entre les différents arts des correspondances, et ces correspondances se retrouvent dans l'usage des symboles repris et adaptés à des sciences particulières. En partant de ces correspondances, il serait possible de faire une étude des symboles tels qu'ils se présentent dans la théologie, la philosophie, la mystique, la liturgie, l'hagiographie, les sermons, la musique, les nombres, la poésie, les bestiaires et lapidaires, l'alchimie, la magie, l'astrologie, la science des songes et des couleurs, le drame liturgique, la littérature profane, le folklore, l'architecture et la sculpture. Il est impossible de tenter un semblable examen ; celui-ci exigerait de connaître parfaitement chacune de ces sections dont la portée s'avère immense en raison même de cet extraordinaire XIIe siècle ! Pour être menée à bien, une telle recherche demanderait le travail d'une équipe, elle serait révélatrice de cet art symbolique qui s'exprime à la fois dans la pensée et sur la pierre. Elle témoignerait de l'unité parfaite des correspondances symboliques. Les mêmes symboles sont transposés, mais les auteurs et sculpteurs en font un usage plus ou moins adapté à leur réelle signification ; Pascal disait : « Quand on joue à la paume, c'est la même balle dont chacun se sert, mais l'un la place mieux. »

A propos des différents niveaux auxquels s'expriment les symboles, on pourrait envisager les trois forces dont a parlé H. Focillon : les traditions, les influences, les expériences. La première est comparée à une « force verticale qui monte du fond des âges ». Sur le plan concret, la tradition n'est pas forcément pure, elle a pu rompre en chemin avec un donné primitif. Chargée d'histoire, elle se meut avec plus ou moins de fidélité à sa réalité originelle. Les influences « représentent la technique des échanges et de l'irrigation ». Celles-ci coïncident avec des rencontres, des chocs, des infiltrations. Ces expériences se mêlent à des créations qui sont parfois des réalisations parfaites, ou seulement des ébauches tâtonnantes (1). Les thèmes offerts présentent le sens d'une humanité qui renaît sans cesse dans le cœur de l'homme et qu'il lui sera toujours impossible de renier en dépit des civilisations les plus différentes.

Nous nous proposons ici de tracer à grands traits et d'une façon toute schématique quelques points de repère à l'intérieur de disciplines particulières : liturgie et alchimie, science du nombre (musique et symbole numérique), et enfin littérature. Nous ne parlerons ni de la théologie, ni de la mystique (2). Nous avons eu plusieurs fois au cours de cet ouvrage l'occasion de citer des textes appartenant à l'une de ces disciplines. Notons seulement qu'il est difficile de séparer la théologie de la mystique au XIIᵉ siècle : la théologie est toujours mystique et la mystique est toujours théologique. La théologie sacramentaire est matière à un grand nombre de symboles, en particulier pour le sacrement de baptême ; mais le symbole sacramentaire n'offre rien de spécifique qui appartienne uniquement à la période romane. Quant à la philosophie, elle est elle-même, au XIIᵉ siècle, reliée à la théologie.

(1) H. Focillon, *L'an mil, id.*, p. 24.
(2) Cf. *Clefs de l'art roman* dans *Sources et clefs de l'art roman*, Paris, 1973.

Chapitre Premier

CULTE DE DIEU
ET TRANSMUTATION DE L'HOMME
(LITURGIE ET ALCHIMIE)

I. LITURGIE

Sur le plan liturgique, il conviendrait d'étudier les prières, les hymnes et les séquences composées au XIIe siècle. La période romane peut être considérée comme l'âge d'or des séquences ; on en relève plus de cinq mille dispersées dans un grand nombre de manuscrits (1). Adam de Saint-Victor est, sans conteste, l'auteur le plus illustre parmi les compositeurs de séquences. Nous retiendrons ici quelques exemples en montrant la richesse de l'école des Victorins, et nous ferons suivre ce choix de l'examen d'un thème particulièrement original et riche de symboles : celui de la consécration des vierges.

1. *La Messe.*

La liturgie apparaît d'autant plus dense au XIIe siècle qu'elle est en pleine période de transformation. Dans les monastères, les coutumes se modifient en raison des réformes introduites. Chez les Cisterciens la liturgie est d'une simplicité extrême, le rite en fut établi vers 1119. Celle des Chartreux est plus tardive, elle adopte le rite lyonnais. En ce qui concerne la messe, les rites visibles sont amplifiés. Il faudrait pouvoir examiner le caractère des lectures qui, selon Hugues de Char-

---

(1) Voir les *Analecta hymnica medii ævi*, éd. C. Blume et G. Dreves, 1886-1908.

tres, se donnaient sur un ambon. Un triple silence s'observait à la *Secrète,* au *Canon* et après le *Pater :* il symbolisait les trois jours de la mise au tombeau. Le prêtre se retournait cinq fois vers les fidèles, rappelant ainsi les cinq apparitions du Christ. Le nombre des signes de croix possédait aussi une valeur numérique (2). Honorius Augustodunensis indique à propos de la messe une symbolique des nombres qu'il tente de commenter.

2. *Hymnes.*

Parmi les hymnes composées au XIIᵉ siècle, retenons le *Lætabundus,* qui présente des symboles cosmiques. Le texte se réfère constamment au soleil :

> *Sol de stella*
> > Soleil issu d'une étoile
> *Sol occasum nesciens*
> > Soleil qui ne se couche jamais,
> *Stella semper rutilans*
> > Étoile rutilante
> *Semper clare.*
> > toujours claire.

> *Sicut sidus radium*
> > Comme de l'astre un rayon jaillit
> *Profert Virgo filium*
> > La Vierge a produit un fils
> *Pari forma ;*
> > de pareille manière ;
> *Neque sidus radio*
> > Et ni l'astre par le rayon
> *Neque mater filio*
> > Ni la Vierge par le Fils
> *Fit corrupta.*
> > ne furent souillés.

« Le soleil qui ne se couche jamais » (*sol occasum nesciens*) est désigné par l'antique expression *sol invictus,* dont on retrouve fréquemment l'emploi, et qui est reprise à propos du Christ. Au moment de la bataille de Gabaon, Josué parle à

---

(2) Sur toute cette question de la Messe, cf. l'ouvrage de J. A. JUNGMANN, *Missarum sollemnia,* Paris, 1952, 3 vol.

Yahweh, disant : « Soleil, arrête-toi sur Gabaon » (*Jos.*, x, 13),
et « le soleil s'arrêta au milieu du ciel et ne se hâta point de se
coucher, presque un jour entier ».

Dans l'hymne de Laudes (temps du Carême), d'un auteur
inconnu, le Christ est appelé Soleil de salut :

> *O Sol salutis intimis*
> O Soleil de salut
> *Jesu refulge mentibus*
> Jésus illumine les esprits

Il est comparé au jour qui renaît à l'horizon.

A propos du thème de la lumière, la liturgie pascale évoque
le symbole de la colonne de feu qui conduisit les Israélites
dans le désert. La colonne de lumière désigne toujours les
âmes qui aiment Dieu et qui, par transparence, laissent filtrer
à travers elles la lumière divine.

La prière *O intemerata* appartient encore au XIIᵉ siècle.
Très appréciée de l'ordre cistercien, elle s'adresse à la Vierge
et à saint Jean : « La Vierge inviolée et l'Apôtre vierge... » Le
Christ mourant les a confiés réciproquement l'un à l'autre.
Ils sont comparés à deux pierres précieuses. La Vierge est
le temple de Dieu, la porte du royaume des cieux et les
rayons issus de la Vierge et de Jean traversent les nuages du
péché (3).

La séquence *Veni Sancte Spiritus,* appelée au Moyen Age
la « Séquence d'Or », a été composée à la même époque. Le
texte primitif n'est pas rigoureusement identique à celui qui
est donné dans les missels romains actuels. Les symboles sont
nombreux, tels la lumière, le septénaire sacré (les sept dons)
et le cœur — dont l'Esprit Saint est dit le doux habitant (4).

Dans les séquences d'Adam de Saint-Victor, comme d'ailleurs dans toutes les séquences victorines, l'emploi du symbole est très caractérisé. Il faudrait surtout retenir les symboles concernant l'ornementation de la création. Ainsi, dans la
séquence pour la dédicace des églises, Adam nomme l'arche
de Noé, la manne, l'arche d'alliance, le soleil, la lune ; dans la
séquence de Pâques *Zyma vetus expurgetur,* il cite la lumière
et l'hameçon (5).

---

(3) Cf. Dom A. WILMART, « La prière *O intemerata* », dans *Auteurs spirituels et textes dévots du Moyen Age latin,* Paris, 1932, pp. 474 sv. Voir principalement pp. 486 sv.

(4) Les auteurs ne sont pas d'accord sur son parrainage. Voir
A. WILMART, *id.,* pp. 39 sv. et J. A. JUNGMANN, *Misarum sollemnia,* Paris,
1952, t. II, p. 207.

(5) Cf. P. L. 196, c. 1464 sv., c. 1437.

3. *Une cérémonie liturgique : la procession.*

Les symboles le plus souvent — et nous l'avons déjà dit — présentent sur le plan du macrocosme et du microcosme une analogie rigoureuse. L'âme médiévale ne quitte pas les thèmes symboliques, qu'elle les contemple par ses yeux dans le monde sensible ou qu'elle les trouve illustrés dans la pierre ou bien encore dans la liturgie. Ce sont toujours les mêmes sujets repris sous d'autres formes, avec des expressions différentes, mais qui gardent un semblable contenu et un but identique : la « queste » de Dieu.

Les cérémonies liturgiques expriment ce qui est le plus essentiel. Prenons chez Richard de Saint-Victor quelques exemples : les trois processions de la purification, du dimanche des Rameaux et de l'Ascension. Ces trois processions particulières signifient les trois étapes de l'âme à la recherche de Dieu. Dans son édition des *Sermons et Opuscules* de Richard de Saint-Victor, Jean Chatillon présente le symbolisme de la procession chrétienne selon l'auteur victorin (6). Le mot procession, qui évoque une marche, revêt sa signification véritable dans la procession liturgique. Elle prend le sens de pèlerinage, et montre le caractère du chrétien : celui d'être de passage sans pouvoir s'attarder à des attachements terrestres. La procession rappelle aussi les grandes marches d'Israël et la traversée du désert. Dans les rituels monastiques, la procession est fréquente avant la messe et se répète à différents offices. La procession et le port des oriflammes possédaient primitivement un élément magique, il s'agissait de former un cercle sacré de protection. Selon J. Chatillon, la procession de la purification dans certaines paroisses médiévales s'accompagnait peut-être de manifestations dramatiques. Non seulement des hommes y étaient inclus, mais il s'y adjoignait quelquefois des animaux qui faisaient partie de l'itinéraire symbolique.

4. *La consécration des vierges.*

Nous nous proposons de retenir un thème symbolique qui offre un double intérêt : celui d'être à la fois très dense et sans

---

(6) Richard de Saint-Victor, *Sermons et opuscules spirituels inédits*, Paris, 1951, pp. L sv.

doute assez peu connu ; il concerne la consécration des vierges au XIIe siècle. Une liturgie a été créée dès le XIe siècle dans l'église romaine ; mais c'est seulement le XIIe siècle qui verra l'organisation du pontifical très complet qui régit le rituel de la consécration des vierges. L'expression épouse du Christ (*sponsa Christi*) désigne la vierge chrétienne. C'est là un symbole très ancien dont l'usage se généralise dès le IVe siècle. Il est pris à l'Ancien Testament. Dans le *Cantique des Cantiques*, les rapports de Dieu avec Israël sont présentés sous les termes de l'Époux et de l'Épouse. On retrouve les mêmes mots chez saint Paul pour nommer le Christ et son Église ; cette expression est passée dans la terminologie courante pour désigner soit le rapport de l'âme chrétienne avec Dieu, ou mieux encore pour distinguer par ce terme *sponsa* la vierge consacrée.

Le symbole de *sponsa* mériterait toute une étude (7). Ainsi la vierge se trouve considérée comme l'épouse du Christ, et les prescriptions issues des conciles à l'égard des femmes infidèles et adultères lui sont appliquées. Les rites du mariage étaient normalement utilisés pour la consécration des vierges. Dans la liturgie du XIIe siècle, il existe une certaine variété dans l'ordonnance des rites, mais l'usage du symbole est identique.

Les symboles principaux sont le voile, l'anneau et la couronne. Le voile était dit sacré, et après l'avoir reçu, la vierge chante une antienne rappelant un texte d'Isaïe (LXI, 10) : « Le Seigneur m'a revêtu d'un manteau tissé d'or et il m'a orné de ses pierres précieuses. » Les antiennes se succédaient, empruntées à l'Office de sainte Agnès. Une oraison essentiellement symbolique demande à Dieu de préserver la vierge de toute souillure en lui conférant l'amour des biens éternels. Cette oraison se nommait *Deus plasmator corporum*, Dieu qui façonne les corps (8). L'évêque ajoutait :

(7) Il existe une longue évolution sémantique de ce mot : on sait que dans l'ancien droit romain seule l'expression *uxor* ou bien *conjux* concernait l'épouse. Plus tard (au IIIe siècle), on créera une distinction entre l'épouse qui a des rapports sexuels avec son mari et celle qui ne les a pas encore eûs. La seconde sera nommée *sponsa* ou *desponsata*. Voir sur cette question L. ANNÉ, « La conclusion du mariage dans la tradition et le droit de l'église latine jusqu'au VIe siècle », dans *Ephemerides Theol. Lovanienses*, t. XII (1935), pp. 515-521, 538-550.

(8) Cette oraison a été attribuée à saint Matthieu. Voir sur tout ce problème de la consécration des vierges, René METZ, « La consécration des vierges dans l'église romaine », *Étude d'histoire de la liturgie*, Paris, 1954, pp. 205 sv. Cet ouvrage nous sert de base dans l'étude de ces symboles.

Accipe annulum fidei
            Reçois un anneau de la foi
Signaculum Spiritus sancti
            Signe de l'Esprit Saint
Ut sponsa Dei voceris.
            Afin que tu sois appelée l'épouse du Christ.

La couronne était ensuite remise à la vierge. Au XIIe siècle, elle est désignée sous le nom de *torques,* qui signifie à la fois le collier et la couronne de fleurs. Au XIIIe siècle, ce terme sera remplacé par celui de couronne (*corona*). L'évêque donnait cette couronne en disant :

Accipe signum Christi in capite
            Reçois un signe du Christ sur ta tête
Ut uxor ejus efficiaris,
            Afin que tu deviennes son épouse,
Et si in eo permanseris
            Et si tu demeures dans cet état
Et in perpetuum coroneris.
            Tu seras couronnée pour l'éternité.

Le symbolisme évoqué par cet anneau et cette couronne est encore repris dans une antienne qui célèbre l'union de l'âme avec Dieu. Notons que la couronne et l'anneau était introduits dans le rite du mariage. Mais ici l'antienne concerne l'alliance de la vierge avec le Christ : « Mon Seigneur m'a gratifiée de son anneau et comme une épouse une couronne m'a ornée. »

Ces symboles sont suffisamment clairs par eux-mêmes, il n'est pas nécessaire d'y insister. En raison de son origine solaire, la couronne symbolise le pouvoir royal, ou mieux encore le pouvoir divin.

Ce symbole de la couronne est d'ailleurs très ancien. Les prêtres juifs portaient des couronnes de fleurs lors de la procession de la fête des tabernacles. Plus tard, la couronne symbolisera la présence du Christ, car il est « comme une couronne sur la tête des élus (9) ». Cet usage que l'on retrouve dans le rite du baptême indique une nouvelle naissance dans le Christ, c'est par et dans le Christ que la vierge lors de sa consécration possède un nom nouveau.

La mystique nuptiale comporte de dévots adeptes tant au XIIe qu'au XIIIe siècle. On verra une Hadewijch, béguine d'An-

---

(9) Voir à ce propos les citations indiquées par Jean DANIÉLOU, *Les symboles chrétiens primitifs,* Paris, 1961, p. 24, et son étude sur la couronne, pp. 21 sv.

vers (10), composer des poèmes spirituels en s'inspirant des œuvres de saint Bernard et de Guillaume de Saint-Thierry, en particulier de leur commentaire du *Cantique des Cantiques*. Les thèmes d'Époux et d'Épouse se retrouvent fréquemment aussi bien dans la théologie, la mystique que dans l'art sculptural et théâtral. Ainsi le drame des vierges sages et des vierges folles se jouait au XIIe siècle à Saint-Martial de Limoges dans un français chargé de latin et les vierges folles avouaient leur sommeil dans cette triste plainte :

> *Dolentas! Chaitivas! Trop i aven dormit.*
> (Douleur! Châtiment! Nous avons trop dormi.)

Ce symbole d'Époux et d'Épouse est un symbole qui a joui d'une grande fortune. Il se rattache — nous l'avons dit — au *Cantique des Cantiques*. On le retrouve aussi dans la parabole des vierges sages et des vierges folles. Dans les *Allégories* sur le Nouveau Testament attribuées à Hugues de Saint-Victor, mais qui sont en réalité de Richard de Saint-Victor (11), les dix vierges symbolisent l'universalité des croyants. Ceux-ci sont répartis en deux différents groupes figurant les vierges sages et les vierges folles. Leur sommeil symbolise l'attente des générations. Grégoire le Grand, dont s'inspire Richard de Saint-Victor, indique cette interprétation (12). Dans la liturgie, ce thème sera constamment repris dans les Offices, en particulier dans le Commun des Vierges.

L'Épouse va devenir le symbole de l'Église, elle sera le personnage collectif qui représente la communauté des fidèles, et on la retrouvera sous diverses formes symboliques. Sous les traits d'une femme, l'Église est placée à la droite de l'Époux sur un chapiteau de l'église Saint-Étienne de Toulouse, actuellement au Musée de cette ville (13). On rencontre souvent le thème de l'Église, de l'Époux et des vierges sages (14). Il conviendrait encore de parler du drame du *Sponsus* que Gaston Paris rattache au « cycle des Prophètes ».

Le symbole de l'Épouse dans la langue de Bernard signifie

(10) Cf. *Hadewijch d'Anvers*, par J.-B. P., Paris, 1954.

(11) *Allegoriae in Novum Testamentum*, XXXIV ; P. L. 175, c. 799.

(12) XL *Homiliarum in Evangelia*, Homilia XII, P. L. LXXVI, c. 1119 sv.

(13) E. MALE, « Les chapiteaux romans du Musée de Toulouse », dans *Revue archéologique*, 1892, t. XX, pp. 32 sv.

(14) Voir sur le plan de ce thème et sur son rôle dans l'iconographie, Lucien-Paul THOMAS, *Le « Sponsus », mystère des Vierges sages et des Vierges folles*, Paris, 1951. — Voir en particulier les deux premiers chapitres.

l'âme altérée de Dieu qui n'est ni esclave, ni mercenaire, ni fils, mais qui aime et se sait aimée (15). Elle fuit les places publiques pour ne pas être distraite et refuse la curiosité qui la jetterait immédiatement dans le circuit dont parle la Bible et dans lequel les impies, incapables de trouver une issue, mènent une ronde infernale ! Au contraire, l'Épouse revient toujours au centre d'elle-même. Pour mieux rechercher le Christ crucifié, elle demande à être entraînée. « Tire-moi après toi, nous courrons », dit-elle. Le mariage spirituel est symbolisé par l'amour mutuel de l'Époux et de l'Épouse et par leur union. A ce moment l'Épouse ne cherche plus, elle possède une présence qu'elle ne veut plus quitter. C'est pourquoi, dans la très suave séquence du XIIᵉ siècle *Jeus dulcis memoria,* elle chante : « Je vois maintenant ce que j'ai cherché (*Tam quod quæsivi, video*). Je tiens ce que j'ai désiré » (*Quod concupivi, teneo*). Mais cette présence dure l'instant d'un éclair ; Jésus part, et l'âme épouse languit après son retour. Remplie d'amour, elle s'écrie : O bienheureux embrasement ! (*O beatum incendium !*)

II. L'ALCHIMIE.

Nous ne ferons que nommer en passant une science dans laquelle le symbole tient une place prédondérante. Dans ces quelques lignes, nous n'avons d'autre dessein que de signaler l'orientation d'un tel problème.

Au Moyen Age l'alchimie concerne non seulement la chimie théorique et pratique, l'art de faire de l'or, mais aussi le traitement des verres, des perles, des pierres précieuses, la distillation des parfums, des alcools, la fabrication des poudres, des onguents et la teinture des étoffes (16). L'ouvrage du moine Théophile datant de la fin du Xᵉ siècle, *Schedula diversarum artium,* traite des métaux et contient un enseignement relatif à la fabrication des objets sacrés, tels les ciboires et les cloches. Les plus anciens témoignages font remonter l'alchimie à l'Égypte (17). Toutefois c'est à travers la pensée arabe que l'Occident médiéval prit contact avec cette science. Après le départ des Arabes d'Espagne, des traducteurs entre-

---

(15) Cf. *infra*, p. 67.

(16) Cf. W. GANZENMÜLLER, *Die Alchemie im Mittelalter,* Paderborn, 1938, traduit de l'allemand par G. Petit-Dutaillis, Paris, p. 9.

(17) Une telle origine est souvent contestée.

prirent d'étudier — en particulier à Tolède — des manuscrits arabes concernant l'alchimie et la médecine. Parmi ces traducteurs, citons Gérard de Crémone, Gundissalinus. C'est en Espagne, en raison de l'apport arabe, que les groupes d'alchimistes furent les plus florissants. Le *Traité des aluns et des sels* datant de la fin du XII⁽ᵉ⁾ siècle et attribué à Ibn Râzi devait exercer une grande influence sur l'alchimie médiévale.

Il ne s'agit pas uniquement d'une science physique ou chimique, René Alleau dira très justement que l'alchimie correspond « moins à une science physique qu'à une connaissance *esthétique* de la matière ». C'est pourquoi il la situe « à mi-chemin entre la poésie et les mathématiques, entre le monde du symbole et celui du nombre (18) ».

Dans l'alchimie, il est tenu compte de la signification des métaux. Ceux-ci s'inscrivent à l'intérieur d'une échelle de valeurs comparable à la doctrine d'Hésiode sur les âges de l'humanité. Dans l'*Ars lectoria*, composé en 1086 par le grammairien Aimeric, la littérature chrétienne est divisée en quatre classes : 1 ° *aurum : authentica;* 2° *argentum : hagiographa;* 3° *stagnum : communia;* 4° *plumbum : apocripha.* Les écrivains chrétiens et païens sont rangés d'après un ordre décroissant et correspondant aux différents métaux (19). En fait, Aimeric propose une opinion courante : cette échelle des valeurs on la retrouve déjà exprimée dans le livre de Daniel (II, 32), à propos de sa statue fameuse du songe du roi Nabuchodonosor. Celle-ci avait la tête en or, la poitrine et les bras en argent, le ventre et les cuisses en airain, les jambes en fer, les pieds en partie de fer et en partie d'argile. C'est en tenant compte de la valeur symbolique des métaux que les alchimistes médiévaux conçoivent leur œuvre. Ils savent les multiples sens que présentent les symboles.

Tout symbole est d'ailleurs polyvalent en raison de la polyvalence des niveaux auxquels il est reçu par le sujet. Grâce au symbole, l'homme est conduit vers le réel. Il s'agit donc d'un processus initiatique consistant dans une sorte d'alchimie qui comporte des étapes différentes comprenant par exemple la mystique et la gnose. La transmutation aboutit à une totale transfiguration. C'est là l'essentiel de l'art royal (*ars regia*). L'être découvre l'élixir de vie. L'a-t-il trouvé pour lui, il l'utilise pour changer le monde, c'est-à-dire pour le sauver.

Matila Ghyka a montré comment les alchimistes du

(18) *Aspects de l'alchimie traditionnelle,* Paris, 1953, p. 28.
(19) Voir sur ce sujet Ernst Robert Curtius, *La littérature européenne au Moyen Age latin,* trad. J. Bréjoux, Paris, 1956, p. 569.

Moyen Age refusent de se limiter à la recherche des alliages et transmutations de la matière. Éclairés par des principes métaphysiques, ils ont examiné « la science générale des Forces ou Magie (20) ». Au xiie siècle, l'alchimie se présente comme une science à la fois naturelle et hermétique.

On a trop l'habitude de considérer l'alchimie comme la science convertissant les métaux vils en or. Le but de la véritable alchimie est d'éveiller ce qui dort, de faire ruisseler l'eau prisonnière dans la terre. En d'autres termes, le sens de l'alchimie est de réveiller la princesse endormie qui se trouve au plus secret de l'âme.

Les rapports entre la recherche alchimique de l'or et la purification ascétique ont été très souvent étudiés. De même que l'or est un métal « mûr », la réalisation spirituelle correspond à une maturité. Selon Louis Massignon, « littérairement l'affinité s'imposait a priori entre ces deux drames légendaires de l'expérimentation humaine, celui de la science et celui de la mystique entre l'alchimiste en quête d'un élixir — eau de Jouvence, agent de transmutation universelle — et l'ascète en quête d'un Esprit, ministre de sanctification (21) ». Mircea Eliade a montré également le rapport entre l'alchimiste et le yogin. Le yogin cherche « la perfection de l'esprit », la délivrance, l'autonomie ; et le « corps de diamant » des Vajrâyanistes n'est pas sans ressemblance avec le corps de gloire occidental (22).

L'or symbolise le corps de résurrection. Selon Alain de Lille (dans l'*Anticlaudianus*), l'homme nouveau prépare l'avènement de l'âge d'or. Guillaume de Saint-Thierry a parlé de cette ébauche ici-bas du corps de gloire qui sera achevée dans la vie future (23). Il fait aussi allusion au « langage angélique » qui sert de communication aux sages dont le corps de gloire est déjà accompli sur le plan terrestre. Nommant les sept degrés de l'âme dans la contemplation de la Vérité, Guillaume dira que le septième n'est plus un degré, mais une demeure. Le corps de résurrection est donc réalisé (24).

Il n'est pas sans intérêt de remarquer que l'on trouve au xiie siècle, par exemple chez Guillaume de Saint-Thierry, des textes concernant des états que Jung décrit aujourd'hui avec

---

(20) Matila Ghyka, *Le Nombre d'Or*, t. II, *Les rites, id.*, p. 77.

(21) *Al Hâllaj, martyr mystique de l'Islam*, Paris, 1922, t. II, p. 931.

(22) *Le Yoga, Immortalité et liberté*, Paris, 1954, pp. 274 sv.

(23) *De natura et dignitate amoris*, P. L. 184, c. 405 D, 406 A ; éd. M.-M. Davy, Paris, 1953, nᵒ 51, p. 133.

(24) *De natura corporis et animae*, P. L. 180, c. 724.

une terminologie qui nous est plus accessible, parce que moderne et scientifique. En effet, Jung parle de ces « manifestations du Soi », comprenant l'apparition des symboles rattachés au Soi, provoquant une sorte d'intemporalité de l'inconscient. D'où le sentiment éprouvé d'éternité et d'immortalité. Bien d'autres passages seraient à retenir chez cet éminent psychologue à l'égard de la transmutation et de la transfiguration (25). Dès que l'homme est changé par la transmutation, ses rapports avec lui-même et le monde se modifient. Tant qu'il n'est pas « transfiguré », il est réduit à lui-même et privé de communication réelle et de communion.

Ainsi l'être qui n'est pas encore « né » est entouré d'une carapace qui l'isole de son principe, et de ce fait l'empêche de se relier à la création. Si l'homme ne s'est pas renoncé, il est séparé de la vie. Le *vœ soli* de l'Écriture peut sans doute s'appliquer à l'être dépouvu de sens cosmique et borné aux limites de son corps physique.

C'est l'aspect cosmologique de l'homme qui rend possible l'ouverture des fissures dans la coque qui entoure chaque être et le cloisonne à l'égard de tout ce qui n'est pas lui. Cette carapace est à la fois une prison et une armure. L'alchimie spirituelle, en arrachant cette carapace, supprime les cloisonnements qui sont inhérents à l'amour personnel et à la dureté du cœur. L'être dont la carapace est brisée s'ouvre à la divinité, dans sa réalité en autrui et en soi-même. Il participe à la vie cosmique et la partage.

L'alchimie procède d'une façon subtile ; elle emploie des disciplines précises qu'elle applique au microcosme. Sous l'effet d'exercices appropriés, la coque, malgré sa dureté, se liquéfie. Ainsi, l'être peut se lier avec la création entière. Si tout devient or, c'est-à-dire matière pure, c'est parce que l'homme est créé à l'image du Créateur ; le pont établi entre le sujet et l'objet est constitué par l'ordonnateur même de l'univers. Bien entendu, il y a d'autres façons d'interpréter le symbole alchimique, mais celle que nous proposons ici est certainement la plus essentielle.

Le miracle de l'alchimie correspond à la nature la plus fondamentale de l'homme, celle de coïncider d'une façon vivante et absolue avec tout ce qui est. L'opération alchimique marque ce passage, elle introduit dans une dimension d'ordre universel. De ce fait, une telle opération supprime l'isolement. Le mur qui sépare l'homme de la création est

(25) Voir en particulier *Die Psychologie der Uebertragung,* Zürich, 1946. Voir aussi *Psychologie und Alchemie,* Zürich, 2ᵉ éd., 1952.

devenu fluide. Il n'y a plus de frontière. Cela ne veut pas dire que l'être est dissous en autrui ; au contraire, il devient lui-même, mais dans une vérité métaphysique qui lui était auparavant inconnue. C'est seulement la distinction égocentrique qui est abolie, c'est-à-dire l'existence séparée. Et c'est pourquoi il se crée une sorte de transparence. L'être participe à l'orchestration universelle avec sa couleur, son nom et le son qui lui est propre.

Ce n'est pas seulement dans le domaine de l'être, mais dans celui de l'avoir, que s'opère ce transfert. Par cette entrée dans l'universel, au lieu de posséder jalousement une part infime du monde, l'homme devient le cohéritier de l'univers. C'est dans ce sens que saint Jean de la Croix pourra dire : « Mien le soleil, mienne la lune, miennes les étoiles, mienne la mère de Dieu. » L'alchimie, par des procédés certains dans leur efficacité, introduit l'être dans une nouvelle dimension.

Suivant le symbole alchimique, tout être est-il capable de cette transmutation ? La réponse est affirmative, car l'analogie entre le microcosme et le macrocosme se rattache à l'état originel. Mais il existe seulement sur le plan concret des dispositions d'ordre accidentel qui rendent difficile l'opération alchimique. Le consentement du sujet est nécessaire. L'*ex opere operato,* dont on voit la réalisation dans la matière, ne convient pas à l'homme ; celui-ci doit donner son assentiment. Il reste qu'un petit nombre d'hommes parviennent à la transfiguration ; très peu, d'ailleurs, en possèdent le désir.

La symbolique alchimique est cosmologique, elle concerne la matière qui subit une mutation. On pourrait justement parler d'une assomption de la matière. Un article de Maurice Aniane (26) est à cet égard d'une très grande importance. Il montre comment, à l'intérieur du christianisme, l'alchimie a « donné aux arts, aux métiers, à l'héraldique, leur caractère de « petits mystères » (27), puisque, nous l'avons dit, il ne s'agit pas seulement de la transmutation en or métallique. La question est tout autre, et d'un ordre infiniment plus grave.

Si par exemple le regard se pose sur un paysage couvert d'ombre, ou illuminé par le soleil, la réaction de l'observateur est rigoureusement différente, car la vision n'est pas identique. Cependant il n'y a pas de variété dans l'objet, seule la perception diffère. La contemplation de la nature non reliée à son

(26) Maurice Aniane, « Notes sur l'Alchimie, "Yoga" cosmologique de la chrétienté médiévale », dans *Yoga, science de l'homme intégral*, « Les Cahiers du Sud », Paris, 1953, pp. 242-273. Cet article nous a été très précieux.

(27) *Id.*, p. 244.

Créateur fait apparaître une nature abandonnée à elle-même. Si la nature est regardée en Dieu, c'est-à-dire si l'homme la voit dans sa véritable filiation originelle, alors « l'œil du cœur peut voir l'or dans le plomb et le cristal dans la montagne ». Il y a dans ce cas transfiguration cosmique. Et la transfiguration est certes moins étonnante dans la matière que sur le plan spirituel. C'est d'un côté l'éveil de l'or dans une matière qui n'en a pas conscience, de l'autre l'éveil d'une présence endormie. C'est pourquoi Maurice Aniane écrit à propos de la définition de l'alchimiste : « Son but était d'unir si intimement son âme à celle des métaux qu'il puisse rappeler à ceux-ci qu'ils sont en Dieu, c'est-à-dire qu'ils sont de l'or (28). » Le rapport avec autrui n'a sans doute pas d'autre sens !

Suivant Boèce, seules les choses qui ont pour objet commun une même matière peuvent être changées et transformées entre elles. Guillaume de Saint-Thierry, étudiant la transmutation de la nature et des formes, observe que la transmutation ne s'opère que dans la mesure où les natures agissent l'une sur l'autre et reçoivent l'une de l'autre. Il est des corps qui ne peuvent pas se transformer en d'autres corps, par exemple « l'airain en pierre ou la pierre en herbe », car il n'y a pas « commune matière ». Il en est d'autres qui possèdent cette communauté de matière et agissent l'un sur l'autre ou pâtissent l'un par l'autre au point que « leurs qualités » se mélangent et que l'une absorbe l'autre : « la qualité de l'un est détruite par la qualité de l'autre ». Si quelqu'un verse du vin dans la mer, dit encore Guillaume, le vin n'est pas mélangé à la mer, mais dilué dans la mer, précisément parce que la qualité de celle-ci ne reçoit rien de celle du vin à cause de son immensité et parce qu'en réalité la mer, par son immensité, a changé en elle-même la qualité du vin.

Poursuivant son étude et considérant l'eucharistie, Guillaume observe que le corps du Christ comporte avec le pain une base de commune matière, puisque son corps a pu être engendré et mourir. Du fait que le pain contient une matière commune avec le corps du Christ, il a donc la possibilité de se changer en celui-ci. Il est loisible, précise Guillaume, à la puissance du Christ qui est un avec le Père, de changer le pain en son corps en raison de la passivité très obéissante de la créature (29).

(28) *Id.,* p. 246.

(29) Voir sur toute cette question M.-M. Davy, *Théologie et mystique de Guillaume de Saint-Thierry* (t. I, *La connaissance de Dieu*), Paris, 1954, p. 130.

Dans son traité de l'*Amour de Dieu*, saint Bernard, examinant le quatrième degré par lequel l'homme ne s'aime plus lui-même que pour Dieu, étudie les exemples donnés par Maxime le Confesseur concernant la goutte d'eau mêlée à beaucoup de vin, le fer rougi incandescent devenu semblable au feu, comme si l'un et l'autre avaient perdu leur forme première et particulière. Il prend encore les comparaisons de l'air rempli de la lumière du soleil qui se transforme en la clarté même de cette lumière, à tel point qu'il semble plutôt éclairer qu'être éclairé lui-même. De même, dit-il, il faut nécessairement que chez les saints, toute affection se fonde et se transfuse entièrement dans la volonté de Dieu, autrement comment Dieu serait-il tout à tous (*I Cor.*, xv, 28), s'il subsiste dans l'homme quelque chose de l'homme ? Certes, la substance humaine demeurera, mais sous une autre forme, dans une autre gloire, avec une autre puissance (30). Ainsi le symbole alchimique concernant l'éveil de l'âme ne peut se saisir qu'en raison de la parenté entre l'homme et Dieu. Celle-ci repose sur la création à l'image et à la ressemblance de Dieu. C'est pourquoi l'alchimie doit être considérée comme une science « sacramentale ».

Nous retrouvons dans les symboles alchimiques les mêmes lois de proportion que nous avons eu l'occasion de relever maintes fois en parlant des analogies entre le macrocosme et le microcosme. La hiérarchie et l'ordonnance définissent les rapports du corps à l'âme, de l'âme à l'esprit et de l'esprit à Dieu. A l'égard d'autrui, le procédé alchimique sera de lui rappeler qu'il est le temple de Dieu et que les lois de transmutation qui opèrent dans le temple de pierre peuvent s'effectuer dans son propre temple.

L'alchimiste apprend au plomb qu'il est or. L'alchimiste roman enseigne à l'homme qu'il possède en lui l'image de la divinité qui est à la base de la transmutation de son être.

(30) *De diligendo Deo*, X, 28 ; P. L. 182, c. 991 ; éd. M.-M. Davy, *id.*, t. I, p. 246.

Chapitre II

SCIENCE DU NOMBRE
(Musique et symbole numérique)

Nous nommons seulement la musique et le symbole numérique. Il y aurait beaucoup à dire sur l'une et l'autre science. Toutefois, elles n'offrent rien qui appartienne en propre à l'époque romane ; c'est pourquoi nous ne traiterons pas ce sujet.

1. *La musique.*

La musique, un des quatre arts du quadrivium, repose sur la proportion. Celle-ci est à la base des formes ; on la trouve décrite dans de nombreux traités romans, par exemple chez Adélard de Bath, Guillaume de Conches, les maîtres chartrains, Hugues de Saint-Victor. Le rythme relève du nombre. Liée au pythagorisme, transmis par Boèce et saint Augustin, la musique en conserve les lois. Le rythme ternaire est nommé perfection, tandis que le binaire est toujours considéré comme imparfait (1). En effet, le thème chrétien trinitaire s'est greffé sur la mystique pythagoricienne. La symbolique du nombre 7 est reprise sur le plan musical. Jérôme Carcopino le nomme « nombre virginal, nombre d'Athéna », celui où, sept cents ans avant Proclus, Philolaüs avait vu briller les lueurs de la sagesse (2).

---

(1) Voir sur la musique médiévale, l'ouvrage de J. Chailley, *Histoire musicale du Moyen Age*, Paris, 1950.

(2) J. Carcopino, *La Basilique pythagoricienne de la Porte Majeure*, Paris, 1927, p. 256.

Les hommes du Moyen Age sont fidèles aux dénominations proposées par Boèce. Celui-ci considère dans la musique une triple division : *musica mundana, musica humana, musica instrumentalis*. Ce sont autant de symboles. A la *musica mundana* correspondent l'harmonie des astres issue de leur mouvement, la succession des saisons et le mélange des éléments. Cette musique cosmique est liée à l'harmonie des sphères. Nous avons dit maintes fois qu'il existait des analogies constantes entre le microcosme et le macrocosme. Les sept planètes se meuvent et leur mouvement produit un son mélodieux. Celui-ci, bien entendu, est d'autant plus aigu que le mouvement est plus rapide, et d'autant plus grave qu'il est plus lent. Le nombre s'exprime-t-il par un mouvement, il est perçu par l'oreille ; dès qu'il est situé dans l'espace, c'est l'œil qui le saisit. D'où le rapport constant entre l'ouïe et la vue à l'égard du nombre.

Dans l'harmonie des sphères, il s'agit de la « gamme musicale formée par les planètes ». Ce sens est très ancien, puisque Platon, qui le relate dans la *République* et le *Timée*, s'inspire des Pythagoriciens. Sa signification est avant tout cosmologique. Le ciel visible et le ciel invisible font entendre un magnifique concert.

Boèce a parlé aussi d'une *musica humana*. C'est elle qui régit l'homme, et c'est en lui-même qu'il la saisit (3). Elle suppose un accord de l'âme et du corps, dont l'analogie se trouve dans le rapport entre les sons graves et les sons aigus. Cette musique du microcosme concerne encore les facultés de l'âme et l'harmonie des éléments qui composent le corps, à savoir les organes (4). Quant à la musique instrumentale (*musica instrumentalis*), comme le terme l'indique, elle fait usage d'instruments. Ceux-ci comprennent des éléments différents : harmoniques, métriques et rythmiques. Selon Isidore de Séville, l'harmonique discerne dans les sons l'aigu et le grave. La rythmique étudie le mouvement des paroles et la métrique la mesure.

Dans cet ordre, la pensée romane s'inspire en particulier, outre Boèce, de saint Augustin, de Martianus Capella et de Cassiodore.

Le *De musica* de saint Augustin joue un rôle de premier plan dans la conception musicale du XIIᵉ siècle. Essayant de définir la musique, saint Augustin écrira, en reprenant un

---

(3) « *Humanam vero musicam quisquis in sese ipsum descendit, intelligit* », *De Musica*, I, II, P. L. 63, c. 1172.
(4) *Id.*

texte de Varon : « La musique est la science qui apprend à bien moduler » *(scientia bene modulandi)* (5). Or moduler vient de *modus*, signifiant mesure. C'est pourquoi la musique sera l'art du mouvement bien réglé. Sans la science, la musique serait un plaisir grossier, et saint Augustin, ayant observé que le rossignol module bien sa voix au printemps, en harmonie avec la saison, dira que tous ceux qu'une sorte d'instinct pousse à bien chanter, c'est-à-dire avec mesure, ressemblent au rossignol.

Deux chapiteaux de Cluny conservés au Musée Ochier présentent les divers tons musicaux (6). Ils concernent non pas les notes de la gamme, mais les huit formules musicales servant de base au chant des Psaumes et aux divers cantiques de la liturgie. Inscrits dans des médaillons et dans des demi-ellipses, ils portent chacun un instrument différent. Le premier est représenté par un jeune homme jouant du luth. Une danseuse tenant dans la main une cymbale forme le deuxième ; la cymbale est constituée par deux hémicycles retenus par un anneau symbolisant les lèvres. Pour le troisième ton, un jeune homme porte une lyre à six cordes, figurant les six souffrances de Jésus-Christ : crucifixion des mains et des pieds, couronne d'épines, coup de lance. Un jeune homme désigne le quatrième ton avec une cymbale signifiant la prédication. Sur le second chapiteau très mutilé, seul le sixième ton est conservé avec netteté. Le personnage tient à la main un instrument de musique sous la forme d'une table horizontale. Ce second chapiteau symbolise le cinquième jour de la création consacré à la formation des oiseaux. Ces représentations musicales sont rares ; la musique est figurée parmi les arts libéraux sur le portail occidental de Chartres.

Des animaux et monstres musiciens apparaissent fréquemment dans l'esthétique romane.

2. *Le symbole numérique.*

Le symbole numérique est sans doute celui qui a connu le plus grand succès au Moyen Age. On saisit son importance quand on se souvient de la valeur accordée au nombre, qui est

(5) Saint Augustin, *De Musica*, 1. I, II, 2 ; c. 2, P. L. 32, c. 1083.

(6) Sur toute cette question, voir Dr Pouzet, « Notes sur les chapiteaux de l'abbaye de Cluny », dans *Revue de l'Art chrétien*, 1912, pp. 1-17, et E. Reuter, *Les représentations de la musique dans la sculpture romane*, Paris, 1938.

d'ailleurs toujours relié à l'idée de proportion ; la réalité n'est jamais que l'apparence du nombre (7). Toute cette doctrine est encore nettement pythagoricienne. Deux principes régissent le monde : l'unité et la multiplicité. Du premier dérivent les nombres impairs, et de l'autre les nombres pairs. L'unité exprime la stabilité ; la multiplicité signifie le changement et l'altération.

Selon la doctrine pythagoricienne, 10 est le chiffre parfait ; il représente l'unité et dans toute la tradition il est le chiffre de la divinité. L'homme en porte l'image sur ses mains et sur ses pieds. Si l'on accepte le nombre 5 comme le chiffre de l'homme, le pentagramme devient l'emblème du microcosme. Ainsi, le microcosme et le macrocosme dont il est l'image forment le chiffre parfait ($5 + 5 = 10$) de Dieu.

D'après Boèce — interprétant Pythagore — un homme étranger aux mathématiques est incapable d'acquérir la véritable connaissance, et la sagesse lui demeure impénétrable, dira saint Augustin, pour qui Dieu a conféré le nombre à toutes choses. Ce thème est repris par Alain de Lille quand il montre que l'idée divine façonne la figure du monde selon le nombre.

Dieu possède la science des nombres, et les nombres sont infinis, car il est toujours possible de les multiplier. Ainsi, la dignité du nombre est inattaquable. Dans le *Timée*, Dieu compose l'univers suivant ses propres lois, de la même manière que Dieu architecte est représenté dans une miniature sous la forme du Christ penché, soutenant dans sa main gauche le monde et dans la main droite tenant un compas (8). Les auteurs et sculpteurs médiévaux iront chercher dans Boèce et dans Macrobe le sens du nombre et son rapport avec la figure qui l'exprime. Les théories d'Alcuin ont joué aussi un rôle considérable. Pour l'homme roman, tout est établi dans l'univers selon l'ordre des nombres ; ce qui est manifesté dans la création existait auparavant dans le divin modèle. La science des nombres se trouve à la base de toute science.

Déjà dans le texte d'Isaïe, d'après la version des *Septante* (xl, 26), le prophète disait que Dieu engendre numériquement les âmes, et dans la *Sagesse* (xi, 20), il est écrit : « Vous avez tout réglé avec mesure, avec nombre et avec poids (9). » Le

(7) J. Carcopino, *La Basilique pythagoricienne de la Porte Majeure*, id., p. 165.

(8) Vienne, Bibliothèque nationale, catalogue n° 162.

(9) Voir l'explication donnée par E. Gilson, *Introduction à l'étude de saint Augustin*, Paris, 1943, p. 250.

texte de l'Écriture précisera encore que la Sagesse « atteint avec force d'un bout du monde à l'autre et dispose tout avec douceur » (VIII, 1). Or cette force qui s'étend d'une extrémité du monde à l'autre, n'est-ce point le nombre ? Et saint Augustin posera la question : La Sagesse n'est-elle pas beaucoup plus rare que la science des nombres ? Pour saisir la vérité du nombre, il convient de pénétrer dans une région secrète constituant en quelque sorte la demeure des nombres. Si les hommes méprisent les nombres parce qu'ils n'en connaissent pas l'essence, dira saint Augustin, ceux qui savent et qui réfléchissent découvrent l'unité de la nature qui fait du nombre et de la sagesse une même réalité intelligible (10).

Ce qu'il importe pour nous de retenir, c'est que tout d'abord le nombre signifie d'une façon rigoureusement exacte l'esprit des choses : telle est la loi indélébile. En second lieu, l'impair et le pair expriment l'unité indestructible et la multiplicité toujours changeante. Or cette double division de l'impair et du pair se retrouve partout. Le nombre impair est parfait, parce qu'il est indivisible et de ce fait inaltérable. Tout nombre impair auquel on ajoute un chiffre pair reste impair. Donc un chiffre impair est toujours immuable, il s'apparente à l'ordre éternel, tandis que le pair appartient au temps.

Les hommes du Moyen Age lisaient un traité de géométrie et d'arithmétique *(Ars geometricae et arithmeticae)* qu'ils attribuaient à Boèce (11). Ils apprenaient ainsi les diverses figures.

Tous les ouvrages des auteurs médiévaux comprennent des numérotations symboliques, et à l'intérieur de celles-ci il existe encore à l'infini des divisions et des subdivisions. Nous ne les relevons pas parce qu'elles n'offrent aucun intérêt particulier. Il serait fastidieux de citer l'emploi des nombres, par exemple chez saint Bernard ou chez Guillaume de Saint-Thierry (la double beauté de l'âme, les deux sortes de charité, la double considération de soi-même, le triple avènement du Christ, les sept degrés de l'humilité et de l'orgueil, etc., pour Guillaume de Saint-Thierry). La science des nombres n'est pas originale au XIIᵉ siècle. Elle ne fait le plus souvent que reprendre les commentaires des Pères de l'Église si en faveur à l'époque médiévale. Il suffit d'ouvrir une *Concordance* biblique pour voir l'importance des chiffres et leur usage.

---

(10) Cf. saint AUGUSTIN, *De libero arbitrio*, II, XI, 30-32 ; P. L. 32, c. 1257-1258. Cf. E. GILSON, *id.*, pp. 166-167.

(11) Ce traité appartient en réalité à un auteur anonyme du VIIIᵉ siècle ; P. L. 63, c. 1352-1364.

Chapitre III

L'ART LITTÉRAIRE

La littérature romane est beaucoup trop vaste pour que nous tentions de découvrir les principaux symboles qu'elle présente. Nous retiendrons seulement le Graal qui est au XIIe siècle (dans la version de Chrétien de Troyes), le thème le plus riche de symboles. Quelques aperçus nous donneront une certaine vision d'ensemble très fragmentaire, certes, mais suffisante pour nous rendre compte de l'importance du symbole dans l'art littéraire. Nous ne dirons rien des textes cathares dont les poèmes et la doctrine présentent maints symboles. C'est là un sujet beaucoup trop complexe pour être envisagé d'une façon succincte (1). D'ailleurs, un problème de discrimination des documents, quant à leur authenticité et leur date, rend difficile cet examen de textes pour le XIIe siècle. Il en est de même pour le thème des Templiers.

---

(1) Le catharisme est à la mode, nous voulons dire que l'on en parle fort inconsidérément. Or c'est un sujet qu'il est impossible de décrire sans le connaître parfaitement. Il est assez bouffon de voir des non-spécialistes traiter de « cathare » quelqu'un qu'ils tentent de cataloguer, une Simone Weil par exemple. Il reste que les symboles à l'intérieur du catharisme ne peuvent être examinés sans un minimum de bon sens et d'objectivité. C'est à Déodat Roché et aux *Cahiers d'Études cathares* et aux travaux de René Nelli, *Écritures cathares* (Paris, 1959), qu'il convient de se reporter pour l'étude d'un tel problème.

1. *Le Graal* (2).

On se rappelle le sens de la « queste ». Selon la version de Chrétien de Troyes, qui d'ailleurs ne nous donne pas la totalité de ce conte, un vieux roi malade vit dans une campagne stérile. Ses serviteurs sont dans la détresse. Le roi est le gardien d'un objet mystérieux nommé le Graal. Des chevaliers passent. Aucun ne pose la question essentielle. Ils demandent au roi des nouvelles de sa santé sans l'interroger sur le vase merveilleux. Un jour, un chevalier de la Table Ronde, c'est-à-dire du roi Artus, se présente. Il pourrait tout changer et rendre la fécondité à une terre inculte, mais lui aussi ne prononce pas la parole importante. Il lui faudra revenir.

E. Tonnelat (3), recherchant l'origine du terme Graal, expose la définition naïve proposée par Robert de Boron à la fin du XIIᵉ siècle. Le texte de Chrétien de Troyes en est le fondement. Robert de Boron, dans un roman français en vers appelé *Joseph d'Arimathie*, raconte qu'après la Cène et la trahison de Judas, un disciple emporta chez lui le vase dont s'était servi Jésus. Ce vase fut confié ensuite à Joseph d'Arimathie. Or, quand ce dernier après la crucifixion du Christ, aidé de Nicodème, détacha le corps de la Croix, le sang coula des blessures et Joseph d'Arimathie le recueillit dans le vase qu'il portait. Peu de temps après, arrêté par des juifs, ce même personnage aurait eu la visite mystérieuse de Jésus portant le vase précieux rempli de sang. Jésus aurait expliqué à Joseph d'Arimathie le sens de la messe, lui montrant que ce vase était le prototype de ce que l'on nommera plus tard le calice. L'empereur Vespasien ordonna qu'on recherchât le corps de Joseph d'Arimathie qui avait été oublié pendant longtemps dans son cachot et privé de nourriture ; on pensait le trouver mort. Mais le vase sacré l'avait conservé vivant. Telle est l'origine du Graal. Et E. Tonnelat fait observer que l'on trouve ce mot dans des textes latins sous la forme de *gradale* ou de *gradalis*, ayant le sens de vase ou de vaisseau.

Chez Wolfram qui reprendra la légende du Graal, il ne s'agira plus d'un vase, mais d'une pierre précieuse qui portera

(2) Sur ce thème, voir en particulier *Lumière du Graal,* Cahiers du Sud, Paris, 1951 ; Pierre PONSOYE, *L'Islam et le Graal,* Paris, 1957 ; *Les romans du Graal dans la littérature des XIIᵉ et XIIIᵉ siècles,* Colloques internationaux du Centre National de la Recherche Scientifique, Paris, 1956.

(3) *Wolfram von Eschenbach, Parzival,* t. I, Paris, 1934, pp. XVIII-XIX.

le nom de *lapsit exillis*. Elle aura pour vertu d'empêcher de mourir ceux qui se trouvent en sa présence. Plus encore, elle conserve dans une merveilleuse jeunesse. Cette pierre ne garde point par elle-même sa vertu précieuse ; Dieu la lui renouvelle sous la forme d'une colombe qui, chaque vendredi saint, descend du ciel et pose sur la pierre une hostie.

E. Gilson observe que dès le début de l'œuvre, nous sommes à la veille de la Pentecôte, la grâce de l'Esprit va se répandre sur tous les événements. Il est fait allusion à des « rais de soleil » qui symbolisent bien entendu les « langues de feu ». L'épisode des chevaliers autour de la Table Ronde est lié au texte de saint Jean (xx, 19), relatif à l'entrée de Jésus au milieu de ses disciples et leur souhaitant la paix. Dans le palais, toutes les portes et les fenêtres sont closes, sans qu'on puisse les voir s'ouvrir ; un vieillard apparaît et tient un chevalier par la main ; le vieillard dit au chevalier : « Pes soit o vos (4) ! » Et E. Gilson de conclure : « Le Graal, c'est la grâce du Saint-Esprit (5). »

Dans la légende, un chevalier nommé Bohort déclare au vieil ermite : « Le cœur de l'homme est le gouvernail du navire, il conduit l'homme où il lui plaît, au port ou au naufrage. » Une doctrine identique se trouve exposée dans le traité *De gratia et libero arbitrio* de saint Bernard, disant que la liberté humaine a devant elle deux voies : le consentement à la grâce ou au démon (6).

C'est bien, en effet, la lumière de l'Esprit qui baigne toute la légende du Graal, dans laquelle les symboles solaires abondent. Les flambeaux sont comparés aux étoiles ; la « grant clarté du Graal (7) » est telle qu'on ne saurait percevoir la lumière des torches et des chandelles « non plus que des étoiles quand le soleil et la lune luisent ».

Les symboles sont innombrables. Un bloc de marbre rouge flotte sur l'eau, une épée est fichée dans ses flancs. Le chevalier qui pourra tirer cette épée sera le descendant du roi David. Il est vêtu d'une cotte de soie rouge et le vieillard qui l'accompagne lui passe un manteau de soie vermeil fourré d'hermine blanche.

Gauvain porte sur son bouclier une étoile à cinq raies. Neveu bien-aimé du roi, c'est un chevalier parfait, couvert

---

(4) Voir l'interprétation de E. GILSON, « La mystique de la grâce dans la Queste del Saint Graal », dans *Les Idées et les Lettres,* Paris, 1932, p. 70.

(5) *Id., ibid.,* pp. 62, 69 sv.

(6) Cf. VI, 18 ; P. L. 182, c. 1011. Voir E. GILSON, *id.,* p. 67.

(7) Voir *supra*, p. 253.

d'un vêtement bleu avec une armure en or. Des cheveux blonds ornent sa tête. Son épée lance des étincelles d'or et — symbole qui mérite d'être remarqué, car il est solaire — sa force augmente jusqu'à midi et diminue ensuite. Chrétien de Troyes nomme d'ailleurs Gauvain, le soleil. Ainsi l'initié est comparé au jeune soleil, tandis que son maître, le vieux roi, est l'ancien soleil qui fait passer des épreuves à son successeur avant de lui céder sa place.

L'histoire de Perceval est mystérieuse. Mené par sa mère dans une forêt vierge, il sait le langage des oiseaux et des bêtes. Or connaître le langage des animaux est un privilège réservé à ceux qui possèdent la connaissance. Sa mère veuve et solitaire depuis la mort de ses frères ne voulait pas qu'il fût armé chevalier. Un jour, l'enfant aperçut dans les bois les chevaliers d'Artus, il les prit pour des anges et pensa que leur chef, dont la beauté était resplendissante, devait être Dieu. Il s'écria :

— « Estes-vos Deus ? Nenil par foi. »
— « Qui estes dons ? Chevaliers suis (8). »

L'enfant veut se faire « adouber » par le roi qui fait les chevaliers, et sa mère résignée y consent. Elle lui passe une chemise de grosse toile, un chapeau de cuir de cerf et lui demande d'être loyal envers « toute dame ou pucelle » qui aura besoin de lui.

> « Qui as dames enor ne porte
> La soe enors doit estre morte. »

> « Qui aux dames honneur ne porte
> Son propre honneur doit périr » (9).

Elle lui recommande encore de prier dans les églises et les couvents. L'enfant n'en a jamais vu et il questionne sa mère : « Qu'est-ce qu'une église ? » Elle répondra :

> « Un lieu où l'on fait le service
> A celui qui ciel et terre créa

> Et hommes et bêtes y plaça » (10).

(8) Voir G. COHEN, *Histoire de la chevalerie en France au Moyen Age*, Paris, 1949, p. 105.
(9) *Id.*, p. 108.
(10) *Id.*, p. 109.

Perceval partira. Il commencera ses exploits et délivrera une princesse Blanchefleur (Blanchefleur symbolise les Pâques fleuries). Perceval est beau. Son corps « est le plus beau qui ait jamais été mis au monde ». Une femme en qui il reconnaît sa cousine lui révèle son nom : Perceval, « celui qui passe au travers ». Il rencontre un chevalier dont l'armure vermeille rend rouges les yeux qui la regardent. Son destrier est rouge et son écu et sa lance plus rouges que le feu. Il tient à la main une coupe d'or rouge, sa peau est blanche et ses cheveux rouges.

Un soir, au bord d'une rivière, Perceval rencontre deux hommes dont l'un pêche. Celui-ci l'envoie dans sa maison, une magnifique demeure dans laquelle il sera témoin de scènes surprenantes. Perceval aperçoit soudain un château *carré* avec quatre tours dominées par un donjon central ; il entre dans une salle *carrée* où le Roi Pêcheur est assis sur un lit devant un feu placé entre *quatre* colonnes. Le Seigneur du lieu souffre d'une secrète blessure ; il est « méhaigné », c'est-à-dire paralysé et la terre aussi, en raison de sa maladie, est paralysée autour de lui, c'est-à-dire stérile. Le Roi Pêcheur remet à Perceval une épée magnifique dont le forgeron n'en fit que trois semblables et mourra sans jamais pouvoir en forger une nouvelle. En lui remettant cette épée munie d'un pommeau en or, le Roi dit au jeune cavalier : « Cette épée vous était réservée et destinée. » Au cours d'un repas, une procession mystérieuse passe et repasse plusieurs fois. Chacun présente un objet. Un valet porte une lance mystérieuse, sa pointe laisse constamment couler des gouttes de sang. Perceval s'étonne. D'autres serviteurs sont chargés de flambeaux, enfin une « dame » soutient le Graal, rayonnant de clarté. Sur le Graal, des pierres précieuses sont placées ; une autre dame tient un plat d'argent. Perceval ne pose aucune question. N'a-t-il pas appris qu'il ne faut jamais interroger ? Et en réalité, il ne possède aucune intuition qui lui permette de questionner le Roi ou l'un de ses compagnons.

Quelle est la cause de ce silence ? S'agit-il du pénible souvenir de sa mère dont il porte la mort sur la conscience, parce que celle-ci n'a pu survivre à son départ ? Une autre explication semble plus proche du symbole. L'homme qui pose une question doit être apte à recevoir la réponse. Perceval était à ce moment insuffisamment initié pour saisir le sens du Graal. Le lendemain, Perceval s'éloigne ; le château est vide, et toutes portes ouvertes. Il voit sur la neige trois gouttes de sang. Une oie sauvage a été blessée par un faucon ; ces gouttes de sang lui rappellent la lance.

Pendant cinq ans, nous dira Chrétien de Troyes, Perceval poursuit sa « queste » obstinée de la lance et du Graal ; il rencontrera un ermite qui lui enseignera une oraison secrète. Celui-ci est le frère de sa mère et aussi le frère d'un personnage non nommé qui vit dans le château où Perceval a vu le Graal. Ce personnage mystérieux est le père du Roi Pêcheur, et si Perceval a vu passer le Graal aux mains d'une « dame », c'est parce que le vieillard ne survit que grâce à l'hostie contenue dans le Graal.

Tels seront les principaux éléments du roman présenté par Chrétien de Troyes. On peut se demander où cet auteur a puisé les symboles dont il use. Les réponses à une telle question sont les plus diverses. Les uns ont pensé que Chrétien de Troyes s'est servi à la fois d'une légende chrétienne et de contes folkloriques celtiques. D'autres ont cru découvrir une œuvre d'imagination. Certains, enfin, ont dénoncé l'origine gnostique de l'œuvre. Ce qu'il importe pour nous de retenir, c'est le sens des symboles. Tout le Moyen Age gît là dans ce roman du Graal orienté dans le sens de la « queste de Dieu ».

Déodat Roché distingue dans cette légende trois stades différents : l'un égypto-chaldéen, l'autre gréco-latin et le troisième contemporain (11). Il relève encore plusieurs symboles établissant un rapport avec l'initiation manichéenne. Dans Chrétien de Troyes, Perceval rencontre une « pucelle », lui prend un baiser, arrache son anneau et sa ceinture. Déodat Roché voit là un rapport avec les trois sceaux des initiés : celui de la bouche par le baiser, celui des mains par l'anneau et celui de la poitrine par la ceinture (12).

Il est possible avec le docteur Wiersma-Verschaffelt, qui a étudié les trois degrés d'initiation au Graal païen (13), de retenir aussi un plan initiatique. Dans ce cas, il importe de considérer trois degrés successifs. Les uns les nomment végétal, humain et divin. D'autres les appellent féminin, masculin et androgyne. Ce sont là autant de symboles significatifs. Peut-être faut-il voir un rapport symbolique entre les vertus masculines et le règne végétal. « Après un sommeil », Gauvain s'aperçoit que les fleuves, les ruisseaux qui étaient à sec sont remplis d'eau, tandis que les femmes et les femelles des animaux demeurent stériles. Suivant le docteur Wiersma-Verschaffelt, la lance et la coupe correspondaient à deux

(11) *Études manichéennes et cathares,* Paris, 1952, pp. 239 sv.

(12) « Le Graal pyrénéen. Cathares et Templiers », dans *Cahiers d'Études cathares,* I, n° 3, 1949, p. 35.

(13) *Cahiers d'Études cathares,* I, 1949, n° 3, pp. 3 sv.

stades initiatiques; la lance symboliserait la défloraison; l'hostie signifierait le troisième degré figurant le soleil. Seule l'étape divine assure la naissance du spirituel au monde visible.

L'étude du vase en tant que tel éclaire singulièrement la légende du Graal; c'est le thème important qu'il convient surtout de retenir sur le plan symbolique. Il est biblique. Nous le retrouvons en particulier dans le Nouveau Testament avec saint Paul. Non seulement l'Apôtre fait allusion au potier et aux vases d'or et d'argile, mais il parle encore des vases de terre dans lesquels se trouve la lumière divine. Il figure par là le cœur des hommes. Lampe et vase pourraient être rapprochés. La lampe contient l'huile de la sagesse, elle brille. Deux chapiteaux du Musée de Toulouse appartenant au XIIᵉ siècle nous montrent les vierges sages et les vierges folles. La lampe qu'elles portent possède la forme d'une coupe; les vierges folles la tiennent renversée.

Le vase désigne par excellence la Vierge qui est, suivant l'expression du *Cantique des Cantiques*, « un jardin fermé »,, « une fontaine scellée ». Dans les litanies de la Vierge, il est parlé du vase spirituel *(vas spirituale)*, du vase honorable *(vas honorabile)*, du vase d'insigne dévotion *(vas insigne devotionis)*. Mais le vase ne concerne pas seulement la Vierge, il signifie la Mère. Les mystiques médiévaux font allusion, en reprenant les symboles du *Cantique des Cantiques*, à la chambre nuptiale *(thalamus)*. Guillaume de Saint-Thierry évoque les seins gonflés qui annoncent la maternité après la visite de l'Époux. Il nomme l'utérus de la Vierge. Nous retrouvons ici le symbole du vase. Les Pères grecs et latins, théologiens et mystiques romans commentaient le texte du *Cantique des Cantiques* : « Ton nombril est une coupe arrondie où le vin aromatisé ne manque pas. Ton ventre est un monceau de froment, entouré de lis » *(Cant.,* VII, 3). La terminologie latine ne saurait voiler les termes, le langage de nos auteurs est direct. Ils sont totalement affranchis d'une pudeur puérile. La liberté de leur vocabulaire relève de l'intégrité même de leur esprit. Néanmoins, les termes demeurent rigoureusement érotiques.

Mais ce thème de vase n'est pas seulement biblique, il est encore extra-biblique. Les Pères de l'Église ont subi l'influence des Mystères. Le vase gnostique, le vase de sagesse trouve son prolongement dans la coupe du Graal et dans les différentes interprétations du vase, allant du cœur à l'utérus. Jung, dans son ouvrage *Types psychologiques*, donne des aperçus ingénieux à ce propos. Il montre comment « le christianisme commun officiel a une fois de plus abordé les éléments gnostiques exprimés dans la psychologie du service de la Dame et leur a trouvé une place dans la vénération accrue de Marie (14) ». Ce thème du vase nous permet de saisir, et on pourrait le dire dans bien d'autres cas, un exemple d'un symbole biblique et extra-biblique. Quiconque voudrait tenter une départition rigoureuse se heurterait à un mur infranchissable, en raison des correspondances et des parallélismes qui se rencontrent et forment au cours de l'histoire une immense chaîne. Le vase du Graal contient la Connaissance. Seul celui qui en est digne peut le contempler.

2. *La légende arthurienne.*

La légende arthurienne est une source symbolique extraordinaire. Nous n'avons pas l'intention de la considérer ici. Citons seulement quelques symboles : la Table Ronde, les douze chevaliers siégeant autour du roi, la région du pays de Galles riche de minerais (15) où se situe ce conte.

Le mythe est repris dans l'art. Un portail a été consacré au roi Artus et à ses compagnons à la cathédrale de Modène ; ceux-ci sont désignés par les noms inscrits sur les sièges qui entouraient la Table Ronde. Émile Mâle signale cette sculpture, montrant qu'il faut que l'Église du Moyen Âge ait été singulièrement hospitalière à toutes les formes élevées de la pensée pour avoir accueilli aux portes du sanctuaire les romans de la Table Ronde (16). Il dira encore que l'Église dut sentir la délicatesse morale de ce type nouveau de chevalier. Une telle éventualité n'est guère possible. Il est très probable, voire certain, qu'un semblable sujet a été retenu uniquement sur le plan du symbole qu'il représentait. L'art roman habille souvent ses symboles, il en fait des personnages. Le sens est caché, et c'est au spectateur de le découvrir. On pourrait à cet égard donner bien des exemples bibliques et profanes.

La cathédrale de Modène est liée à la légende du Graal. Cette ville est située sur une voie de pèlerinage. Dans l'Italie du Sud, nous voyons à Bari le portail d'une église (Saint-

---

(14) *Types psychologiques,* trad. Le Lay, Genève, 1950, p. 240.

(15) N'oublions pas que les métaux jouent une très grande influence même dans les pèlerinages. Le pèlerin en parcourant des terres différentes reçoit les effets des lieux qu'il traverse en raison même des métaux qu'ils contiennent.

(16) E. MALE, *L'art religieux du XIIe siècle en France,* Paris, 1928, p. 268.

Nicolas), où se retrouvent des chevaliers. Aucun nom gravé ne permet d'affirmer qu'il s'agit des chevaliers du roi Artus, mais l'hypothèse est vraisemblable.

Émile Mâle fait encore remarquer que Lancelot n'apparaît pas parmi les chevaliers (17). Mais Lancelot a vécu pendant vingt-quatre ans une existence pécheresse, il ne verra pas le Saint Graal à découvert, il l'apercevra voilé d'une soie verte. Plus encore il n'aura pas le droit de franchir le seuil du lieu où se trouve le Graal et quand, oubliant la recommandation qui lui est faite, il le passera, il sera jeté à terre et traversera une période extatique de vingt-quatre jours. Il a pris passagèrement le parti de Satan ; quand ses yeux s'ouvrent, il lui est encore impossible de regarder le Graal ; seul Galaad pourra le contempler.

3. *La légende de l'arbre de vie.*

Selon la légende de l'arbre de vie, lorsque Ève cueillit le fruit, elle le prit avec le rameau et le porta à Adam qui détacha le fruit du rameau et le mangea. Le rameau resta entre les mains d'Ève. Quand, après leur faute, Dieu chassa Adam et Ève de l'Éden, Ève tenait toujours le rameau dans sa main. A ce moment, elle s'aperçut qu'elle l'avait conservé ; elle le garda en souvenir de cette tragique aventure. Comme elle ne savait pas où le placer, elle le planta dans la terre où il prit racine. Très vite, le rameau devint un arbre couvert de branches et de feuilles, il était blanc comme neige. Un jour, Adam et Ève se tinrent sous son ombrage en pleurant et regrettant l'Éden. Ils se lamentaient tout en regardant l'arbre et disant qu'il faudrait le surnommer « l'arbre de la mort ». Une voix vint du ciel : « Ne préjugez pas du destin, disait-elle, mais revenez à l'espérance et réconfortez-vous l'un l'autre, car la vie triomphera de la mort, sachez-le (18) ! » Désormais Adam et Ève appelèrent cet arbre, l'arbre de vie : ils en plantèrent maints rameaux et ceux-ci devinrent de grands arbres blancs. Un vendredi, une voix de nouveau se fit entendre du ciel et leur dit de s'unir. Tandis qu'ils hésitaient, ils furent environnés de nuit, c'est ainsi qu'Abel fut engendré. Quand la lumière

---

(17) Le roman de Lancelot est du commencement du XIIIe siècle et le bas-relief de Modène des environs de 1160. Le sculpteur et le romancier ont dû s'inspirer de récits que nous ne connaissons plus aujourd'hui.

(18) Pour toute cette légende, voir A. PAUPHILET, *La Queste du Graal*, Paris, 1923, pp. 137 sv.

revint, ils virent que l'arbre était devenu verdoyant comme l'herbe des prés. Il fleurit et porta des fruits, ce qu'il n'avait jamais fait auparavant ; les autres arbres furent également fertiles. Quand Abel et Caïn devinrent des hommes, Abel avait coutume de présenter des offrandes ; Caïn donnait ce qu'il avait de plus vil. La fumée des sacrifices offerts par Abel était claire et d'une odeur suave, celle de Caïn noire et puante. Caïn, jaloux, décida de tuer son frère. Par un jour de grande chaleur, Abel, assis à l'ombre de l'arbre, s'était endormi. Son frère le surprit durant son sommeil et le tua avec un couteau courbe. Il mourut un vendredi au lieu même où il avait été conçu. Et quand Abel fut mort, l'arbre de vie devint entièrement vermeil de la couleur du sang.

Salomon, qui possédait la connaissance et savait par conséquent la vertu des pierres, la force des herbes, le cours des étoiles, devait plus tard jouer un rôle dans cette même légende. Un jour, alors qu'il se tourmentait à propos de sa femme, dont le cœur était impur, il entendit une voix ; elle lui disait que si la femme est pour les hommes la cause de beaucoup de tristesse, une femme naîtrait de son lignage et susciterait une immense joie. Avec l'aide de sa propre femme, Salomon fit construire un vaisseau ; il y disposa un lit au chevet duquel il plaça une épée enrichie d'un pommeau. La femme de Salomon conduisit deux charpentiers près de l'arbre de vie ; elle leur demanda de couper une branche, mais, apeurés, ils hésitèrent. Devant son insistance, ils se résignèrent à lui obéir. L'arbre à peine touché, des gouttes de sang perlèrent sur le bois. Avec la branche coupée de l'arbre de vie, la femme de Salomon fit construire une colonnette qui fut placée sur le vaisseau. La nuit suivante, Salomon eut un songe : un homme suivi d'un cortège d'anges pénétrait dans le navire. Le lendemain, Salomon vit du rivage les amarres du vaisseau se rompre ; le vaisseau poussé par une force secrète gagna le large.

Ce vaisseau, nous le savons, devait être trouvé par Galaad, Perceval et Bohort. C'est la jeune fille, cousine de Perceval, qui leur fit découvrir ce navire magnifique sur lequel ils aperçurent l'épée. La pucelle la donna à Galaad ; elle lui était destinée, car lui seul pourra contempler le Graal. La jeune vierge mourra en donnant son sang pour guérir une lépreuse.

Nous trouvons ce passage non dans la légende de Chrétien de Troyes, mais dans celle qui lui est postérieure et dont la rédaction date du début du XIIIᵉ siècle. Toutefois, la légende de l'arbre de vie circulait déjà à la fin du XIIᵉ siècle. Nous la rencontrons dans l'art, elle est liée à ce verset d'Isaïe : « Il sortira un rejeton de la tige de Jessé, une fleur s'épanouira au sommet de la tige et sur elle reposera l'esprit du Seigneur » (xi, 1). Rappelons que Jessé est le père de David, et le grand-père de Salomon.

D'autres textes n'attribuent pas à l'arbre de vie la même origine. Il ne serait pas issu du rameau conservé dans la main d'Ève. Ainsi l'arbre de vie aurait été semé dans la bouche d'Adam après sa mort; trois tiges en seraient sorties et auraient servi à la construction de la nef de Salomon et au bois de la croix. Peut-être convient-il de rattacher à ce symbole celui de la croix fixée au lieu même du crâne d'Adam. Selon une autre version, Seth aurait planté sur la tombe d'Adam une branche de l'arbre du Paradis qui devint l'arbre de la croix (19).

Le symbole le plus important de cette légende se rapporte à l'unité du bois de l'arbre de vie qui devint l'arbre de la croix, ou encore l'arbre de la nef que constitue l'église (20).

4. *Poésie populaire.*

Dans la poésie et le théâtre, on pourrait trouver de nombreux types de symboles, telles les complaintes où l'on voit mainte « pucelle » qui a perdu son ami. La pucelle représente l'âme, et l'ami le Christ. Citons entre bien d'autres textes la *paraphrase du Cantique des Cantiques* qui date du début du xiiᵉ siècle. Les symboles éclatent dès les trois premières strophes :

> Quant li solleiz converset en leon
> En icel tens quest ortus pliadon
> Per unt matin

> (Quand le soleil passe dans le signe du lion
> Que s'est levée la constellation de la pléiade
> Par un matin)

> Une pulcele odi molt gent plorer
> Et son ami dolcement regreter
> Co jo lli dis

(19) O. Zöckler, *Das Kreuz-Christi*, 1875, p. 241.

(20) Jung a montré comment les termes navire et arbre sont proches l'un de l'autre ; tous les symboles maternels sont ici réunis, terre, bois et eau. Cf. *Métamorphoses de l'âme et ses symboles*, id., p. 411.

(Une pucelle j'entendis beaucoup gracieusement pleurer
Et son ami doucement regretter
Et je lui dis :)

Gentilz pulce, molt t'ai odit plorer
Et ton ami dolcement regreter
Et chi est illi ?

(Gentille pucelle, je t'ai entendu beaucoup pleurer
Et ton ami doucement regretter
Et qui est celui-ci ?)

Dans les arts poétiques du xiie siècle, les différents portraits sont toujours présentés avec détails. La description minutieuse de chaque élément du visage a pour but le plus souvent d'insister sur les symboles porteurs de toute une tradition (21). Il en est de même de la beauté corporelle sur laquelle les auteurs insistent, afin d'en montrer la parfaite harmonie et les exactes proportions. La « vierge », la « dame », le chevalier font l'objet de commentaires identiques, du moins quand il s'agit d'un chevalier dont on veut montrer l'excellence ! Ainsi la beauté corporelle de Galaad, dans le roman du Graal. Ce n'est pas là, observera E. Gilson, à propos du chevalier de la Table Ronde, « un simple cliché littéraire... Galaad est l'incarnation parfaite de la grâce ; or la grâce est de nature telle que sa présence dans l'âme finit par se traduire au-dehors *en informant*, pour ainsi dire, le corps que cette âme anime (22) ».

Dans le roman *Floire et Blancheflor*, quand le jeune homme part à la recherche de son amie dans les différentes villes où il passe, on lui parle de Blancheflor, car il est impossible de voir l'un sans évoquer l'autre. Et ces jeunes gens auront tous les deux la vie sauve grâce à leur beauté. C'est elle qui touche les cœurs (23), et ceux qui devraient les juger pleurent d'attendrissement devant la grâce du jeune couple.

(21) Sur cette question, les travaux de G. Cohen, E. Faral, G. Paris, J. Bédier et Ch.-V. Langlois font toujours autorité.

(22) « La mystique de la grâce dans la Queste del Saint Graal », dans *Les Idées et les Lettres*, id., p. 73.

(23) Voici le texte qui la décrit :
Chief a reont et blonde crine, (rond)
plus blanc le front que n'est hermine.
(V. 2593-2594.)
Suercils ot bruns, ieus vairs, rians,
Plus que gemme resplendissans.
Nus contrefaire ne l' porroit :

A l'intérieur de cette légende un arbre, appelé l'arbre d'amour, est toujours fleuri ; dès qu'une fleur se fane, une autre renaît. Dans un verger où passe l'un des fleuves du Paradis, l'Euphrate, se trouve une fontaine qui possède une vertu singulière. Quand une vierge la traverse, elle reste limpide, mais au passage d'une femme, elle se trouble (24). La virginité est encore un symbole fréquent qu'on retrouve aussi bien commenté dans les traités théologiques que dans la littérature. Ainsi Galaad, le héros du roman du Graal, est vierge, c'est pourquoi il pourra contempler le Graal. La virginité n'est pas d'ordre physique, elle concerne l'âme.

5. *L'amour courtois.*

Le problème est de savoir si un rapport doit être établi entre les symboles relevant de la symbolique romane hiérophanique et les symboles contenus dans la majorité des romans et poèmes appartenant à l'amour courtois. Cette question a soulevé de très nombreuses controverses opposant ainsi des spécialistes du Moyen Age. Notre étude sur la *Mère Cosmique* qui nous a obligé à étudier le thème de la femme au XIIe siècle nous permet de nous tenir fermement à la position adoptée par Étienne Gilson d'après laquelle l'amour spirituel des mystiques et l'amour courtois émanent de deux courants rigoureusement différents.

Cou ert avis cui l'esgardoit,
Que a ses ieus n'aparcéust,
Fors as larmes, que tristre fust.
Sa face ert de color très fine,
Plus clère que nule verrine :
Les narines avoit mieus faites,
Que se fuissent as mains portraites.
Bouche ot bien faite par mesure.
Ainc ne fist plus bele Nature :
Mieus faite estature pucele
N'en a, ne roïne plus bele.
Levres por baisier ot grossetes :
Si les avoit un peu rougetes :
Li dent sont petit et seré,
Et plus blanc d'argent esmeré.

(V. 2597-2614.)

Cf. M. Lot-Borodine, *Le Roman idyllique du Moyen Age*, Paris, 1913, pp. 46-47.

(24) *Id.*, pp. 9 sv.

« L'humanisme courtois (25) » se développe en marge de l'Église, il possède son code, ses règles, ses écrivains, ses artistes, ses poètes. Recrutés parmi les écoliers, simples clercs tonsurés, ceux-ci voyagent et forment la classe des clercs vagants *(clerici vagantes)* (26), présentant à la fois une manière de vivre et une expérience amoureuse. Il convient de ne pas les confondre avec la jeunesse décadente qui fréquente en particulier les cours méridionales. Celle-ci offre des signes distinctifs : les garçons efféminés portent des cheveux longs et des chaussures à becs effilés, les femmes ressemblent à des couleuvres (27). Cette jeunesse libertine se moque des clercs et s'adonne à la *dolce vita*, en particulier dans les cours méridionales.

Le thème de la *mal-mariée* se retrouve fréquemment dans la littérature courtoise, il s'explique du fait que la femme est souvent épousée pour les terres qu'elle apporte à son seigneur. Celui-ci, retenu au-dehors par la guerre et les croisades, abandonne sa femme durant de longs mois. D'où la présence près d'elle de jongleurs et de troubadours qui lui rendront le *service amoureux*. Durant longtemps on a pensé que l'amour courtois (28) se présentait en corrélation avec l'amour de Dieu, qu'il en constituait en quelque sorte le premier échelon. Les travaux récents sur ce sujet permettent d'affirmer que l'amour courtois est étranger à la tradition mystique médiévale. Les mystiques et les artistes — nous l'avons vu — se réfèrent à la Bible et aux Pères de l'Église. Par contre la *fin' amors* se présente comme un véritable *art d'aimer* qui s'apparente à la pensée hispano-arabe dans laquelle la femme tient une place qu'elle n'occupe point dans la littérature latine médiévale. La Vierge Marie mise à part, les Pères de l'Église et les moines du XIIe siècle méprisent la femme. Sur un plan concret de nombreux clercs, voire évêques et anciens moines, ont des mœurs dissolues. La femme sert alors leur appétit, mais elle

(25) Expression employée par L. FRAPPIER, *Le Roman breton,* Paris, 1951, p. 101.
(26) Nous avons eu l'occasion d'assister à la soutenance de thèse pour le Doctorat d'Université présentée à la Sorbonne par Moshé Lazar. Les propos échangés entre le récipiendaire et les membres du jury ont été pour nous d'une très grande importance.
(27) Cf. Jaufré de Vigeois, cité par JEANROY, *La poésie lyrique des troubadours,* Paris, 1934, t. I, p. 83.
(28) Cette expression présentée par Gaston Paris a fait fortune. A.-J. Denomy a remarqué qu'on ne la trouve qu'une seule fois dans la poésie des troubadours sous la plume de Peire d'Auvergne, *Courtly Love and Courtliness, Speculum* XXVIII, 1953, p. 46.

n'est point l'objet d'un culte. Seul l'amour courtois confère à la femme un rôle essentiel. Elle est la « dame » et son serviteur est son « homme-lige ». Certes les mêmes expressions sont employées à l'égard de la Vierge (Dame) et de son dévot, mais les termes possèdent une autre signification (29). Il en est de même si nous parlons de la sagesse. Pour les mystiques la sagesse est un don de l'Esprit Saint qui accompagne la présence de l'amour illuminé par l'Esprit. Les poèmes courtois célèbrent aussi la sagesse, celle-ci étant interprétée d'une tout autre façon. La Sagesse est bien un don de Dieu ou de la Nature, son contenu toutefois est très différent. *Romans* et *Lais* invoquent volontiers un texte de la Sagesse dans lequel la Sagesse est « apprise sans arrière-pensée et communiquée sans envie ; ses trésors ne sont point cachés » (VII, 13) (30). Ne nous méprenons pas, ce n'est point dans la Bible que les auteurs courtois cherchent leurs motifs d'inspiration, même quand les goliards parodient des textes du *Cantique des Cantiques*, ils les trouvaient plutôt dans les *Arts poétiques*. Ces florilèges possèdent leurs symboles, mais ils ne relèvent point de la symbolique religieuse à laquelle cette étude est consacrée ; il ne s'agit pas de relier le céleste au terrestre et de prolonger une hiérophanie. Les symboles sont ici des images poétiques, belles et significatives, demeurant sur un plan esthétique avec toutes les différenciations qui se présentent dans les romans divers et poèmes appartenant à l'amour courtois. Encore conviendrait-il de préciser que cette expression englobe des éléments divers comprenant l'art de la courtoisie qui détient ses traditions et ses lois et l'amour-passion dont les procédés et la finalité, tout en comprenant des caractéristiques courtoises, sont cependant particuliers. L'amour courtois se présente comme un amour charnel, cet amour que répudient les mystiques.

D'autre part l'amour de Dieu, pour les mystiques, ne comporte aucune catégorie sociale : tous les hommes sont appelés à aimer Dieu. Or si le courtois peut devenir vilain et inversement, le terme courtois, en excluant celui de vilain, offre une caractéristique hiérarchique de caractère social.

L'amour de Dieu et l'amour courtois ne possèdent — comme l'a précisé Étienne Gilson — ni la même nature, ni le même objet, ni les mêmes effets. Si l'amour courtois se présente comme un amour raffiné, il est évident qu'il n'inclut pas l'amour de Dieu. Un tel amour se suffit à lui-même. Par

(29) Voir notre étude sur *La Mère Cosmique (à paraître).*
(30) Voir à ce propos W. A. Nitze, *Sans et Matière dans les œuvres de Chrétien de Troyes,* dans *Romania* XLIV (1915), pp. 14 sv.

ailleurs il est extra-conjugal. Le mari et la femme ne peuvent être considérés comme des amants. Mariés pour des raisons économiques et sociales, ils possèdent l'un à l'égard de l'autre un certain droit de propriété qui ne comportait ni suspens, ni mal d'amour. Une des caractéristiques de l'amour courtois est d'être antimatrimonial, un tel amour se présente donc à l'encontre de la morale de l'Église, celle-ci le combattra avec plus ou moins de succès. Pour Étienne Gilson, « l'amour courtois ne se présente aucunement comme une utilisation de la mystique, ni comme une réaction dirigée contre l'ascétisme au nom de l'amour humain ; placé hors de l'une et de l'autre, il exprime bien plutôt l'effort d'une société polie et affinée par des siècles de Christianisme, pour élaborer un code de l'amour humain qui fût, non point mystique ni même spécifiquement chrétien, mais plus raffiné que la grivoiserie d'Ovide et où le sentiment prît le pas sur la sensualité... On ne doit donc faire de l'amour courtois ni une révolte contre une ascétisme qui se développait en même temps que lui, ni une tentative pour l'imiter (31) ».

Nous avons tenu à préciser ce thème de l'amour courtois uniquement pour montrer qu'il n'entrait pas dans notre étude d'en étudier les symboles (31 *bis*).

Nous ne dirons donc rien des chansons, contes, romans dans lesquels apparaissent divers symboles. Retenons uniquement l'importance donnée à la femme. On a cru parfois avec ingénuité que la « Dame » symbolisait la Mère du Christ. Oui et non. C'est toujours le mythe de la mère. Quand l'Église luttera contre l'amour courtois au début du xiiiᵉ siècle, elle tentera par exemple de l'extirper de la poésie provençale. L'amour courtois — nous l'avons vu — s'adresse à une femme mariée. Quand il exige « le service d'amour », il semble à l'Église un danger pour la moralité. Ce n'est pas le mari qui loue les vertus de sa femme, mais l'amant qui célèbre l'excellence de la dame qu'il aime. Cela ne veut pas dire pour autant que l'amant possède toujours charnellement la femme. Si l'amour courtois avait eu pour but de louer l'excellence de l'âme de la femme aimée ou la Vierge mère du Christ, l'Église n'aurait pas eu à le combattre, à moins toutefois que cette dévotion pour le mythe de la femme lui semblât s'écarter du culte de la Vierge mère et de ce fait quelque peu suspect. Ce grand thème de la Mère qui est un archétype important a été très tôt coupé

---

(31) Cf. E. Gilson, *La théologie mystique de saint Bernard*, id., p. 214.

(31 *bis*) Ceci pour répondre à des observations qui nous ont été faites lors de notre première édition de notre *Essai sur la Symbolique romane*.

de ses racines. Certes, au XIIᵉ siècle, la dévotion à la Vierge est fondamentale et peut-être n'a-t-elle pas été comprise suffisamment dans son symbolisme (32). A cet égard les auteurs cisterciens — en particulier saint Bernard — peuvent être considérés comme les meilleurs interprètes. Un des symboles les plus originaux à propos de la Mère se trouve dans la dévotion médiévale à « Jésus notre Mère » que l'on remarque chez les mystiques du XIIᵉ siècle. La maternité spirituelle du Verbe apparaît évidente dans le vitrail de l'église des Cordeliers de Châteauroux (XIIIᵉ) que l'on peut voir dans sa reconstitution au Palais de Chaillot. Les seins gonflés du Christ sont féminins.

Il est difficile de saisir l'exact domaine et les limites du symbole féminin dans la poésie courtoise. Celui-ci joue un rôle d'autant plus considérable que nous sommes à une époque où s'exerce la psychologie mâle. Dans ce monde où règne la « gente clerc », il importe pour rétablir l'équilibre d'intensifier le principe féminin. Jung a précisé de façon irréfutable le rapport entre le « service de la dame » et le « service de l'âme » à propos d'un texte appartenant au christianisme primitif, le *Pasteur d'Hermas* (33).

La dévotion populaire à Notre-Dame est très développée au XIIᵉ siècle : miracle de Notre-Dame de Chartres, de Notre-Dame de Soissons, de Notre-Dame de Rocamadour, etc. Dans les chansons de croisade, la femme est souvent évoquée. On ne saurait nier la crudité qui s'affirme sans pudeur, témoins certains vers de Thibaut de Champagne. L'amour est parfois sublimé et la « dame » est associée à la Vierge. On le voit par exemple dans une chanson de croisade de ce même Thibaut de Champagne, disant : « Quand je perds une dame, qu'une autre vienne à mon aide. » La ferveur religieuse et l'amour de la dame ne se présentent pas en opposition, même si cet amour est adultère, car dans l'amour courtois l'amour de la dame est source de perfection morale et spirituelle. La femme abandonnée, c'est la mère de Jésus et le chevalier, le Christ ; ou bien la pucelle représente l'Église et l'ami mort ou éloigné, le Christ. Entre bien d'autres symboles, celui du cœur serait à retenir. Le cœur du chevalier reste près de la dame, tandis que son corps va servir le Christ.

Parfois, les mêmes symboles sont repris et varient dans l'usage qu'on en fait, tels par exemple l'alouette ou le rossi-

(32) Nous avons essayé d'étudier ce thème dans notre ouvrage consacré au symbole de la *Mère Cosmique (à paraître)*.
(33) Cf. *Types psychologiques, id.*, pp. 227 sv.

gnol. L'alouette alerte les amants et éveille le cœur de celui qui part pour délivrer les lieux saints. Il y a transposition de l'amour ou sublimation.

> Vous qui ameis de vraie amor
> Éveilliée vos, ne dormeis pas.

C'est surtout dans le domaine de la langue d'oc que l'on trouve dans la littérature la plus grande richesse de symboles. Celui-ci ne comporte pas seulement la Provence et le Languedoc comme on le croit généralement, mais le Limousin, l'Auvergne, le Poitou, l'Aquitaine et la Gascogne. L'hypothèse d'une origine hispano-mauresque concernant l'art des troubadours a été présentée il y a déjà longtemps ; sans doute faut-il la retenir, d'autant plus que les études modernes justifient une telle proposition (34).

L'influence celtique est incontestable. De nombreux romans se passent en Cornouailles, au Pays de Galles, en Irlande. Dans le roman de *Tristan et Yseult,* l'étude des symboles serait encore particulièrement suggestive. Qu'on se souvienne de l'histoire du berger où le roi Marc, caché dans un pin, surprend le rendez-vous des amants. C'est sur le conseil d'un nain qu'il agit ainsi (35). Tristan partage son temps entre deux Yseult : l'une symbolise le jour et l'autre la nuit. D'où le caractère solaire du mythe. La forêt de Morrois, le chien Husdent sont autant de symboles significatifs. Il conviendrait d'étudier les romans de Chrétien de Troyes, tels *Erec et Enide, Cligès, Lancelot, le chevalier de la charrette, Yvain ou le chevalier au lion,* ce sont là des romans arthuriens. Nous trouvons « le blanc cerf », l'épervier juché sur une perche d'argent, la descente aux enfers celtiques, etc.

E. Gilson s'est posé la question de savoir si saint Bernard avait exercé une influence sur l'amour courtois ; cette interrogation n'est pas sans importance sur le plan des symboles. La mystique de saint Bernard et l'amour courtois sont à peu près contemporains, et si la pensée de Bernard n'a pas contribué à la naissance de la poésie courtoise, elle peut avoir influencé son développement (36). La béguine Hadewijch qui, nous l'avons vu, s'est inspirée de saint Bernard et de Guillaume de

---

(34) R. Menendez PIDAL, *Poesia arabe y poesia europea,* Madrid, 1946.

(35) On trouve deux versions françaises qui datent du milieu du XIIᵉ siècle, celle de Béroul et celle de Thomas.

(36) E. GILSON, *La théologie mystique de saint Bernard,* Paris, 1934, p. 193.

Saint-Thierry, a composé au début du XIIIe siècle une œuvre comprenant des lettres, des visions et des poèmes spirituels. Sous la forme du dialogue intérieur, l'expression et les thèmes courtois sont constamment présents, y compris l'esprit chevaleresque. Une moniale cistercienne, sainte Lutgarde de Tongres et Béatrice de Nazareth subiront aussi l'influence des sentiments courtois (37).

6. *Les chevaliers.*

Parler de l'amour courtois, c'est nécessairement évoquer la chevalerie. D'origine germanique la chevalerie doit à l'Église sa forme et son idéologie ; le chevalier est considéré comme le soldat de Dieu, il doit combattre dans les justes guerres. « Ne pouvant empêcher la guerre — dira Jean Gautier — l'Église a christianisé le soldat (38). » Si la féodalité comporte un système économique et social héréditaire, la chevalerie échappe à ces lois. Tout homme peut devenir chevalier à condition de n'être pas infirme de corps ou d'âme et tout membre de la chevalerie possède le droit de donner l'adoubement. Le chevalier détient un code dans lequel la loyauté et la bravoure tiennent une place importante, les symboles y trouvent leur place ; cependant si la chevalerie présente un caractère initiatique, il est évident qu'il ne s'agit pas d'une symbolique hiérophanique. Les armes que porte le chevalier ne sont point des armes de lumière au sens de saint Paul (cf. *Bour.*, XIII, 13).

Les Templiers peuvent être considérés comme les véritables chevaliers. Saint Bernard donne à l'Ordre le nom de *militia Christi* et à ses membres celui de *minister Christi*. Selon Friedrich von Schlegel, « on peut admettre que les poèmes de la Table Ronde expriment non seulement l'idéal du chevalier... mais comprennent encore un grand nombre d'idées symboliques et de traditions particulières à quelques-uns de ces ordres, et principalement à celui des Templiers (39) ».

Après avoir cité un long texte de Friedrich von Schlegel, Pierre Ponsoye ajoute : « L'identification de l'Ordre du Graal avec celui du Temple dans *Parzival* ne fait en effet aucun doute (40). » Un tel jugement est confirmé par les paroles de

(37) Cf. *Hadewijch d'Anvers*, par J.-B. P., *id.*, pp. 41-44.

(38) Cf. *La chevalerie*, éd. adaptée par Jacques Levron, Paris, 1959, p. 31.

(39) Cf. *Geschichte der alten und neuen Litteratur*, Wien, 1847.

(40) *L'Islam et le Graal*, Paris, 1957, p. 101. Voir l'excellent chapitre sur les Templiers.

Trévizent à Parzival, quand il dit : « De vaillants chevaliers *ont leur demeure à Montsalvage* où l'on garde le Graal. Ce sont les Templiers (41). »

La mission des Templiers sera à la fois spirituelle et temporelle, ils reprendront à leur profit le double pouvoir sacerdotal et royal du Saint Empire. On peut leur appliquer un texte de l'*Apocalypse* (i, 6) dans lequel il est fait allusion « à celui qui nous a aimés... et qui nous a faits rois et prêtres de Dieu ». Les Templiers incarnaient les deux cités terrestre et céleste. Toutefois, saint Bernard les considérait comme les fils de la Jérusalem céleste. Ils se disaient « frères et compagnons des cisterciens », leur nom, leur règle, leur vêtement, leur sceau, leur art ont une portée éminemment symbolique. L'engagement de ces moines-chevaliers dans la vie séculière, leur pouvoir, leurs privilèges, leur participation aux « guerres jugées saintes » répondaient à une perspective en faveur dans l'Église : celle de sacraliser le temporel.

Mais ce temporel peut-il être sacralisé sans risquer de faire perdre au sacré son véritable caractère ? A cet égard la tentation du Christ au désert est un symbole d'une immense valeur. Dans la mesure où un pouvoir spirituel y succombe, il se sécularise et se met au service d'un monde séparé ; alors les valeurs sacrales sont profanées. Dans ce cas l'homme n'est plus l'amant de Dieu, il devient le serviteur d'idoles auxquelles il peut conférer une pseudo-sacralisation.

La lucidité exige de discerner de l'amour adultère le véritable amour. Lui seul est concerné par les symboles hiérophaniques conduisant du visible à l'invisible sur la voie royale de l'expérience spirituelle.

(41) *Id.*, pp. 101-102.

CONCLUSION

Un travail semblable à celui que nous avons essayé d'entreprendre ne comporte aucun terme, même quand il s'agit simplement d'une introduction. Nous avons signalé plus qu'étudié les symboles romans, mais l'itinéraire tracé est suffisant pour esquisser l'éventail de la symbolique romane.

Le cadre dans lequel ces symboles se situent et se lisent possède un climat précis : celui du XIIᵉ siècle. Nous avons tenté de le décrire. Il était nécessaire d'en connaître les articulations, sinon les symboles auraient été privés de vie. Grâce à lui, nous avons conscience du mouvement qui les anime. Ainsi l'homme roman n'est pas pour nous un étranger. Nous connaissons la qualité de son existence, ses goûts, son amour, le sens de son attention et celui de sa recherche. Nous pouvons l'aimer et lui sourire comme à un ami dont on connaît la pensée secrète.

Le symbole roman, nous l'avons vu, manifeste une présence : la présence divine. Rejoint-il d'autres symboles sacrés, il retrouve les grandes lois qui régissent l'univers. Le symbole roman s'incorpore ces divers symboles et les fait participer à une commune vérité. D'ailleurs, les différents signes sont toujours identiques, seul leur revêtement varie suivant les époques. Dans ce sens, Krishna a pu dire : « Je suis le fil qui court à travers ces idées diverses, dont chacune est comme une perle. » Ce n'est pas tant une période précise que les symboles gouvernent, mais l'humanité tout entière.

La fonction du symbole est donc d'éveiller l'homme et de le ramener à son principe originel, c'est-à-dire au plan du sacré dans lequel tout est ordre, mesure, proportion.

Ainsi le symbole permet à l'homme d'atteindre un niveau inaccessible à la raison. Il offre un double enseignement, celui de rappeler le sens d'une réalité et d'indiquer une voie pour y parvenir. Une préparation initiale est exigée. Il est difficile de nous rendre compte de sa nécessité, car aujourd'hui notre mentalité moderne nous autorise à tout aborder avec suffisance. Or un vide doit être opéré dans le cœur de l'homme, pour que le contenu d'un symbole puisse y être reçu. Tant que l'être demeure dans la dualité, le sens des symboles, qu'il s'agisse du nombre, des figures géométriques ou de thèmes sculpturaux, lui reste étranger.

Dans une homélie sur la *Genèse* (vii, 6), Origène écrivait : « Prenons garde... car nous sommes auprès du puits d'eau vive... il faut des larmes et des prières... pour que le Seigneur ouvre les yeux. » Pour percevoir le sens des symboles, une attention cosmique est exigée, elle ne nie pas l'histoire, mais l'éclaire, et l'homme roman la possède pleinement.

Le symbole indique donc à la fois le sens d'une réalité et le signe d'une présence. A condition d'être déchiffré, il peut introduire au sein de cette réalité et devenir pont entre le haut et le bas. Or nous savons par Hermès Trismégiste que « ce qui est en bas est comme ce qui est en haut ». Nous lisons dans saint Jean : « Vous, vous êtes d'en bas, moi je suis d'en haut ; vous êtes de ce monde et moi je ne suis pas de ce monde » (viii, 23). Le monde et le bas ne sont pas analogues, car le monde ne fait pas face au ciel. Ce qui est perçu distinctement est obligatoirement dépassé. Il importe donc d'être en haut pour distinguer ce qui est en bas. Il faut se tenir au-delà du monde pour comprendre la signification du monde et savoir qu'il passe comme « l'herbe des champs ». Or, il est impossible d'être au-dessus de l'Innommable. C'est pourquoi le mystique gît dans la divinité. Il se tient en Dieu, laissant passer à travers lui le regard de Dieu.

Le mystique reçoit la grâce par éclairs. Il ne saurait vivre dans un état de lumière perpétuelle. Certes, les « nuits obscures » correspondent à des crises de croissance, mais abandonné par l'Esprit, le mystique peut douter de la lumière entrevue ; il gémit sur lui-même, et c'est encore là une façon de penser à soi. L'homme qui, dans la grâce de l'Esprit, travaille durant toute sa vie à l'acquisition de la Connaissance, possède une conscience qui devient de plus en plus objective. Les symboles pour lui sont autant de lieux de signification. S'il apprend à se connaître, c'est parce qu'il sait que les lois qui le régissent gouvernent aussi l'univers. Il existe en effet un univers plus secret qui est à l'image du monde physique; de nombreuses correspondances les séparent et les unissent à des niveaux différents sur le plan de la forme, du son, de la couleur et du parfum. L'homme qui possède la connaissance de soi pénètre dans l'anonymat. Maître Eckhart a parlé de l'âme qui se trouve nue et dépouillée de tout ce qui porte un nom. De ce fait, elle est une par l'unité, elle se répand dans la divinité comme l'huile sur le drap s'étend toujours davantage. Pour elle, « Dieu est un mot, le royaume des cieux est un mot (1) », car l'homme est confirmé dans « la divinité pure où jamais il n'y eut ni forme ni figure (2) ».

Tant que l'homme fait usage de mots, il peut décrire son Dieu ou le royaume des élus. Quand il dépasse le stade de l'habituel langage, il recourt à des symboles et il s'aperçoit que l'inexprimable est un et n'a pas d'autre moyen de communication que celui des symboles qui eux-mêmes se découvrent dans une parfaite unité. Quand l'homme a pénétré à l'intérieur de la Connaissance, il se tait. S'il sort de son silence, ce ne peut être que pour répondre à l'appel d'un autre qui cherche à saisir l'enseignement des symboles. Si l'interrogateur possède déjà la réponse dans son cœur sans pouvoir la saisir, le méditatif quitte sa solitude et répond par des paroles extérieures ou intérieures; un dialogue s'ébauche sur le plan des symboles. Les mots employés ne servent qu'à relier entre eux les termes symboliques.

Le symbole présente un seuil. Or les seuils sont successifs jusqu'au seuil ultime qui aboutit à la Connaissance. Celle-ci dans sa plénitude n'exige donc plus la présence des signes. La transfiguration est au-delà. Mais l'homme roman se considère comme un pèlerin, il a besoin de symboles. Ceux-ci constituent des étapes sur sa route. Quand il oublie le sens de sa vision, l'église romane est là pour lui rappeler le mystère de ces rencontres. Le cosmos devient le miroir dans lequel il peut lire les proportions et mesures au sein d'un ordre inaltérable. Il découvre alors cette « science exacte », cette « doctrine pesée dans la balance » (*Eccli.*, xvi, 23).

A propos de l'*Évangile de saint Jean,* Origène parle des vases d'argile de la lettre. Dans leur forme, les symboles romans apparaissent semblables à des vases d'argile. Cependant, ils contiennent l'eau vive, le mystère du Graal. Porteurs de l'antique sagesse, ils révèlent la Connaissance qui empêche les hommes de mourir et leur confère une inépuisable jeunesse.

(1) Cf. Maître ECKHART, *Telle était Sœur Katrei...,* trad. par A. Mayrisch Saint-Hubert, Paris, 1954, p. 62.

(2) *Id.,* p. 61.

Durant cette étude fragmentaire, nous nous sommes attaché, sans évasion, à demeurer dans le climat médiéval engendré par la foi chrétienne. Le XIIe siècle forme une époque d'une incomparable fécondité ; on ne saurait trop affirmer sa grandeur et sa beauté. A cette situation historique adoptée correspond notre présentation des symboles ; celle-ci reste valable, d'ailleurs, dans notre monde contemporain. Nous avons besoin du rappel apporté par le symbole, tel un homme qui, ne connaissant pas sa route, est aidé par les poteaux indicateurs et les bornes kilométriques. Que l'homme devienne lucide et pénètre dans un état de maturité, il cessera aussitôt de recourir au langage — fût-il symbolique — venant de l'extérieur, car il comprendra qu'il porte en lui-même son propre enseignement.

« Et pourquoi, demande Maître Eckhart, bavardez-vous au sujet de Dieu ? Tout ce que vous dites de Dieu est mensonger. » Tant que l'homme erre dans le « cercle des impies », il a besoin de bavarder. Quand il quitte sa prison, il sait que la vérité ne se présente pas en toute sa réalité dans les discours ou sur la pierre, car elle se vit, c'est-à-dire s'expérimente. A ce moment précis, l'homme conçoit qu'il est seul et ne doit compter que sur lui-même. Les symboles sont ainsi semblables aux guides spirituels, ils indiquent des chemins, mais c'est à l'homme de marcher. Ils peuvent encore désigner des tâches, mais c'est à l'homme d'effectuer sans recours son propre travail.

Quand l'homme a compris que le symbole ne se pense pas et ne se nomme pas, car la vérité ne se pense ni ne se nomme, il cesse de chercher et purifie sa mémoire ; il rompt avec ses habitudes. Aussitôt il se tient dans un état de liberté et de vacuité : il devient vide. Alors la vérité accourt vers lui et l'embrasse, c'est-à-dire qu'elle naît en lui, l'éclaire et se renouvelle à chaque instant.

Ainsi le symbole n'accomplit son rôle que dans la mesure où il s'efface pour que l'éternité remplace le temps et l'espace. Et le réel vers lequel il achemine est donc... l'Inconnu.

INDEX

INDEX DES NOMS PROPRES (1)

(1) Les chiffres en gras correspondent aux notes.

INDEX DES NOMS DE LIEUX (1)

(1) Les chiffres en gras correspondent aux notes.

INDEX DES SUJETS TRAITÉS (1)

(1) Les chiffres en italiques correspondent aux notes.

TABLE DES MATIÈRES

DÉJÀ PARUS

ABELLIO Raymond
△△△ Assomption de l'Europe.
ADOUT Jacques
△△△ Les raisons de la folie.
ALQUIÉ Ferdinand
△ Philosophie du surréalisme.
ARAGON Louis
△△△ Je n'ai jamais appris à écrire ou les *Incipit*.
ARNAULD Antoine NICOLE Pierre
△△△ La Logique ou l'art de penser.
AXLINE Dr. Virginia
△△ Dibs.
BADINTER Elisabeth
△△△△ L'amour en plus.
BARRACLOUGH Geoffrey
△△△△ Tendances actuelles de l'histoire.
BARTHES Roland
△△△ L'empire des signes.
BASTIDE Roger
△△△ Sociologie des maladies mentales.
BECCARIA Cesare
△△ Des délits et des peines. Préf. de Casamayor.
BIARDEAU Madeleine
△△ L'Hindouisme. Anthropologie d'une civilisation.
BINET Alfred
△△ Les idées modernes sur les enfants. Préf. de Jean Piaget.
BOIS Paul
△△△ Paysans de l'Ouest.
BRAUDEL Fernand
△△ Écrits sur l'histoire.
BROUÉ Pierre
△ La révolution espagnole (1931-1939).
BURGUIÈRE André
△△△ Bretons de Plozévet. Préf. de Robert Gessain.
BUTOR Michel
△△△ Les mots dans la peinture.
CAILLOIS Roger
△△△ L'écriture des pierres.
CARRÈRE D'ENCAUSSE Hélène
△△△ Lénine, la révolution et le pouvoir.
△△△ Staline, l'ordre par la terreur.
CASTEL Robert
△△△ Le psychanalysme.
CHASTEL André
△△△ Éditoriaux de la *Revue de l'art.*
CHEVÈNEMENT Jean-Pierre
△△△ Le vieux, la crise, le neuf.
CHOMSKY Noam
Réflexions sur le langage.

CLAVEL Maurice
△△△ Qui est aliéné ?
COHEN Jean
△△ Structure du langage poétique
DAVY Marie-Madeleine
△△△ Initiation à la symbolique romane.
DERRIDA Jacques
△ Éperons. Les styles de Nietzsche.
△△△ La vérité en peinture.
DETIENNE Marcel et VERNANT Jean-Pierre
△△ Les ruses de l'intelligence. La mètis des Grecs.
DODDS E.R.
△△△ Les Grecs et l'irrationnel.
DUBY Georges
L'Économie rurale et la vie des campagnes dans l'Occident médiéval.
△△ Tome I.
△△ Tome II.
△ Saint Bernard. L'art cistercien.
ÉLIADE Mircéa
△ Forgerons et alchimistes.
ERIKSON E.
△△△ Adolescence et crise.
ESCARPIT Robert
△△ Le Littéraire et le social.
ÉTATS GÉNÉRAUX DE LA PHILOSOPHIE △△
FABRA Paul
△△△ L'Anticapitalisme.
FERRO Marc
△ La révolution russe de 1917.
FINLEY Moses I.
△ Les premiers temps de la Grèce.
FONTANIER Pierre
△△△△ Les figures du discours.
GOUBERT Pierre
△△△ 100 000 provinciaux au XVIIe siècle.
GREPH (Groupe de recherches sur l'enseignement philosophique)
△△ Qui a peur de la philosophie ?
GRIMAL Pierre
△△△△ La civilisation romaine.
GUILLAUME Paul
△△ La psychologie de la forme.
GURVITCH Georges
△△ Dialectique et sociologie.
HEGEL G.W.F.
△△△ Esthétique. Tome I. Introduction à l'Esthétique.
△△△ Esthétique. Tome II. L'Art symbolique. L'Art classique.

L'impression de ce livre
a été réalisée sur les presses
des Imprimeries Aubin
à Poitiers/Ligugé

pour les Editions Flammarion

Achevé d'imprimer le 25 juin 1982
N° d'édition, 11329. — N° d'impression, P 10880
Dépôt légal, 1er trimestre 1977